博雅汉语国际教育研究生用书

对外汉语教学语法讲义

DUIWAI HANYU JIAOXUE
YUFA JIANGYI

吕文华 著

北京大学出版社
PEKING UNIVERSITY PRESS

图书在版编目(CIP)数据

对外汉语教学语法讲义/吕文华著.—北京:北京大学出版社,2014.4
(博雅汉语国际教育研究生用书)
ISBN 978-7-301-24017-5

Ⅰ.①对⋯ Ⅱ.①吕⋯ Ⅲ.①汉语—语法—对外汉语教学—研究生—教学参考资料 Ⅳ.①H195.4

中国版本图书馆 CIP 数据核字(2014)第 046268 号

书　　　名：对外汉语教学语法讲义
著作责任者：吕文华　著
责任编辑：孙　娟
标准书号：ISBN 978-7-301-24017-5/H・3491
出版发行：北京大学出版社
地　　　址：北京市海淀区成府路 205 号　100871
网　　　址：http://www.pup.cn　新浪官方微博:@北京大学出版社
电子信箱：zpup@pup.cn
电　　　话：邮购部 62752015　发行部 62750672　编辑部 62753027
　　　　　　出版部 62754962
印刷者：北京虎彩文化传播有限公司
经销者：新华书店
　　　　650 毫米×980 毫米　16 开本　21 印张　354 千字
　　　　2014 年 4 月第 1 版　2024 年 7 月第 5 次印刷
定　　　价：58.00 元

未经许可,不得以任何方式复制或抄袭本书之部分或全部内容。
版权所有,侵权必究
举报电话：010－62752024　电子信箱：fd@pup.pku.edu.cn

自　序

我于 1964 年开始从事对外汉语教学，1990 年以前是教外国人学汉语，1990 年以后是教学生怎样教汉语。对对外汉语专业的本科生和研究生以及中外汉语教师，开设的课程主要围绕对外汉语教学语法和语法教学，这也是我的教学生涯中始终研究和探索的课题。

对外汉语教学语法研究，宏观上是体系的研究，包括教学中语法项目的选择和确定、语法项目的切分和分级、教材中语法项目的编排等；微观上是教学语法的研究，即研究如何深入浅出、简明易懂地把汉语语法规则教给外国人，实现理论语法向教学语法的转化，探索理论语法和教学语法的接口。我在体系研究上的成果是《对外汉语教学语法探索》（1994，增订本 2008）和《对外汉语教学语法体系研究》（1999），而对教学语法进行系统、具体地研究则是本书所要实现的目标。

这是一本教学语法书。它系统地介绍了语素、词（实词和虚词）、词组、句子（句型、句类、句式和动作的态）、语段（句群）的教学，涵盖了《汉语水平等级标准与语法等级大纲》和《高等学校外国留学生汉语言专业教学大纲》以及对外汉语教材中语法教学阶段的主要语法项目。

这也是一本语法教学参考书。它在考察教学现状的基础上提出问题、解决问题；为教学中的难题提供了可供参考的答案；在简化教学内容、降低语法教学的难度上提出设想。它尽量结合教学，力求具有较强的实用性和针对性。

不论是体系研究还是教学语法的研究都是一项系统工程，需要语言学和教育学理论的支撑、中介语语料的收集和分析、对教学现状的调查、对几十年来语法学界和对外汉语教学界研究成果的梳理等，这些都不是个人绵薄之力所能胜任的。我之所以不揣浅陋地把个人的研究整理成书，是深切地体会到这项研究的意义和价值，愿为之投石问路、添砖加瓦，并愿本书能对语法教学和教材建设有所裨益。若能如此，我将无比欣慰。

需要说明的是语素教学和语段教学，这两级语言单位长期没有纳入教学，直到近几年来才有少数教材做了一些可喜而有益的探索，但尚不成熟。因此本书所讲，主要是对语素和语段教学在内容和方法上的设想，未经教学实践的检验，仅供参考。

希望本书的出版能引起更多同行对这一课题的兴趣，使对外汉语语法教学日臻完善，同时也希望得到同行们的批评指正。

感谢北京大学出版社对本书的热忱支持。感谢孙娴为本书的编辑、出版所付出的辛劳，她的认真、细微、一丝不苟的工作态度给我留下了深刻的印象。

吕文华

2013 年 11 月

目 录

引 论 ··· 1
  0.1 汉语语法的特点 ···································· 3
    0.1.1 汉语缺乏严格意义的形态变化 ················ 3
    0.1.2 汉语的词类和句法成分不一一对应 ··········· 4
    0.1.3 汉语是注重话题的语言 ······················ 5
    0.1.4 汉语注重意合 ································ 6
  0.2 对外汉语教学语法的特点 ·························· 7
    0.2.1 实用 ·· 7
    0.2.2 管用 ·· 8
    0.2.3 相对稳定 ···································· 9
    0.2.4 科学排序 ···································· 9
  0.3 对外汉语教学中的句法、语义和语用 ············ 12
    0.3.1 句法条件 ··································· 13
    0.3.2 语法意义和语义背景 ························ 16
    0.3.3 语用特征 ··································· 17

第1讲 关于语素的教学 ································· 21
  1.0 概述 ·· 23
  1.1 语素教学的内容 ··································· 26
    1.1.1 成词语素和不成词语素 ······················ 26
    1.1.2 常用语素 ··································· 27
    1.1.3 语素构词的规律 ····························· 27
    1.1.4 语素义与词义 ······························· 28
  1.2 语素教学的设想 ··································· 30
    1.2.1 生词表添加新元素 ·························· 31
    1.2.2 语素教学纳入语法项目 ······················ 32
    1.2.3 练习方式 ··································· 35

第2讲 关于实词的教学 ································· 39
  2.0 概述 ·· 41

2.1 实词的教学分布 …………………………………… 41
　　　　2.1.1 分布在单句句型中 ………………………… 42
　　　　2.1.2 分布在表达式中 …………………………… 42
　　　　2.1.3 构成语法项目 ……………………………… 42
　　2.2 数词和时间词的教学提示 …………………………… 44
　　　　2.2.1 数词的教学提示 …………………………… 44
　　　　2.2.2 时间词的教学提示 ………………………… 47
　　2.3 量词和能愿动词的教学思考 ………………………… 52
　　　　2.3.1 量词教学的思考 …………………………… 52
　　　　2.3.2 能愿动词的教学要点 ……………………… 56

第3讲　关于虚词的教学 …………………………………… 61
　　3.0 概述 ………………………………………………… 63
　　3.1 虚词的教学分布 …………………………………… 65
　　　　3.1.1 独立构成语言点 …………………………… 65
　　　　3.1.2 分布在句式中 ……………………………… 67
　　　　3.1.3 分布在常用结构中 ………………………… 67
　　3.2 虚词教学的提示 …………………………………… 67
　　　　3.2.1 副词的位置 ………………………………… 68
　　　　3.2.2 介词的位置 ………………………………… 70
　　　　3.2.3 关于虚词的搭配条件 ……………………… 71
　　3.3 虚词意义教学的思考 ……………………………… 75
　　　　3.3.1 转化成果充实虚词意义的教学 …………… 75
　　　　3.3.2 语义指向分析在虚词教学中的运用 ……… 77
　　　　3.3.3 比较分析在虚词教学中的运用 …………… 78
　　　　3.3.4 关注虚词的主观评价 ……………………… 79

第4讲　关于词组的教学 …………………………………… 81
　　4.0 概述 ………………………………………………… 83
　　4.1 词组教学的地位 …………………………………… 83
　　4.2 关于词组教学的思考 ……………………………… 85
　　　　4.2.1 在词组的基础上描写句法 ………………… 86
　　　　4.2.2 加强词组搭配中语义选择的描写 ………… 87
　　　　4.2.3 揭示固定词组的句法功能 ………………… 89

第 5 讲　关于主语和谓语的教学 …………………………… 93
5.0 概述 ……………………………………………………… 95
5.0.1 关于句法成分 ………………………………… 95
5.0.2 关于主语和谓语 ……………………………… 98
5.1 主语和谓语的教学状况 ………………………………… 99
5.2 对主语和谓语教学的构想 …………………………… 100
5.2.1 介绍"汉语的主语和谓语" ………………… 103
5.2.2 引入"主语、话题",以及"话题－陈述"结构模式 ……… 103
5.2.3 引入"话题句" ……………………………… 103
5.2.4 介绍"篇章连接中主语或话题的功能" ……… 105

第 6 讲　关于定语和状语的教学 ………………………… 107
6.0 概述 …………………………………………………… 109
6.1 定语的教学 …………………………………………… 109
6.1.1 关于定语位置的教学 ………………………… 109
6.1.2 关于定语带结构助词"的"的教学 ………… 110
6.1.3 两项和三项定语的顺序 ……………………… 115
6.2 状语的教学 …………………………………………… 118
6.2.1 关于状语位置的教学 ………………………… 119
6.2.2 关于状语带结构助词"地"的教学 ………… 120
6.2.3 关于多项状语顺序的教学 …………………… 121
6.2.4 状语和补语的选择 …………………………… 129

第 7 讲　关于宾语和补语的教学 ………………………… 133
7.0 概述 …………………………………………………… 135
7.1 宾语的教学 …………………………………………… 136
7.1.1 宾语的识别 …………………………………… 136
7.1.2 动宾词组的语义类型及释义法 ……………… 138
7.1.3 双宾语的教学 ………………………………… 140
7.2 补语的教学 …………………………………………… 141
7.2.1 补语教学提示 ………………………………… 141
7.2.2 简化补语系统的构想 ………………………… 150

第 8 讲　关于句型的教学 ………………………………… 157
8.0 概述 …………………………………………………… 159

8.1 单句的教学 ·········· 160
8.1.1 动词谓语句的教学 ·········· 160
8.1.2 形容词谓语句的教学 ·········· 162
8.1.3 名词谓语句的教学 ·········· 165
8.1.4 主谓谓语句的教学 ·········· 167
8.2 复句的教学 ·········· 171
8.2.1 关联词语的使用条件 ·········· 172
8.2.2 关联词语的意义 ·········· 187
8.2.3 关联词语的辨析 ·········· 191

第9讲 关于句类的教学 ·········· 197
9.0 概述 ·········· 199
9.1 陈述句的教学参考 ·········· 200
9.1.1 肯定句和否定句 ·········· 200
9.1.2 陈述句中的语气助词 ·········· 204
9.2 疑问句的教学参考 ·········· 205
9.2.1 教学中疑问句的类型及名称 ·········· 206
9.2.2 疑问句式的选择 ·········· 208
9.2.3 疑问句中的语气助词 ·········· 212
9.3 祈使句的教学参考 ·········· 215
9.3.1 祈使句语气的强和弱 ·········· 216
9.3.2 祈使句的尊卑色彩 ·········· 218
9.4 感叹句的教学参考 ·········· 219

第10讲 关于句式的教学 ·········· 221
10.0 概述 ·········· 223
10.1 "是"字句的教学参考 ·········· 223
10.1.1 "是"字句类型繁多,语义多样 ·········· 224
10.1.2 "是"字的有无 ·········· 225
10.1.3 "是"表示存在 ·········· 226
10.2 "有"字句的教学参考 ·········· 226
10.2.1 "有"字句的语义类型 ·········· 227
10.2.2 "有"字句的泛用 ·········· 227
10.2.3 "有"表示存在 ·········· 228

10.3 连动句的教学参考 …………………………………………… 229
10.4 兼语句的教学参考 …………………………………………… 230
10.5 "把"字句的教学参考 ………………………………………… 231
  10.5.0 概述 …………………………………………………… 231
  10.5.1 "把"字句教学内容的选择 …………………………… 234
  10.5.2 "把"字句的教学对策 ………………………………… 237
10.6 "被"字句的教学参考 ………………………………………… 247
  10.6.0 概述 …………………………………………………… 247
  10.6.1 "被"字句的使用条件(1) ……………………………… 248
  10.6.2 "被"字句的使用条件(2) ……………………………… 253
  10.6.3 "被"字句的教学设想 ………………………………… 255
10.7 存现句的教学参考 …………………………………………… 263
  10.7.0 概述 …………………………………………………… 263
  10.7.1 存现句的选择 ………………………………………… 264
  10.7.2 存现句的句法条件及偏误分析 ……………………… 265
  10.7.3 存现句的表达功能 …………………………………… 267
10.8 "是……的"句的教学参考 …………………………………… 268
  10.8.0 概述 …………………………………………………… 268
  10.8.1 "是……的"句(一)和"是……的"句(二) …………… 268
  10.8.2 "是……的"和"了" …………………………………… 270
  10.8.3 "是……的"句中宾语的位置 ………………………… 272

第11讲 关于动作的态的教学 …………………………………… 275
11.0 概述 …………………………………………………………… 277
11.1 表示完成态的"了$_1$"的教学设想 …………………………… 278
  11.1.1 两项研究成果 ………………………………………… 279
  11.1.2 表示完成态的"了$_1$"的教学选择 …………………… 280
  11.1.3 表示完成态的"了$_1$"教什么 ………………………… 282
11.2 表示变化态"了$_2$"的教学思考 ……………………………… 284
  11.2.1 "了$_2$"的语法意义及其表述 ………………………… 285
  11.2.2 "快/就要……了"表示情况就要改变 ………………… 287
  11.2.3 "了$_2$"的语用功能 …………………………………… 287
  11.2.4 区分"了$_1$"和"了$_2$" ………………………………… 289
11.3 表示动作进行态的"正""在""正在""呢"的教学 ………… 292

  11.3.1 副词"正""在""正在"出现的条件 ………………… 292
  11.3.2 进行态的教学选择和编排 ……………………… 293
 11.4 表示动作持续态的"着"的教学 ……………………… 295
  11.4.1 区别"在"和"着" ……………………………… 296
  11.4.2 表示持续态的"着"的教学选择和编排 ………… 298
 11.5 表示动作经历态的"过"的教学 ……………………… 300
  11.5.1 "过"和"了" …………………………………… 301
  11.5.2 "过"和时间词语 ……………………………… 301
  11.5.3 "过"的语用功能 ……………………………… 302

第 12 讲　关于语段(句群)的教学 ………………… 303

 12.0 概述 ……………………………………………… 305
 12.1 语段和篇章 ……………………………………… 308
 12.2 语段教学的内容 ………………………………… 308
  12.2.1 衔接和连贯 …………………………………… 308
  12.2.2 留学生语段偏误的分析 ……………………… 310
  12.2.3 语段教学中应选择的语法项目 ……………… 312
 12.3 语段教学的分布 ………………………………… 316
  12.3.1 语段教学在各教学阶段的分布 ……………… 316
  12.3.2 语段教学在技能课中承担的任务 …………… 317

主要参考文献 …………………………………………… 320

引 论

0.1 汉语语法的特点

汉语语法的特点是指汉语语法的个性，是与其他语言语法相对比较中独特的方面。既然比较，就有一个比较对象的问题。有的著作主张既要从历时发展的角度拿现代汉语和古代汉语、近代汉语相比较，又要从地域方面的角度，拿汉语普通话和方言相比较，拿汉语和其亲属语言以及非汉藏语系的语言相比较，如《现代汉语教程》（邢公畹主编，1992）。有的著作从使用对象出发，将汉语与某一种语言相比较，如《实用汉语参考语法》（李英哲等，1990）是将汉语与英语比较。比较的对象不同，所总结的特点也不同。而且，自《马氏文通》（1898）以来，语法学家们都很有意识地去探索汉语语法的特点，陆俭明曾做过总结和统计，论及的汉语语法的特点有25条之多。

从汉语自身的特点出发去认识汉语，才会使对外汉语的语法教学和研究走上正确的轨道，使我们在语法项目的选择和安排上更科学、更有针对性，才会使外国人在学习汉语语法时减少一些障碍和误区。

从对外汉语教学的角度总结汉语语法的特点，是将汉语与非汉藏语，主要是印欧语作为比较对象，并考虑针对外国人学习汉语的特点和难点，此外，总结的汉语语法的特点应带有全局性，汉语有些特点，如量词丰富、语气词多样、词的音节数对词的搭配有影响等，影响面都比较小，可暂不涉及。

我们认为，在对外汉语教学语法中应体现汉语语法的以下特点。

0.1.1 汉语缺乏严格意义的形态变化

印欧语等西方语言有形态标志，如名词分单数、复数，阳性、阴性、中性；动词有时态、性、数、格的变化；形容词有性、数的分别等。这些形态变化是学习和分析印欧语的准则。汉语的词类没有严格意义的形态变化。尽管"一本书"的"书"是单数，"五本书"的"书"是复数，在汉语中"书"在形态上并没有变化。"昨天打球，今天打球，明天还打球"在时间上表示的是过去、现在、将来，但在汉语中动词"打"也没有变化。汉语中虽然有类似于印欧语的形态成分"们""了""着""过"等，但它们并不是形态标志，因为它们与名词、动词等结合时受到诸多因素的限制，在使用中缺乏普遍性和强制性。如"孩子们"是复数，但若把"几十个孩子"说成"几十个孩子们"就错了。"了"在动词后表示动作完成，但并不是在表示动作完成时一定要用"了"。例如：

① 昨天在礼堂举行学术报告会，教务长主持会议，有五位代表发言。

② 上星期三有三个班去春游，一班去黑龙潭，二班去石花洞，三班去天坛。

以上两例中的动作虽然都已完成，但都不需用"了"。"了""着""过"等都存在着有时必须用，有时可用可不用，有时一定不能用的情况。

汉语缺乏严格意义的形态变化，那么，我们的语法分析如何进行呢？我们求助于广义的形态、词与词的组合。汉语的这一特点，给语法研究中的词类划分造成了困难，使词类划分问题成为百年之争。

这一特点带来的另一个影响是，汉语语法单位之间界限不清，不能在语素与词、词与词组、单句与复句之间"一刀切"，所以印欧语语法单位之间是"非此即彼"，是顿变，而汉语语法单位之间是渐变，常常有中间状态。

有形态变化的语言，由于有规则可循，比较容易学习，而汉语没有严格意义的形态变化，语法规则常常只能说明一部分而不能涵盖全部，因而给学习者带来了相当大的困难，使外国人觉得无所适从。这是教学中应面对的、必须解决的难题。

0.1.2 汉语的词类和句法成分不一一对应

印欧语中词类和句法成分基本上是一一对应的，动词跟谓语对应，名词跟主语、宾语对应，形容词跟定语对应，副词跟状语对应等等。汉语的词类和句法成分之间是一对多的关系，如动词不仅可以做谓语，也可以做主语、宾语、补语，形容词除了可以做定语，还可以做主语、宾语、谓语、状语、补语，名词可以做主语、宾语、谓语、定语。汉语的这一语法特点决定了汉语的句子模式和印欧语不同。印欧语的句子模式是"NP＋VP"，其中的"NP"是主语，"VP"是谓语。而汉语的句子模式就不一定是"NP＋VP"，可以做主语的不仅有名词、代词，还有数词、量词、动词、形容词、主谓结构等。例如：

① 十是五的两倍。

② 这几个外国人，个个会说中文。

③ 快不好，慢也不好，不快不慢最好。

④ 身体健康最重要。

可以做谓语的也不仅仅是动词,还有形容词、名词、数量词、主谓结构等。例如:

⑤ 北京语言大学离颐和园不远。
⑥ 我北京人,我爱人上海人。
⑦ 这本书十二块钱。
⑧ 桂林山美水也美。

印欧语是"NP+VP"的句子模式,句子以动词为核心。汉语的谓语不限于动词,对主语既有陈述也有描写,主语也不限于名词、代词,有话题化的倾向。这些在教学上应予强调。例如:

⑨ 他从图书馆回宿舍了。(对主语的陈述)
⑩ 她热情、真诚、直率。(对主语的描写)

认识到汉语这一特点端正了以往对词类划分的认识。以往由于用了印欧语的眼光去看待汉语的词类,所以有"词类转化""名物化""词无定类"等观点。认识到汉语词类与句法成分不一一对应,在划分词类上减少了分歧,达成了共识。

由于汉语的词类与句法成分不一一对应,外国人在组织句子和理解句子时,容易产生障碍,常常用母语的句子模式去套汉语的句子,在学习上产生一定的问题。

0.1.3 汉语是注重话题的语言

印欧语中主谓句是句子的基本模式,而且强调主语和谓语的一致性以及主语和谓语的相互制约关系。汉语的句子有些不一定有主语,有些不一定有谓语。例如:

① 什么?
② 下雨了!
③ 不许拍照!
④ 有人敲门。

即使是主谓句,主语和谓语的关系十分松散,不强调主语和谓语的一致性。主语和谓语之间可以有停顿,可以有语气词。例如:

⑤ 考试我不参加。
⑥ 汽车没赶上。
⑦ 昨天,下了一场大雨。

⑧ 昨天啊，下了一场大雨。

汉语的句子往往是将人们所关切的话语单位放在句首，再就此展开下文。因此汉语是注重话题的语言。正因为如此，只要是交谈双方注意力的集中点，就可以置于句首。印欧语中主语和谓语的关系在语义上相对比较单纯，或者是"施事—动作"或者是"受事—动作"，而汉语主谓语之间的关系比印欧语复杂，除了"施事—动作"和"受事—动作"之外，还有：

  时间—动作 明天考试。
  处所—动作 花瓶里插着一支玫瑰。
  工具—动作 玻璃杯喝咖啡。
  方式—动作 针灸治腰腿疼。
  原因—动作 暴雨淹了稻田。

句子是语言表述的基本单位。了解汉语的这一特点，可以帮助学生用与印欧语迥然不同的观点去看待汉语的句子，正确地组织和运用句子，并学会按汉语"话题—陈述"的结构去组织单句、复句和篇章，以提高成段表达的能力。

0.1.4 汉语注重意合

汉语词与词的组合、句与句的组合常常凭着语义上的联系而在形式上并没有标志。

例如，同一种语法结构可以表达不同的语义，同是述宾关系，可以说"吃面条""吃大碗""吃饭馆""吃八个人""吃爸爸""吃耳光"等。以上的各个结构中动词和宾语的语义关系不同，或是动作的受事，或是动作的工具、处所、施事、凭借对象等，在形式上都没有标志。再如述补结构，是一个结构中包含了两个表述，"爸爸打跑了儿子"是"爸爸打，儿子跑"。这种一个结构形式中压缩了两个结构的表达方式使外国人很难体会，他们往往把紧缩结构的"吃了一嘴油"和述宾结构的"吃了两口苹果"都看成述宾结构，因为从表面上看，这两个结构都是由"动词—数量—名词"组成的，不知道"吃了一嘴油"是"吃＋嘴上沾上了油"，"吃了两口苹果"是"吃—两口苹果"。一个是"吃"的结果，一个是"吃"的对象。再如汉语中的组合常常凭借汉族人的思维习惯，甚至不追求形式逻辑，如"打扫卫生""恢复疲劳"等。而相同的语法结构凭语义可以表现为不同的句法关系，如"斗争坏人、教育学生"

（述宾）、"斗争经验、教育制度"（偏正）。复句中分句与分句的组合不用关联词，也是意合。此外，介词、连词、人称代词在一定条件下可以省略，也都是凭着意义上的联系。

这一特点使得语法研究中语义研究显得格外重要，所以语义特征、语义指向、配价研究等都成为具有特色的研究方法，而语法研究中坚持形式和意义相互印证的方法已逐渐成为共识，而在对外汉语教学中主张从意义到形式组装语法的更不乏其人。

0.2 对外汉语教学语法的特点

语法学可分为两大类型：理论语法（或专家语法）和教学语法（或学校语法）。理论语法是对语法系统和语法规律作出理论的概括和说明，目的是探索一种语言的语法结构，侧重于说明结构规律，理出一个理论的系统，不一定包罗广泛的细节。理论语法的研究常常涉及方法论，方法不同，得出的结果可以很不一样。

教学语法是指为教本族人或外族人掌握某种语言而规定的语法系统及据以编写的语法教材。教学语法以规范性、实用性、稳定性为特点。教学语法是为教学服务的语法，目标是提高学习者的语言运用能力。由于受教学时间和教学目标的制约，教学语法的内容力求规范、简明，描写力求实用。

对外汉语教学语法属于教学语法。我们讨论对外汉语教学语法的特点，首先要将其与汉语理论语法区别开来，其次要与第一语言教学语法区别开来。对外汉语教学语法主要的载体是对外汉语教材，因此对外汉语教材体现了对外汉语的语法教学，是我们考察、分析对外汉语语法教学的对象和依据。对外汉语教学语法有以下几个特点：

0.2.1 实用

实用是教学语法区别于理论语法的主要方面。理论语法致力于描写语法规律，所以主要研究语言的聚合关系和组合关系。例如：语素、词、词组、句子（单句、复句）等的分类问题，它们之间的界限问题，分析词组或句子是由什么成分组成的，它与前后成分是什么关系等等。

教学语法着力于解决用法问题，例如某个语法形式出现的条件，在什么情况下能用，什么情况下不能用，必须是什么成分或不能是什么成分，以及语法单位的排序等等，目的是指导学生进行语言实践。

以"被"字句为例。理论语法研究"被"字句的典型例子是李临定1980年在《中国语文》第6期上发表的《"被"字句》。这篇文章详尽描写了"被"字句的主语、谓语、宾语由哪些成分组成，以宾语为例，文章列举了动量类、时量类、原料类、工具类等"被"字句宾语有10类之多。

而教学语法则从学生的表达需要出发，不需做以上的详尽描写，主要是突出用法。如刘月华等（2001）《实用现代汉语语法》，作为一本以对外汉语教学为对象的语法参考书，其中的"被"字句一节，介绍了什么时候用"被"字句，"被"字句有哪几种格式，"被"字句中谓语的条件，以及"被"字句中其他状语的顺序等等，重点是描写"被"字句的使用条件。

李临定《"被"字句》一文中还关注了"被"字句与其他句式的关系，但他的文章着重在运用变换分析的方法描写"被"字句与双宾语句、主谓词组作宾语句、兼语句等的变换关系。而对外汉语教学语法则主要关注外国学生在运用"被"字句时容易与哪些句式发生混淆，需要探讨相关句式在句法、语义、语用上的区别。例如，王还（1984）探讨了"把"字句与"被"字句的区别，吕文华（1994）探讨了"被"字句与无标志被动句、"被"字句与"由"字句、"被"字句与主语是受事的"是……的"句等在结构、表达等方面存在的差异，目的是指导学生正确使用"被"字句。

实用在对外汉语教学语法上的体现是多层次的，包括教学语法体系的针对性、语法项目选择的适用性、语法解释的简明易懂性，以及语法练习的交际性和有效性等。

0.2.2 管用

给中国学生用的教学语法也注重实用，但对外汉语教学语法除了实用之外，还要求对语法规则的归纳、描写管用。

一般针对母语为汉语的读者使用的语法著作、工具书，甚至语法教科书，对语法规则的描写主要是归纳形式特点，解释意义，并不需要指导学习者进行语言交际，即使语法格式解释得不尽周密，描写得不够到位，用法提示得不太充分，并不影响学习者使用汉语，更不至于误导学生，使其产生病句。

然而对外汉语教学语法必须要禁得起语言实践的检验，要求给出的使用条件具体而充分，解释描写准确而到位，否则学生或则学了不会用,或则一用就错。例如,有的对外汉语教材中对可能补语的解释:"能愿动词'能''可以'等表示可能,但在口语中更多地还是用可能补语表示可能"(刘珣等主编,1981)。课堂上老师常用"能看懂"引入"看得懂",用"不能看懂"引入"看不懂",学生误把"能"与可能补语等同起来,于是就造出了"饭太少,你不能吃饱了""(敲门)老师,我进得去吗"这样的句子。

管用需要提供语法项目,包括结构、语义、语用、语篇等在内的具体条件和特点,是多角度、多层次的。

0.2.3 相对稳定

理论语法在不断探索中创新,贵在提出新观点、新方法、新理论,而教学语法则相对稳定。一般教学语法体系形成后会相对稳定一个较长的时期,这对编写教材和开展教学是必要的。另一方面,教材从编写到推广使用要经历若干年,不可能频繁交替。新的研究成果吸收到教材中也需要一个比较缓慢的过程。这就是教材往往滞后的原因,产生这种现象也是正常的。

但稳定应当是相对的,教学语法应该是开放的,应该持续吸收理论语法比较成熟的成果,不断充实、完善。

对外汉语教学语法体系构建于 1958 年,其基础间架与基本内容沿袭至今,充分表现了教学语法的稳定性。但其稳定中也在不断地变化、更新和完善。自上世纪 90 年代中期以来,改革对外汉语教学语法体系的呼声日高,对体系的思考研究也已成为对外汉语教学理论研究的一个课题。

目前对体系的改革有两种意见。一种意见认为可在原有体系的基础上修改、完善,另一种意见则认为应另起炉灶。

归根结蒂,对外汉语教学语法是为了指导学生进行语言实践,是教规则,讲用法。究竟教哪些、怎么教,受到诸多因素的影响,但有一点是清楚的,那就是确定的体系要经受时间的磨砺和实践的检验。不可设想有朝一日会有一个面目全新的语法体系突然展现在世人面前。教学语法必然是相对稳定的,求变也会是渐变而不大可能是突变。

0.2.4 科学排序

对外汉语教学语法与第一语言教学语法的另一个区别是,第一语言的语法教学是系统地讲授语法理论、语法知识以及语法的研究方法,所以教科书一般都是从词类开始讲授，再到句法成分、句型，再到时体、情态等，内容按系统顺序进行排列。

对外汉语语法教学主要目的不是传授知识，其教学是通过语言操练进行的，所以在语法项目的编排上不再按照词类、句法成分、单句、复句等系统，而是将语法系统切分为若干个语言点，依据语言学习和语言教学的规律进行科学的排序，并结合语言材料，组织学生进行大量的技能训练以达到进行交际的目的。

语言点的排序必须科学，因为它受到多种因素的制约。

语言自身规律 语言项目之间具有的内在联系或相关性。例如，可能补语是由动趋式和动结式生成的，用"过"的句子经常结合动量补语，"把"的附加成分主要是补语等等，都制约着语法项目出现的前后顺序。再如，语法项目本身有基本式还有扩展式，有的出现的频率高，有的出现频率低等等，这些都是制约语法排序最直接、最根本的因素。

认知规律 学生在学习中的认知活动必然循着由易到难、由浅入深、由简及繁、由已知到未知等等认知规律进行，所以循着语法自身存在的难易关系排序是最根本的原则。语法项目的排序包括结构序、语义序、用法序等。（吕文华，2002）

结构序，即从结构角度由易到难的次序：由简式到繁式，从有标志到无标志，从基本式到扩展式、派生式。

语义序是由浅入深，由实义到虚化义，由基本义到引申义，由常规搭配到超常搭配（由原型到非原型），由一般义到文化义。

用法序是从常用到非常用，从一般用法到灵活用法，从单个句到相关句的比较等等。

语言习得规律 在语言习得规律中有一种习得顺序的假说，认为第二语言学习者在习得过程中有一个内在大纲，人们是按照内在大纲的程序对信息进行处理的，所以在上世纪90年代有人分别对13个句式、22个句式的习得顺序进行过研究。近年来也有人从问卷及学生的病句分析出发，探讨语法点的排序。这些探索都是有益的，但还需要经过实践的检验。

排序既包括各个语法项目遵循以上原则的科学安排，还指对某些复杂语法项目先行切分分散到教材中。以"比"字句为例。

教中国人时，对中学生只讲"比"是介词，表示比较；对大学生则要侧重对"比"字句的分析，如"我的年纪比她大"和"我书比他多"怎么分析。（朱德熙，1982）

外国人则主要靠语法规则学说话，我们需要把语法规则切分得比较细，逐步教会学生怎样对两种事物进行比较，怎样表示事物在数量、动量、时间量、程度等方面的差异，了解比较的结果有哪些形式，最后用这些句子模式教学生说汉语。所以教"比"字句时，先要把它切分为以下项目：

◎ A 比 B＋形
例：我比她大。

◎ A 比 B＋形＋数量（得多/一点儿）
例：我比她大三岁。

◎ A 比 B＋动＋数
例：我们学校学生比去年增加了1000人。

◎ A 比 B＋早/晚＋动＋数量
例：他比我早来了十分钟。

◎ A＋动＋得＋比 B＋形＋得多/一点儿
例：他说得比我流利得多/一点儿

◎ A 比 B＋更/还＋动/形
例：南京比上海还热。

◎ A 比 B 做状语
例：她今年比去年身体好多了。

◎ A 比 B＋助动＋动＋多了
例：姐姐比我们能吃苦多了。

◎ A 比 B＋更＋叫＋名＋形/动
例：他的笑比哭更叫人感到心酸。

◎ A 比 B＋还＋B
例：他比阿Q还阿Q。

然后将这些项目循序渐进地分布在初、中、高三个教学阶段，使学生逐步学会用"比"来比较两个事物及其结果的表达方法。

对外汉语教学语法主要体现在教材中，而教材中语法项目的选择和排序的成功与否，则是教材成败的关键。这一点已被数十年的教学实践中教材的兴衰所证实。

0.3 对外汉语教学中的句法、语义和语用

上世纪80年代语法学界提出了三个平面的理论,在学术界引起了很大反响,对对外汉语教学也有很大的指导意义。胡裕树(2000)指出:"三个平面的理论旨在使汉语语法研究能够做到形式和意义相结合,阐释和应用相结合。这样,同时也有利于语法教学中语法知识和表达技能的结合和转化。我认为,对于汉语这种缺乏严格意义的形态变化或者说现行的语法形式标志不丰富的语言来说,不论是传意表达还是理解接受,语义结构和语用性能的讲究尤其重要。对外汉语教学语法体系的建构应当十分重视汉语语法这个特点。"

对外汉语教学语法体系在上世纪50年代诞生之时,主要受结构主义语法理论的影响,所以在教材中对句法的描写比较充分,而对语义制约关系的描写则很薄弱,至于语用功能的描写基本上是空白。

长期以来,我们教学中的许多难点,年复一年地未得解决,逐渐成为老大难,其中一个主要原因就是我们对这些语法现象的认识仍停留在形式上或表层的语义关系上,并未揭示出其深层的语义关系及其语用特征。由于汉语缺乏严格意义的形式变化,又具有灵活性,许多语法现象并不受强制性的语法规则的支配,所以汉语中的语义、语用因素就占有很重要的位置。因此要使对外汉语语法教学达到一个新的水平,在对外汉语语法体系的建设中,在教学语法研究中,应该运用三个平面的语法理论和方法。

对外汉语教学中的句法、语义、语用分析应当与理论语法相区别。理论语法的句法分析是对词组或句子进行句法分析,确定其结构内部的成分,并进行层次分析。对外汉语语法教学不引导学生做句法分析,宏观上我们运用三个平面的观点重新审视原有语法体系中的句型系统和主语观,在教材和教学中我们更关注如何有效地描写语法现象的句法条件。

理论语法的语义分析包括语义指向分析、语义特征分析、格语法以及配价理论等等。对外汉语语法教学关注的是虚词及句法结构所表达的语法意义及语义背景。

理论语法的语用分析主要是进行信息结构分析、话语结构分析、焦点分析、句子的语气及言外之意的分析等。对外汉语语用教学在宏观上是运用话题研究的成果,解决对外汉语语法教学体系中的话题与主语的

问题,并通过话题选择来解释汉语的语序与语篇的衔接等问题。在教材和教学中,我们更关注引入对虚词及句法结构语用特征分析的相关成果,指导学生正确应用语言进行交际。

以下我们将运用三个平面的理论和方法阐述在对外汉语语法教学中如何在句法、语义、语用三个层面进行研究和教学。

0.3.1 句法条件

(1) 使用条件

外国人学习语法规则是为了学说话,因此必须要展示语法规则的使用条件,即什么时候可以用,什么时候不可以用,什么时候可用可不用,这一点是由汉语语法在形态上不发达(没有严格意义上的形态标志)这一特点所决定的。例如:"把书放在桌子上"不能说成"把书放在桌子",原因是"在"的后边需要出现处所词语,只有"名词+方位词"才构成处所词语。但是"在图书馆里学习"也可以说"在图书馆学习",这里的名词"图书馆"后面可以加方位词,也可以不加。而"在北大学习"却不能说"在北大里学习",这里的名词"北大"后面不能用方位词。

那么我们就需要研究什么情况下名词后面一定要加方位词,什么情况下可以不加方位词,什么情况下方位词可加可不加。在教学中还需要通过练习把这些条件讲清楚,否则学生就不会用,或者一用就错。

同样,汉语有定语标志"的"和状语标志"地",但二者都存在着在某种情况下必须用,某种情况下可用可不用,某种情况下一定不能用的问题。还有"被""了""着""过"等都有这种情况,其中有些我们研究清楚了,有些还没研究清楚,比如"了"。因此句法的使用条件是教学和研究中必须予以关注的。

(2) 句法规则的范围

与形态发达的语言不同,汉语的语法规则并不是普遍适用的,它常常只适用于一定的范围,这是由于汉语的语法规则不具有普遍性所决定的。因此当我们介绍某一规则时,必须介绍它的适用范围。例如,汉语中有一部分动词后面可以带双宾语:

① 我告诉你一件事。
② 妹妹送我一件礼物。

学生就会说出：

③ ＊我讲你一个故事。
④ ＊我打你一个电话。

这是对规则类推的结果。因此我们在教学中必须指出，能带双宾语的动词是有范围的以及可带双宾语的动词有哪些，决不能以为所有动词都可以带双宾语。

再如，动词、形容词重叠。我们教学生说：

⑤ 一个漂漂亮亮的姑娘。
⑥ 他笑了笑。

学生就可能说出：

⑦ ＊一个美美丽丽的姑娘。
⑧ ＊她哭了哭。

这就需要在教学中强调，动词、形容词重叠是有范围的，不可随意类推。

同样是动词重叠，既然有肯定式就有否定式。例如：

⑨ 你不试试这双鞋？
⑩ 要是你不看看孩子就太不对了。
⑪ ＊今天我没听听音乐。
⑫ ＊最近很忙，我不散散步。

说⑨⑩是可以的，但是如果说⑪⑫这样的句子则不行。这是因为动词重叠在否定上是有范围的，只有疑问句、虚拟的条件句才可以重叠，一般陈述句不可以。外国学生，尤其是初学汉语的学生，还没有形成汉语的语感，常常学了一种规则就照此类推，因此，及时指出语法规则的范围尤为重要。

(3) 语序和位置

语序是汉语中表示语法关系的重要手段。在对外汉语教学中，展示句子序列则是指导学生模仿造句、学说汉语的重要方法。由于受母语干扰，外国人初学汉语时，常常在某些语法成分的位置上发生错误。而面对一些较为复杂的句式，则更不知所措。例如，动态助词"了"一定出现在动词后面，如果句子中有两个以上动词时，"了"在什么位置上出现呢？

⑬ 他吃了晚饭散步去了。
⑭ *他去了北京大学看朋友。

这两个句子都是连动句,第一个动作发生在第二个动作完成之后,"了"用在第一个动词后,表示动作的完成。但是,同是连动句的第二个句子为什么"了"就不能用在第一个动词之后呢?

再比如,多项定语、多项状语的位置问题,我们说:

⑮ 这是一张从画报上剪下来的照片。

外国学生常说成:

⑯ *这是一张照片,剪下来的,从画报上。

汉语中语序比较复杂的是动词后面既带补语又带宾语,宾语的位置有时在补语前、有时在补语后、有时可前可后;再有连词有时在主语前、有时在主语后,这是定位的,又有可在主语前,也可在主语后的,这是不定位的;介词、副词等做状语时也存在定位和不定位的现象。这些都是学生学习中的难点。

(4) 特殊条件

这里的"特殊条件"指的是一般规律之外的条件。初级阶段教材课文中的语言材料是有控制的,而中高级阶段的课文一般采用选文,语言难度加大,语法上常常出现例外,往往例外的地方正是外国人容易出现偏误的地方。它给我们的语法研究和教学不断地提出新的课题。例如,离合词带宾语时,有的宾语可以出现在离合词的中间:

⑰ 帮你的忙。

学生就会说出下面的病句:

⑱ *离他的婚。

为什么错了?因为"离婚"是双方都参与的动作行为,宾语不能插在离合词的中间。再比如,汉语中可以说:

喝醉了酒　　吃饱了饭　　干累了活儿

但不能说:

*吃胖了肉　　*看病了书　　*写累了汉字

上下两组句子的结构一样,语义指向相同,为什么上组能说、下组不能说？因为在动补结构中，补语的语义指向施事主语时，一般规律是不能带宾语，而当"动—补—宾"是固定搭配时，像"吃饱—饭、喝醉—酒、干累—活"就例外了。同理，"*喝醉了茅台、*吃饱了面条、*干累了工作"等也是不能成立的。

在对外汉语教学和研究中，针对外国人的学习特点和汉语语法自身的特点，必须要把句法研究的角度放在用法和条件上。句法条件的描写要求细致、深入，否则既难于指导学生说出正确的句子，也难于控制学生不说错误的句子。

0.3.2 语法意义和语义背景

（1）语法语义的描写

外国人学习某个结构形式时迫切想了解它究竟表达了什么意义，以便在交际中去运用。但长期以来我们的教学中比较突出结构，而对句法结构所表示的意义，有的交待了，有的没有交待，有的虽然交待了，但不够准确、不够具体、不够到位。

举个例子"并＋否定词"，教材的解释是表示强调否定，如"并不热""并没有怪你"，就是强调不热、强调没有怪你。外国学生对强调的解释常常感到很茫然，因为我们常常说这个词表示强调，那个结构表示强调，或者当学生问我们为什么要用某个形式，我们一时想不出怎么回答时，也会说是表示强调。其实强调是个很笼统、宽泛而又模糊的概念。它并没有对"并＋否定词"表达的意义作出解释，更没有提示它的用法，所以学生一用就错。有一个学生在口述时说：

① 有一天我要出去，妈妈说："晚上你一定要回来吃饭。"我因为要跟朋友聚会，就说："我并不回来吃饭。"

老师马上纠正："用'并不'错了，只用'不'就可以了。"学生不服气，问老师："我要强调不回来吃饭才用了'并不'，怎么错了？"这就是我们的讲解不到位的后果。

"并不"的语法意义相当于"事实上不"，当对方的观点、说法不符合客观事实或不合常理时，我们给予否定或辩驳时才用。例如：

② A：小王出国了吧，好久没看见他了。
   B：他并没有出国，他去深圳了。
③ 今天并不冷，怎么穿上大衣了？
④ 你要送小王泳衣，可是她并不会游泳。

我们如果能具体、准确地描写出结构形式的意义和用法，学生就会少犯错误。上面的解释已经包含了语义背景的问题。

(2) 语义背景

语义背景是指句法结构所表达的语法意义是在什么样的背景下才成立的。例如，"差一点儿"，《现代汉语八百词》（吕叔湘主编，1980）解释说，有时表示不希望实现的事几乎实现而没有实现，有庆幸的意思。如"差点儿摔倒"是"没摔倒"（庆幸）。学生照此造句：

⑤ *今天起晚了，我跑得很快，差点儿迟到了。

错在哪儿呢？是语义背景问题。"差点儿"必须出现在有因果关系的语义背景中，如果说"他起晚了/他走得太慢了，差点儿迟到"就对了。

再如，《现代汉语八百词》对"怪＋A/V＋的"的解释是"表示有相当高的程度：怪冷的、怪累的"。学生学了以后马上造出"清华大学的教学水平怪高的"的句子。"怪"跟"很、非常"不同，"怪"表示超出了主观期待的程度，"很、非常"只表示客观程度。因此不能说"*清华大学的教学水平怪高的"，但可以说"精华大学的教学水平怪高的"。因为"精华大学"不知名而教学水平很高，是超出了主观预期的程度。

可见，对虚词或语法结构的语义背景的介绍，可使外国人进一步体会和了解语法形式所表达的意义需要出现在什么语言背景中，这对他们准确运用语言进行交际是十分重要的。

0.3.3 语用特征

在语法学界，语用研究的起步比较晚，研究成果有限。在对外汉语教材中，关于语用的教学几乎是空白。我们认为结合培养学生交际能力的需要，语用方面的研究和教学，重点可放在语用特征上，具体有以下三点：

(1) 语言结构中的话语含义和语用色彩

在汉语中，有些语言结构具有特殊的话语含义，由于受文化差异以及语感的限制，外国人很难理解。若不指出这些，学生就只会从字面上去理解，结果产生失误。例如教"A的A，B的B"，教材中仅解释为表示"有的A，有的B"，如"老的老，小的小"。学生依此造句：

① *春天到了，校园里的花都开了，大的大，小的小，多么美丽啊！

这是语用失误，因为"A的A，B的B"有表示杂乱无章的语用色彩，我们没有指出来，学生当然不明白。

再如教"动不动"，我们解释"表示经常发生的情况"，没有进一步作语用特征的揭示，学生就会说：

② *玛丽学习很好，动不动就得100分。

"动不动"在语用上具有特殊的话语含义，表示说话人有否定的厌恶的态度，所以常说"他动不动就摔东西/发脾气/大哭大闹"等等。

有些特殊结构的含义外国人更不能理解，如"不甜不要钱"表示特别甜，"咱们走着瞧"表示威胁，"把话说清楚了"表示不满、警告等等。如果教学中不讲清楚这些含义和色彩，学生很难做到交际的准确性和得体性。

(2) 间接言语行为的理解

在交际场合中，说话人常常需要针对当时的情景和对象选用适当的话语，来表达自己对说话内容的态度、情感等等。而且在交际中，字面意义和他要表达的实际含义常常有不一致的情况，使表达显得很含蓄。这些间接言语行为需要建立在很好的语感基础上。这是连很多汉语水平已经不低的外国人也难于达到的。所以要使学生达到较高的交际水平，应该让学生了解汉语中丰富多样的间接言语行为。在教学中我们常常遇到因此产生的交际失误。例如有一次，上课的时候安娜在看报，老师不悦，就对安娜说："你是来上课的，还是来看报的？"安娜只会从字面上理解这个问句，于是回答："我是来上课的。"实际上老师的话是指责而不是询问，一般外国学生只能理解直接的言语行为，而不能理解间接的言语行为。

再如，用"不是……吗"的反问句，我们的注释是"强调肯定"。"他不是马修吗？"意思是："他是马修。"但反问句还含有几种不同的语气，如惊异、不满、责备、辩驳等等，应该针对不同交际场合和对象加以揭示。由于教材中没有指出，学生只认为这个句式是强调肯定，所以常常用错。曾经发生过这样一件事，在一次中国人宴请外国学生的宴会上，主人很热情，一再劝酒，其中一个学生说已经喝多了，主人还劝，他为了表示强调，就说："我不是说已经喝多了吗？你为什么还让我喝?"一下子气氛紧张起来,主人很尴尬,而这个学生却浑然不知。这种语用失误在外国人的交际中是屡见不鲜的。

(3) 在语境中传递的信息

对外汉语教学的最终目的是提高学生的交际能力,而交际行为除了受规则支配外,还要受语言环境、交际对象等因素的制约,交际中说话人针对具体对象及所处的语言环境传达一定的信息。这不是仅仅描写了规则、解释了意义所能解决的。我们还要说明说话人选择某个句法结构在语境中究竟传递了什么信息。下面举几个例子。

"把"字句在外语中没有对应形式,学生不知道究竟在什么情况下用"把"字句,虽然教材已经对把字句作出了解释:"对确定的人或物实行相应的动作或说明动作产生的某种影响或结果。"(杨寄洲主编,1999)但还是没解决为什么要用"把"字句的问题。"我把窗户打开"按上文的解释是通过"打"这个动作使窗户发生由关到开的变化。为什么要发生变化呢?仍然不清楚。只有深入到语用层面,从语境中挖掘"把"字句传递的信息,才能解疑释惑。比如:屋子里人太多,太热,主人说"去把窗户打开"传递的就是通过窗户由关着的状态到打开的变化,达到使屋子空气改善的目的。再如"他把车停在学校门口",目的是接女儿放学回家。"把"字句在交际中有表示目的性的话语功能,把这一点揭示出来,学生就明白究竟在什么情况下用它了。

教语气助词"了"时,我们说它表示出现新情况。《初级汉语课本》(鲁健骥主编,1986)第32课讲"了",课文提供的情景是玉兰带孩子冬冬爬山:

③ 玉兰:我累了。

冬冬:我不累。可是我渴了。

教材解释为,表示变化的意思是"不累→累了"、"不渴→渴了"。其实说话人用"了"表达变化,是在传递信息,即提出事实,提请注意,下文一般出现对此的反馈。课文的对话中,在冬冬说"渴了"之后,玉兰立即有反馈:

④ 玉兰:休息几分钟,上冷饮店喝点儿汽水儿。

所以在话语中,"了"有信息提示的功能。

教学需要对句法结构作语用特征的揭示,才能提高学生正确、得体地运用语言的能力。

众所周知，对外汉语教学是实践语言教学，我们教语法的目的是指导外国学生进行语言实践，我们在教材中对语法规则的归纳、对意义的解释都要经得起实践的考验，稍有失误或疏漏，都会引导学生犯错误。我们一直提倡语法教学要讲究实用，其实还要讲究管用。我们展示的语法规则要充分、细致，一一列出使用的条件，什么时候该用、什么时候不该用，要列出词序，哪个在前、哪个在后，否则学生就会造出不合规则的句子。掌握语法规则的目的是要表达思想，要能正确、得体的进行交际，所以必须准确、到位地描写出结构形式所表达的意义，以及在话语中表现出的语用特征，只有把形式和意义结合起来，把理解和应用结合起来，我们的对外汉语语法教学才能跨上一个新的台阶。

第1讲

关于语素的教学

语素教学有助于提高学生学习词汇、掌握词汇、扩大词汇量以及理解词义、辨析同义词的能力,有助于记忆汉字、消除错别字等,是解决对外汉语教学中语汇难、汉字难的有效途径。语素教学究竟教什么?有哪些方法?如何分布在各个教学阶段?这些是本讲讨论的问题。

第1讲 关于语素的教学

1.0 概述

语素是最小的语音语义结合体,是最小的语法单位。我国早期的语法研究局限于词、词组、句子等三级单位。1956年公布的《暂拟汉语教学语法系统》(以下简称《暂拟》)中,语法只讲三级单位。随着语法研究的深入以及人们对语言现象认识的提高,语法单位突破了三级的范围,确定了语素、词、词组、句子、句群等五级单位。1984年公布的《中学教学语法系统提要》(以下简称《提要》),作为对《暂拟》的修订和补充,其中一个重要的变化,就是把语素、句群作为语法单位纳入中学语法教学内容。

上世纪50年代建立的对外汉语教学语法体系,受《暂拟》的影响,与当时中学、大学语法教学相一致,语法教学只讲词、词组和句子三级单位。1984年《提要》颁布后,国内中学、大学语法教学都建立起五级语法教学的内容,增补了语素和句群的教学,以提高学生准确使用语言的能力。然而对外汉语的语法教学对此却迟迟未作反应。"语法教学……仅仅把词和句子作为语法教学的基本单位,不重视语素和词组的教学,语段教学几乎还是一片空白。"(吕必松,1994)

《对外汉语教学语法探索》(吕文华,1994)在全面分析了对外汉语语法体系的基础上,提出了改进语法教学的方案,首先提出了"建立语素和句群教学"的建议。随后发表的《建立语素教学的构想》(吕文华,2000)一文则进一步论证了建立语素教学的必要性和可行性,并具体构想了语素教学的内容和操作方法。

关于建立语素教学的必要性的论证有三点理由:

其一,汉语中约占97%的语素是单音节的,它们组成新词的能力极强,而且其中许多单音节语素本身就是词,所以掌握一定数量的语素和构词法,就可以迅速地扩大词汇量。

其二,多数语素与汉字是一对一的关系,学习语素有利于建立汉字音、形、义的联系,从而加强汉字的记忆,减少错别字。

其三,汉语是理据性强的语言,复合词的意义一般可由其组成成分去推测。据苑春法等(1998)对43097个二字复合词的调查,语素在构词时,名词约87.89%,动词约93.29%,形容词约87%,保持原来的意义不变。

语素教学有助于提高学生学习词汇、掌握词汇、扩大词汇量以及理解词义、辨析同义词的能力，有助于记忆汉字、消除错别字等，是解决对外汉语教学中语汇难、汉字难的有效途径。

此后，国家对外汉语教学领导小组办公室汉语水平考试部编制的《汉语水平等级标准与语法等级大纲》(1996)（后文简称《语法等级大纲》）在丙级和丁级语法大纲中列出了语素（黏着语素、自由语素）的语法项目，其中列举黏着语素49个，自由语素73个，共122个语素。

国家对外汉语教学领导小组编制的《高等学校外国留学生汉语言专业教学大纲》(2002)（后文简称《教学大纲》）在二年级语法项目中出现了"合成词的构成及其语素义"的项目，提出了6种合成词的构成方式：偏正式、联合式、主谓式、动宾式、补充式、附加式。作为附加式的举例，列举了前加语素6个，后加语素11个。

在三、四年级语法项目中，出现了语素的项目，对语素按语音形式和构词能力进行了分类；进一步介绍了语素组成合成词的方式。作为附加式的举例，列举了前加语素10个，后加语素17个。

大纲颁布后，语素教学开展的情况如何呢？教材是课堂教学的依据，因此考察对外汉语教材中语素教学有没有以及如何纳入教学内容，是解决此问题的切入点。我们考察了北京语言大学在《语法等级大纲》颁布后编写的或使用的几部教材：

《汉语教程》（杨寄洲主编，1999）共3册6本，为对外汉语本科专业语言技能类学生用的一年级教材。该书没有把语素纳入教学内容中。

《现代汉语高级教程》（马树德主编，2003）共3本，为对外汉语本科专业语言技能类学生用的三年级和四年级教材。其中三年级教材（上）出现了包含语素教学内容的练习。该书共有10课，其中第一、三、四课中练习题是：解释加点语素的意义，并模仿例子组成新的词语。如：

转弯处（　　　　）　_____处　_____处

其余7课中的练习题是：模仿例子组成新的词语。如：

戏迷　_____迷　_____迷
满墙　满_____　满_____

《成功之路》（邱军主编，2008）全套20册，进阶式水平序列分别设计为初级的"入门篇""起步篇""顺利篇""进步篇"，中级的"提高篇""跨越篇"和高级的"冲刺篇""成功篇"。其中中级的"提高篇"和"跨越篇"增加了语素教学的内容，即在四册书中每课练习中都配有

3—5组语素练习,共学习70多个语素及450个相关词语,其课后练习题是:参考语素的注释和例句,理解新词语,并选择填空。如:

速度
　　└【度】:表示物质的有关性质达到的程度。degree
　　例:道路的增加速度永远比不上汽车增加速度。
　　选择填空:硬度/湿度/高度
　　　　北京夏天和冬天的空气_____差别非常大。
　　　　我们在这一方面的技术水平已经达到了一个新的_____。
　　　　钻石的_____非常高。

《初级汉语精读课本》(鲁健骥主编,2008)一册共20课。该书是《初级汉语课本》第3册的重编本,是用于基础阶段后期的精读课本。该书第一课的第一项语法就讲语素,主要举例说明语素义和词义的关系,指出汉语词汇理据性强的特点。每课包含两项语素练习。练习1每课2—5组,练习2每课2—4组。

练习1　从学过的词中找出带下列语素的词。

　　　　笔　　　　车　　　　饭

练习2　根据共同语素说出下列词语是什么或者跟什么有关。

　　产品　　商品　　作品　　用品　　药品
　　办法　　做法　　方法　　想法　　写法　　用法

该书还要求学生从《字词总表》中查出生词中的语素义,再根据语素义查出词义,这一做法贯穿全书,使学生通过长期的独立工作的训练,获得利用语素理解词义的能力。

　　从以上考察中不难发现,进入21世纪后,出版的教材都不约而同地把语素纳入教学中,这是对外汉语语法教学的一个突破,值得肯定。

　　几部教材的语素教学主要体现在练习形式中,教学内容主要有两点,一是通过组词学习汉语常用语素,二是通过包含相同语素的一组词来归纳语素义或分解出语素,解释语素义。

　　本科语言技能类系列教材和《成功之路》进阶式系列教材分别把语素教学安排在高级阶段和中级阶段,《初级汉语精读课本》是在基础阶段的后期安排了语素教学。

　　语素教学究竟教什么?有哪些方法?如何分布在各个教学阶段?这是我们本讲需要讨论的问题。

1.1 语素教学的内容

语素是以提高词汇教学水平和效率为目的的。用分析语素的构词功能、分析语素义的方法，可以有效地指导学生掌握构词规律、理解词义，并提高运用词汇、记忆词汇、扩大词汇量的能力，使学生从长期被动的学习状态和死记硬背的苦恼中解脱出来。

我们把语素构词和由分析语素义去推求、理解词义确定为语素教学的主要内容。

邢红兵（2003）的一项研究支持了我们的观点。这项研究对"汉语中介语语料库系统"词表中出现的全部520条偏误进行了穷尽分析，将偏误合成词分为5大类17小类。通过进一步的统计分析得出以下结论：（1）留学生生成汉语合成词可能会受很多因素的影响，……其中最重要的是语素意识和结构意识；（2）留学生能够比较好地掌握汉语的构词规律以及语素的构词能力、构词位置等规律，并能运用到词汇的生成中；（3）留学生对大部分词的生成是有明确的语素意识和结构意识的，……留学生习得复合词存在两种不同的方式：分解习得和整词习得，其中分解习得应该占主导地位。

留学生语素意识和构词意识是在学习过程中通过耳濡目染逐步积累，不自觉中悟得的。如果我们因势利导，通过精心的教学安排，把语素构词的规律、从语素义推求词义的规律教给学生，不难想象，学生具有的朦胧的语素意识和构词意识，必然会形成一种积极的、自觉的行为，在学习词汇、理解词义、掌握汉字上会有极大的突破。因此，我们认为，语素教学内容，大致应包括以下几个方面：（1）区别成词语素和不成词语素；（2）选择常用语素；（3）介绍语素构词的规律；（4）由语素义推求词义的途径。

1.1.1 成词语素和不成词语素

语素按语法功能可以划分为成词语素和不成词语素。成词语素能够单独使用，不成词语素不能独立成词，即不能单独使用。

语素教学首先要把成词语素与不成词语素区别开来，这不仅仅是学习语素构词的需要，更是避免对外国人有误导。多年来我们的教材中，词是语法的最小单位，从未明确地把语素表示出来，使学生把许多不成词语素误认为是词，因而出现"＊我买一张桌""＊我喜欢吃橙"之类的偏误。

苑春法等（1998）在对 7753 个语素是否可以单独成词做了调查统计，其中成词语素为 2878 个，不成词语素达 3295 个之多。

把不成词语素标示出来，提示哪些字不能单独使用，无疑给外国学生的学习带来很大的便利。

近年来，一些工具书已开始区别词与语素，如《现代汉语词典》（中国社会科学院语言研究所词典编辑室编，2005）第 5 版在单字词条上区分了词与非词，而为外国人编写的《商务馆学汉语词典》（鲁健骥、吕文华主编，2006）则把不成词语素都标示出来。这些都为我们在教材中区别开成词和不成词语素提供了参考和依据。

1.1.2 常用语素

能纳入语素教学的须是常用的构词成分。有三个部分：

◎ 词缀：老　阿　第　初　小
　　　　　子　头　者　们
◎ 类化成分：本　可　分　多　总　反　非　无
　　　　　　家　性　化　式　界　热　型　度　手　迷
◎ 常用词根：电　学　打　开　车　证　会　园

选择常用语素应考虑能产性，结合面宽，具有很强的构词能力等因素，可参考大纲及教材中出现词汇的具体情况进行教学选择。

1.1.3 语素构词的规律

汉语中语素构词的规律，是语素教学中重要内容。迄今为止，我们的对外汉语教材中，鲜有涉及构词法的内容。我们按《汉语水平词汇与汉字等级大纲》（1992）中词汇的构成，归纳出其合成词构词的方法有：

◎ 偏正式：彩色　大批　病房　笔直　独立　金黄
◎ 联合式：彩色　反正　地位　爱好　按照　斗争
◎ 述宾式：司机　放心　道歉　报名　出席　动员
◎ 述补式：改善　感动　扩大　消灭　修正　说明
◎ 主谓式：地震　月亮　年轻　胆怯　气喘
◎ 附加式：阿姨　老师　记者　木头　画儿
◎ 量补式：书本　人口　车辆　纸张　文件　花朵
◎ 重叠式：常常　刚刚　偏偏　时时　爸爸　爷爷

◎ 缩略式：北大　民警　纪委　房改　牛津

以上按词组规则构词的偏正式、联合式、述宾式、述补式、主谓式又统称为复合式。

苑春法等（1998）基于语素数据库的研究，对语素构成的43097个二字词中占95%的名词、动词、形容词的构词法进行了频率统计，其结果依次是：

类型		数量（个）	频率（%）
复合式	偏正式	22265	51.60
	联合式	8679	20.10
	述宾式	7589	17.60
	述补式	963	2.23
	主谓式	410	0.95
附加式		1060	2.40
重叠式		193	0.44
缩略式		50	0.11
量补式		34	0.07

从以上统计可见，复合式和附加式是最主要的构词方式，而又以偏正式、联合式和述宾式等构词法出现的频率最高。构词法应纳入语法教学中。

1.1.4 语素义与词义

汉语词义的理据性很强，复合词的词义一般可由语素义推求出来，因此分析语素义是掌握词义的重要途径。以下我们分别介绍各种构词法由语素义导出词义的不同途径。

(1) 复合式

复合式词的词义是由语素义和结构义直推或比喻引申而构成。
◎ 词义＝结构义＋语素义

飞机：结构义（偏正）＋"飞""机"的语素义
呼吸：结构义（联合）＋"呼""吸"的语素义
读书：结构义（述宾）＋"读""书"的语素义
改正：结构义（述补）＋"改""正"的语素义

胆小：结构义（主谓）＋"胆""小"的语素义

◎ 词义＝结构义＋语素义产生的比喻义

手足：结构义（联合）＋"手""足"的语素义，比喻"弟兄"

吹牛：结构义（述宾）＋"吹""牛"的语素义，比喻"夸口说大话"

◎ 词义＝结构义＋语素义的引申义

冷僻：结构义（联合）＋"冷""僻"的语素义，引申为"不常见的"

碧血：结构义（偏正）＋"碧""血"的语素义，由典故中得出的引申义为"为正义事业而流的血"

(2) 附加式

附加式词的词义由词根和词缀（前加或后加）构成。词缀一般已虚化，不同词缀附加在词根上，有不同的功能。例如：

"第"＋数词（第三）→序数
"初"＋数词（初一）→时间顺序
词根＋"子"（胖子）→名词（体胖的人）
词根＋"化"（绿化）→动词（使变绿）
"老"＋数词（老三）→名词（排行第三）

词缀在造词过程中有不断增多的趋势，但并未完全虚化，称作类化成分，如"热""角""度""族""多"等。附加法是创造新词语的一个主要途径，因此学习词缀和类化成分可以掌握和理解一组词的意义，举一反三。

(3) 重叠式

重叠式是由一个单音节语素重叠而构成的词，其词义与单音节语素有共同的义项。例如：

爸→爸爸　　白→白白　　常→常常　　刚→刚刚

(4) 缩略式

缩略式的词是选取词组中有代表性的语素简缩为一个词。如：

北语（北京语言大学）　　环保（环境保护）

科研（科学研究）　　达标（达到要求的指标）

缩略式也是创造新词的一个常用方法，这类词对外国学生比较难，必须还原为词组学生才能理解。

(5) 量补式

量补式的词是由名词加其特定的量词构成的词，词义表示其中名词的总称。例如：

书本：名词（书）＋量词（本）→名词（书的总称）
纸张：名词（纸）＋量词（张）→名词（纸的总称）

这种构词法很有规则，但不能类推。例如：

＊椅把　　＊鱼条　　＊楼座

从以上词义构成可以看出，虽然汉语词汇的理据性强，可由语素义推求词义，但词义绝不等于语素义的简单相加。词义还须通过结构义体现出来。"性急"是"性子急"，但"猴急"就不是"猴子急"的意思，因为前者的结构义是主谓，而后者的结构义是偏正。

1.2 语素教学的设想

我们从对北京语言大学近年来新出版和使用的几部教材的考察的结果不难发现，语素教学目前还处于早期的、尝试性的起步阶段。语素教学的目标不够清晰，教学内容没有涉及语素构词的规律以及语素义和词义的构成等，教学安排仅限于课后练习，整个语素教学显得单薄、零散，不成系统，缺乏力度。此外，对语素教学的探讨和研究也较薄弱。我们检索了自1990－2010年20年间对外汉语教学的两种核心期刊《世界汉语教学》和《语言教学与研究》的论文索引，仅搜索到与语素有关的论文6篇，而其中联系到对外汉语教学的仅有2篇。由此可见，在对外汉语教学中开展语素教学仍然任重道远。

语素教学应当贯彻到整个教学的初级、中级、高级各个阶段。

在语素教学的安排上，《语法等级大纲》是分布在丙级和丁级，《教学大纲》是安排在二、三、四年级。也许受大纲的影响，目前所见的多数教材只在中级阶段或高级阶段才安排语素教学，有些局促。其实，很多常用语素在初级阶段就已出现，完全可以因势利导，进行归纳和练习。以《语法等级大纲》中丙级语法大纲中列举的黏着语素为例，该大纲共列举了29个黏着语素（包括前缀、后缀和常用词根），其中有19个黏着语素是在甲级和乙级就出现了，如"老""小""们""儿""头""子""家""者""学""员""度""件""物""长""丽""在""言""语""祖"等。既然在初级阶段已经出现的语素为什么要到中级阶段才去学习呢？岂不错过了学习的时机？

初级阶段应使学生初步形成语素意识和语素构词的意识，可通过学习常用语素、用语素组词或从一组带共同语素的词去理解语素义等方式来实现，帮助学生把成词语素和不成词语素区别开来。

中级阶段的教学内容应包括汉语的构词规律，复合式、附加式等构词方法，逐步学会并掌握语素义。

高级阶段可进一步教授重叠式、缩略式等构词法，教学的重点是词义的构成，使学生能通过语素义分析、掌握或推测词义，并能运用语素义的比较去辨析近义词。

为了实现以上的教学目标，必须切实地把语素教学落实到教材和教学的各个环节中。以下我们就教学中的各个环节中如何落实语素教学做出初步的设想。

1.2.1 生词表添加新元素

生词教学的依据是生词表，迄今为止，国内使用的教材中，生词表中词是最小的教学单位。我们主张在生词表中出现语素，把语素也作为教学的单位。早在1989年，在法国问世的《汉语言文字启蒙》（白乐桑、张朋朋主编）就已经将生词表中出现的生词分解为语素，然后再由语素扩展到词或词组。例如：

    家：公家　大家　国家　文学家　书法家　老人家

近年出版的《初级汉语精读课本》则附有一册《字词总表》。这是国内出版的教材在语素教学上的一次创举，值得推广。该表在每个单字字头下，区别了语素和词，并分别为语素和词释义，从两个方面汇集了每个单字在该书中所组之词。例如：

    思：思考　思念　思想　思想家（做首字）
    品：产品　用品　作品　食品　工艺品（做尾字）

该《字词总表》不仅为学生提供了查字词释义的功能，更向学生展示了所学的词的组成，以及该词的语素义和词义的关系。可想而知，学生在其影响下，会在潜移默化中悟得汉语构词规律和词义构成规律。这对学生在记词、用词、扩展词等方面所产生的作用是显而易见的。

我们认为生词表可从以下方面实现语素教学：

首先，把属于词缀、类化成分、常用词根的语素从词语中分解出来，作为常用语素进行教学。分解出的语素成词的，标注词性；不成词的，标注"素"。把两者区别开来，以免学生误将不成词语素当词使用。

其次，把语素扩展为词和一组词。

最后，学习语素义。例如：

① 演员
　　└【素】：做某种工作或参加学习的人
员：教员、营业员、售票员、服务员、运动员
② 爱国
　　└【名】：国家
国：联合国、外国、祖国；国内、国外、国家、国际

1.2.2 语素教学纳入语法项目

语素教学应作为语法项目出现在教材中，按不同学习阶段的教学目标，列出语法要点，进行解释、注释并举例，语法要点的安排列举如下：

(1) 语素

解释语素的要点，使学生对语素建立初步印象，认识到语素是构词的单位，以及汉语是理据性强的语言。

(2) 语素"子"及其他

把常用的虚化了的词缀作为语法点出现，如语素"子"。

语素"子"可以附加在成词的形容词性、动词性、量词性语素后，构成名词。例如：

　　形容词性语素－子→名词：胖子　瘦子　傻子　呆子
　　动词性语素－子→名词：骗子　夹子　铲子　推子
　　量词性语素－子→名词：条子　个子　本子

"子"也可附加在不成词的名词性语素后构成名词。例如：

　　名词性语素－子→名：孩子　帽子　桌子　椅子　箱子

以此类推，我们可以随着词缀学习的不断增多，总结语素"化"

"者""们"等，还可以用注释的办法，把常见的类化成分和常用的词根列举出来，以组词的方式举例，使学生学习到一定数量的常用语素，并建立起语素构词的意识。

这种构词方法容易为西方学生所接受，因为这是他们的母语（多为印欧语）的主要构词方式，加之初级阶段的教材中，用附加式构成的词比较早地就出现了，既常用又便于扩展，建议先教这种构词法。

由于词缀大都虚化，而且有一定的语法功能，如改变词性使不成词语素成词等，宜作为语法项目安排。对于一些常见的类化成分，如"～家""～户""～式""～界""～热""多～""可～"等等，可选择注释、举例的方式使学生掌握。

（3）复合式构词法

复合式构词法是汉语中最主要的构词法，这种方法构成的词约占合成词的 96.5%（周荐，1991），而其中偏正式、联合式、述宾式是出现频率最高的，应充分练习。教学中，我们可以用复习词组构造的方式来学习复合式构词法。为了减少语法术语，复合式构词的 5 种结构关系，应尽量用学生熟悉的字母代表：

N——名词　V——动词　A——形容词　M——修饰语
O——宾语　S——主语　P——谓语

组合方式		词	词组
联合式	N—N	地位	兄弟姐妹
	A—A	伟大	清洁整齐
	V—V	斗争	打击报复
偏正式	M—N	书店	学生宿舍
	M—V	热爱	积极参加
述宾式	V—O	司机	修理汽车
述补式	V—C	改善	解释清楚
主谓式	S—P	年轻	天气晴朗

汉语中由语素组合成词，由词组合成词组，由词组到句子，构造原则基本一致，这是汉语语法的一个重要特点。

我们把复合式构词法与词组的构造规律联系在一起，不仅仅是为了反映汉语的这一语法特点，还因为学生在学习词组和造句的过程中，已经较熟悉了这套构造规律，在此基础上推及到语素构成词，就驾轻就熟了。

(4) 重叠式构词法

单音节成词语素重叠，可构成复合词，如：

  名词性语素重叠：哥——哥哥
  形容词性语素重叠：常——常常
  副词性语素重叠：刚——刚刚
  数词性语素重叠：万——万万

对这种构词方法，需要归纳、列举，须做简略介绍或用注释的方法说明。

(5) 缩略式构词法

对用缩略式构词法构成的复合词，如"清华（清华大学）""民警（人民警察）"等，应结合语言材料中出现的这类词进行归纳、总结，只需在注释中指出这类词是由词组紧缩而成即可。学习中要逐词还原为词组，学生才能理解。

(6) 量补式构词法

对用量补式构成的复合词，如"房间""人口""枪支"之类，可通过注释做简单的归纳，分析其构造，说明这类词是表示总称。

以上（2）—（6）是通过出现语法点或注释方式介绍的各种构词法。为了减少语法术语，最好以标志性的语素或词显示语法项目（如语素"子"），重点是归纳规则，辅以练习使学生理解和掌握。

(7) 词义构成

词义构成的重点是介绍复合式构词的词义构成，因为附加式、重叠式、缩略式、量补式等构词法的词义构成比较简单，在归纳构词法时就一并解决了，而复合式词的词义构成既涉及语素义和结构义，有可以从语素直推的，又有比喻和引申的，因此需要分别进行。词义构成宜安排在高级阶段的教学中，可分三次进行：

第一次：复合词的词义由语素义加结构义构成。
第二次：复合词的词义由语素义加结构义的比喻义构成。
第三次：复合词的词义由语素义加结构义的引申义构成。

从中级阶段开始，已经有语言知识课，以上术语都会学到，不致增加学生的负担。

1.2.3 练习方式

练习是实施语素进行的重要环节,语素教学的内容,决不能靠讲解去完成,而要通过操练使学生领悟,得到实践,达到掌握和运用的目的。

为了实现语素教学的内容,可以设计多种多样的练习。以下我们举例性地列举几种练习方式:

(1) 组词

在语素学习开始阶段,组词练习比较直观、简易,可以达到学习常用语素以及培养语素构词的意识,具体方式如:

练习1 模仿例子组词。

饭馆 _____馆 _____馆 _____馆

练习2 用下列语素组词。

学( ) ( )员 车( ) 机( )

练习3 语素连词。

国 笔 店 局 电
邮 家 灯 商 铅

(2) 解释语素义和词义

词汇学习的目的是掌握词义并正确运用,而通过语素义去掌握词义是一条便捷途径。因此,加强语素义的学习和理解必不可少。练习方法如:

练习1 请解释下列词中共同语素的意义。

停电 停车 停工 停学
欢送 欢迎 欢乐 欢呼

练习2 根据语素义说出词义。

处:地方
售票处 停车处 挂号处
公:大家都可以用的
公路 公厕 公园 公用电话

练习3 完成下列句子。

花的总称是<u>花朵</u>。　　船的总称是_____。
枪的总称是_____。　　书的总称是_____。

练习4 你知道下列简略词的意思吗?

京津唐　老中青　首师大　节水

(3) 分析词的结构

汉语构词法与印欧等语系语言的构词法很不相同,绝大多数是复合式,按词组或句法规则构词,而词的结构是影响词义理解的一个重要因素,因此要加强对构词规律的练习,使学习达到熟知的程度。练习方法如:

练习1 按照下列词的结构,各举出5个词。

示例:报名　放心　读书　吃力　满意　司机
　　　胆大:_____
　　　演出:_____
　　　反正:_____
　　　跃进:_____

练习2 举出与下列构词法相同的5个词。

阿姨、记者:_____
纸张、书本:_____
弟弟、常常:_____
北大、计生:_____

练习3 分析下列词的结构。

笔记　左右　说明　红枣　地震

(4) 推测词义

这是语素学习达到的最高目标之一,即学生能根据已经积累的语素及语素义,结合对词的结构分析,推测出生词的词义。这项内容可依据难度的高低,循序渐进地分布在不同阶段。练习方法如:

练习 请说出下列生词的大概意义。

起重　错案　草鞋　假肢

河山　出入　嘴硬　风云

推测词义也可以作为任务布置学生预习生词，先由学生释词，教师再有意识地结合语素义推及词义的方法进行总结，以加深学生的印象。

（5）辨析词义

辨析近义词是高级阶段语素教学中的一个常项。以往对近义词的辨析偏重于从词义上做整体的比较。作为语素教学，对一部分有相同语素的近义词，可侧重从相异语素的比较入手，从而把握两个词在词义上的根本区别。例如："考察"和"考查"，都是动词，都有调查研究，弄清情况的意思。"察"的语素义是"仔细看"，"查"的语素义是"检查"，因此，"考察"着重在观察调查以弄清情况，而"考查"则着重于检查以作出评价。

从语素义的比较入手做词义辨析，易于捕捉住近义词的本质区别，同时也能在掌握语素义的同时，易于理解相关的词。例如"观察、视察、考察团""清查、普查、复查、审查"等等。

以上我们对语素教学的设想，还需要在实际教学中去完善。语素教学的全面开展，尚需时日，有待共识者去开拓、实践，积累经验。

第2讲

关于实词的教学

名词、动词等各类实词在教学中是如何分布的?实词教学的重点——时间表达法和读数法如何进行教学?实词教学的难点——量词和能愿动词如何处理?这些是本讲要讨论的问题。

2.0 概述

对外汉语教学语法把词分为 12 类：名词、代词、数词、量词、动词、形容词、副词、介词、连词、助词、叹词、象声词。其中前 6 类为实词。

理论语法或第一语言教学语法主要研究或讲授词类的组合关系和聚合关系，关注词类的划分标准以及各类词的语法功能。对外汉语教学语法在词类教学中，不涉及词类的划分问题，对词类功能也不作全面系统的介绍，主要选取与交际表达有关的内容进行教学，充分体现实用性的特点。

汉语实词数量大、使用频率高，在实词教学的语法项目选择和安排上，对外汉语教学较好地贯彻了实践性原则。语法教学内容从培养学生交际能力的需要出发，不大讲知识、不追求系统。以动词的小类为例，动词一般分为动作动词、判断动词、能愿动词、趋向动词、心理动词、使令动词、处置动词、存在动词、形式动词等；按动词和名词的组合能力可以分为单向动词、双向动词、三向动词等。对外汉语教学语法根据表达的需要，一般只选取交际中必不可少的两个动词小类：能愿动词和形式动词作为教学内容。此外，教学中突出实词的用法和表达法，例如，词的活用法、引申法、相近相关词的比较法等都针对了外国人学习的难点和实际的需要；读数法、钱币和号码的读法、时间和方位的表达等都是语言交际中不可或缺的。实词教学定位在表达上，充分体现了教学语法的实践性和交际性原则。

本讲先介绍实词的教学分布，以便观察名词、动词等 6 类词是如何开展教学的；然后介绍时间表达法、读数法，对反映汉语特点而外国人表达中必须予以强调的内容进行提示；最后结合教学现状讨论对量词、能愿动词的教学。

2.1 实词的教学分布

实词涵盖的种类多、数量大，以多种形式、多个角度分布在教学中。本书在分析语法项目的分布、选择、编排及解释时，主要以《语法等级大纲》和《教学大纲》中的语法项目表为参照，以北京语言大学使用的教材为考察对象。实词的教学分布大致有 3 类。

2.1.1 分布在单句句型中

句型在对外汉语教学中占有重要位置，其中单句句型是4种主谓句，即动词谓语句、形容词谓语句、名词谓语句和主谓谓语句。因此在以上谓语句的教学中，动词、形容词、名词的主要语法功能都能得到展示。

2.1.2 分布在表达式中

与时间词有关的表达法：年、月、日表示法；钟点表达法；表示时间的顺序等。

与数词有关的表达法：称数法、钱数表示法、号码表示法等。

2.1.3 构成语法项目

6类实词从不同的角度构成语法项目：

(1) 单个实词

对外汉语教学综合课的教学任务之一，是围绕课文展开词语教学，因此一些常用或有特殊用法的词语也在大纲的项目表中作为语言点进行教学。例如：

　　名词：一带　分寸　长短　暗中
　　数词：零　半　万　亿　兆
　　量词：伙　串　具　番　枚　架次
　　代词：咱们　人家　彼此　何　啥
　　动词：搞　弄　来（来一瓶啤酒　我来我来）
　　　　　多亏　算是　眼看　予以　着想
　　形容词：难得　人均　轰轰烈烈　黑乎乎

(2) 实词小类

《教学大纲》和《语法等级大纲》中对各类词根据教学需要划分了小类，在实际教学中，以语法项目形式出现的是以下部分小类：

　　名词：时间词、方位词、集合名词（树木、船只、车辆等）；
　　数词：基数、小数、分数、倍数、概数、序数；
　　量词：名量词、动量词、借用量词、复合量词；
　　代词：人称代词、指示代词、疑问代词；

动词：能愿动词、形式动词（进行、加以等）；
形容词：非谓形容词、状态形容词（雪白、通红、绿油油等）。

(3) 实词的活用和引申

实词的活用是指某些代词、数词等非基本义的一些用法，引申义则是实词的基本义派生出来的意义。它们或者是由思维中的联想形成的新义，或者是口语中长期形成的生动表达。由于活用和引申都不表达词的原意，而且有时还表达了某些色彩，这都是外国人难以理解和把握的，要设立语法项目。例如：

人称代词活用：

  单数用作复数：我班（即：我们班）。
  复数用作单数：今天我们讲"把"字句。
       （即：今天我讲"把"字句）。
  表示任指：你看不起别人，别人也就看不起你。
  表示虚指：你一句我一句地说起来。

疑问代词活用：

  用于反问：我哪儿知道你回来？ 你发什么脾气？
  表示任指：这个楼里的人，我谁都不认识。 我哪儿都想去。
  表示虚指：他想买什么就买什么。 你想怎么玩就怎么玩。
  表示列举：什么游泳啊，打球啊，他都喜欢。
      爷爷生日那天，什么蛋糕、水果、巧克力摆了一桌子。

数词的活用：

  "两"表示概数：这两天我很忙。 过两年孩子大了，就好了。
  "三两"表示数量少：去三两天就回来。
         半天了，才来了三两个人。
  用于固定格式中的数目：三番五次 五颜六色 九死一生
         千言万语 千姿百态

方位词的引申用法：

  "上"的引申用法：学习上 工作上 （表示"在……方面"）
  "中"的引申用法：讨论中 营业中 (表示"在……过程中"）
  "下"的引申用法：私下 在这种情况下（表示"在……条件下"）

(4) 实词的比较

名词：以后/后来　里/上
代词：我们/咱们　几/多少
数词：二/两　两/俩　三/仨
量词：一点儿/有一点儿
动词：能/会　要/想　能/可以
形容词：多/少

(5) 实词的语法功能或特征

对外汉语教学语法不对各类实词的语法功能及语法特征作全面、系统的介绍。作为语法项目出现的，有以下内容：

语法功能方面　名词、代词、形容词做定语；形容词做状语；时点和时间词做状语；带双宾语的动词等。

语法特征方面　量词重叠；形容词重叠；动词重叠。

2.2 数词和时间词的教学提示

如前所述，实词教学重在表达，重在实用。围绕实词的用法，教学重点是名词中的时间词的表达、数词中的读数法以及外国人学习中有一定难度的量词、能愿动词的用法。本节主要对读数法和时间表达法中的教学要点作简要的提示。

2.2.1 数词的教学提示

数词教学围绕读数法，即教会外国学生正确读数。

(1) 整数读法

分两段进行，先教"万"以下的读数法，再教"万"以上的读数法。一般来说，"万"以下的数字外国人学起来并不困难；难的是"万"以上的数字。因为外语（如英语）中没有"万"这个单位，而"百万"却是一个单位，这就牵涉到单位的转换，很难掌握。教读数法的时候，不必讲解称数法的知识，主要列出阿拉伯字码数列，大量练习。"万"以上的数字，特别要注意训练单位转换。练习重点是："万"以下数目的读法（十进位），"万"以上数目的读法（以"万"为单位），"亿"以上数目的读法（以"亿"为单位），"零"的读法（在数列中要读出来，连续几个"零"只读一个，零在末位不读），"半"的读法（量词前和量词后），"2"的读法（读"二"还是读"两"）。

(2) 分数、小数、倍数读法

分数读法应注意："十分之几"是"几分""几成"的意思；分母为 100 的分数是百分数，如 6/100，读作"百分之六"，写作 6%。当然还有千分之几（‰）、万分之几。

小数读法应注意：小数点前的部分按整数读法，小数点后的部分不读位数，例如：136.57 读作一百三十六点五七。

倍数用于增加，应注意区别几种表达方式，"增加几倍"和"增加到几倍"不同。例如：

① 去年有 200 人，今年增加了两倍，今年共有 600 人。
② 去年有 200 人，今年增加到去年的两倍，今年有 400 人。

倍数只用于增加，不用于减少，减少用分数。例如：

减少了三分之一　减少了两成

分数也可以用于增加。例如：

增加了三成　增加了三分之二

(3) 序数和号码读法

教序数时应注意"第"的使用，有一般要用、有条件地用、一般不用、可用可不用等几种情况。例如：

一般要用"第"：

第三天　第五名　第二学期　第八周　第三次　第二位
第一卷　第二十行　第二场　第一趟　第三回

一般不用"第"：

年份：2008 年
月份：9 月
日期：23 号
排行：大姨　二叔　三哥　四弟
等级：三等　二级
车辆班次：331 路汽车　十二次列车
组织机构：二年级　五班　上钢一厂

楼或楼层编号：二楼　15层

可用可不用"第"：

（第）三组　（第）十五排　（第）42号（座位）

有条件地用或不用"第"：

全称或简称：第三棉纺织厂/棉纺三厂

第七机械工业部/七机部　第二医学院/二医

单位数和多位数：第3页/356页

教号码的读法时注意有的只读数码，有的必须连位数一起读：

只读数码：电话号码（63857201）

三位数以上的房间号等（3074号读作三零七四号）

连位数一起读：页码（765页读作七百六十五页）

两位数的号码（56号房间读作五十六号房间，27楼读作二十七楼）

注意：房间号码中有的蕴含着意思，805号（八层五号）、10902号（十号楼九层二号）。

(4) 概数教学的提示

概数表示法应注意下面几点：

两个相邻数词连用　数词限于1—9。有两种例外："两三天"和"三两天"意思一样，"三五个人"数词不相邻。

表概数词语的位置

用在数词前：差不多（100人）　近（两年）　大约（5点）

用在数词后：(30岁）左右　（10点）前后　（50人）上下

用在量词前或后：来（十来块钱，十块来钱）　把（块把钱，个把人）

只用在量词前：几（几个，几天）

比较"前后""左右""上下"　这三个词都表示概数，在使用范围和使用条件上有所区别。

"前后"只用于表示时间的概数。用在时点词之后，不用在时段词中。例如：

放假前后　国庆节前后　十二点前后　九月一日前后

＊三年前后　＊一星期前后

"左右"可用于表示时间、年龄、数量、重量、高度等词后面。例如：

三点钟左右　二十岁左右　十五个人左右

五十公斤左右　一米七左右

与"前后"表时间的概数不同的是，"左右"既可用在时点中，也可用在时段中，但必须含有数量词，而不能是一般时间名词。例如：

十二点左右　五月一号左右　三年左右　一星期左右

＊国庆节左右　＊放假左右

"上下"与"左右"用法基本相同，但"上下"不能用在表示时间的概数后，以表示年龄为常见。与"左右"不同的是，"上下"表示年龄时，多用于成年人，"左右"则不限。例如：

二十岁上下　五十个人上下　三十公斤上下　一米七上下

＊两岁上下

比较"几"和"多少"　　"几"和"多少"都用来询问数目，用法比较如下：

	询问数目	带量词	带位数	与"哪"连用
几	限于1—9 例：他有几个妹妹？	必须用 例：你要几张纸？	任何位数 例：几个、几十、几百、几千、几百万、几亿	可以 例：哪几位？哪几天？
多少	不限 例：有多少人参加？	可用可不用 例：你买多少（斤）米？	只限"个""万""亿" 例：多少个？多少万？多少亿？	不可以 例：＊哪多少？

2.2.2 时间词的教学提示

（1）日期表达法的教学提示

日期表达　汉语日期的顺序是从大到小：年——月——日——星期。例如：

2007年8月18日星期五

年份的读法：2007年通常读作"二零零七年"，只有个别情况下才读作"两千零七年"。

提问年份用"哪年""二零零几年"等。提问月份和日子，多用"几"，如"几月？几号？星期几？"

"号""日""天"的用法　表示日期时，"号"和"日"有时可以通用，如"今天十月二十五日（号）"。"日"比较正式，多用于书面语；"号"则较为口语。

"号"用来提问，既可以与年、月、日、星期连用，也可单用；"日"不用来提问，不能单用。例如：

①　今天二十五号。　　＊今天二十五日。
②　今天几号？　　＊今天几日？

"日"和"天"有时通用，如"星期日"也说"星期天"，"第二日"也说"第二天"。"日"多用在书面语中，"天"则用在口语中。但"这个月有三十一天""一个星期有七天"，此时不能用"日"。

(2) 钟点表示法的教学提示

钟点表示法

整点：十二点　十二点钟
点钟和分钟连用：十二点五分　十二点二十（分）
　　　　　　　　　十二点四十五（分）　差十分一点
点钟和刻钟连用：十二点一刻　十二点三刻　差一刻一点
点钟和半点钟连用：十二点半（钟）

"点""点钟""时"在用法上的区别

"点钟"只用在整点。例如：

三点钟　五点钟　十二点

"点"用于口语中，后面可带"半""刻""分""秒"。例如：

六点了　七点开饭　十点五分　九点二十（分）
十二点一刻　十二点半

"时"用在书面语中，其后不可带"刻"和"半"，可带"分"。例如：

③　星期日下午五时停止营业。
④　上午九时三十分召开记者招待会。

"刻""刻钟"与"分""分钟"

"刻"与"分"是时点词,"刻钟"与"分钟"是时段词。例如:

⑤ 现在三点一刻。　＊现在三点一刻钟。

⑥ 他走了五分钟了。　＊他走了五分了。

"刻"和"刻钟"前只能出现数词"一"和"三"。

"刻"和"分"必须与"点"连用,如"三点一刻""＊一刻";而"刻钟"可以单用,如"三刻钟"。"分钟"在与"点"连用时,与"分"通用,如"从这儿走到那儿需要一小时二十分(钟)"。

(3) 时间表达中的几点提示

量词"个"的使用　时段词语中,有的必须用量词"个",有的可用可不用,有的不能用,因此外国学生常常弄错。例如:

⑦ ＊等了一个夜。

⑧ ＊走了两个天。

⑨ ＊来北京三月了。

必须用"个"的:

一个月　　　三个季度　　　五个世纪(时段)
一月　　　　三季度　　　　五世纪(时点)
一个半月　　半个钟头
＊一半月　　＊半钟头

可用可不用"个"的:

一(个)早上(中午/下午/晚上/春天/秋天/冬天)
三(个)星期　上(个)星期　这(个)学年

例中数词为"一"的,用"个"时可替换其他数词,不用"个"时只能用"一"。例如:

三个上午　＊三上午
两个夏天　＊两夏天

不用"个"的:

50秒　35分钟　3刻钟　两天　五夜　三周　一年

"半"的使用　"半"与时间词组合时,有以下几种位置:

半分钟　半天　半年　半个月
一天半　三年半　五分半　八秒半
一个半小时　三个半钟头　五个半月　五分半钟　八秒半钟

介词"在"的使用　学生受其母语或其他媒介语（如英语）影响，在表达时间时，往往在时间词语前用上介词"在"。例如：

⑩ *在夏天他喜欢去海边休息。
⑪ *我们看录像在下午两点。
⑫ *我每天在下午四点半起锻炼身体。

介词"在"可以用在动词前或后，引出动作发生的时间词语做状语或补语。例如：

⑬ 在学习期间，我不考虑这个问题。
⑭ 我把旅游安排在夏天。

应该注意，介词"在"及其宾语做时间状语时，"在"一般可以省略不用；做补语时，前边的动词一般为表示状态的，动作性较弱。

"在"一般构成较为常用的表示时间的词组，如"在……时候""在……期间""在……年代""在……同时""在……那天"等。针对外国学生泛用"在"的现象，可指出，一般时间词语前可不用"在"，除非特别强调某个时刻；"在"不能用在时段词语前；"在"构成的常用结构，不要与"从……起""从……到"的混淆。

日期词"大前……""大后……""上上……""下下……"

大前天（前天以前的一天）　　大前年（前年以前的一年）
大后天（后天以后的一天）　　大后年（后年以后的一年）
上上星期（上星期前的那个星期）　上上月（上月前的那个月）
下下星期（下星期后的那个星期）　下下月（下月后的那个月）

"以前"和"以后"　两者都可以组成时间性词组。例如：

二十号以前　　二十号以后
开学以前　　　开学以后
老师进教室以前　老师进教室以后

"以前"和"以后"也可单用做状语。例如：

⑮ 他以前在银行工作。　他以后去银行工作。

不同的是，"以前"可以是肯定的，也可以是否定的；"以后"前边不可以是否定的。例如：

没上课以前　　　　　＊没上课以后
没学中文以前　　　　＊没学中文以后
老师没进教室以前　　＊老师没进教室以后

(4) 区别时点和时段

时间词语的句法功能与它们所表示的是时点还是时段密切相关，而外国学生由于区分不开时点和时段词语，常出现病句。例如：

⑯ ＊我们去参观星期四。
⑰ ＊我三个月在中国学习。
⑱ ＊他已经走了十分。
⑲ ＊昨天我学习了一深夜。

汉语中时点词语主要做状语，表示动作、事件发生在什么时间。例如：

⑳ 上午八点出发。
㉑ 1958 年他出生在上海。
㉒ 这星期不考试。

而时段词语主要做补语，表示动作持续或经历了多长时间。例如：

㉓ 休息半个小时。
㉔ 大家讨论了一个上午。
㉕ 他毕业三年了。
㉖ 他离开家乡已经二十年了。

时点词语借助于介词才能做补语。例如：

㉗ 他生于 1905 年。
㉘ 我每天学习到 12 点钟。

有时时段词语也可以在动词前做状语，表示用了多长时间。例如：

㉙ 我半个小时就做完了作业。
㉚ 这里五年培养了一批人才。

构成时点词语和时段词语的有钟点词、日期词、时间名词词组等，现列表如下：

	时点词语	时段词语
钟点词	时、点、点钟、刻、分、秒	小时、刻钟、分钟、秒（钟）
日期词	年、月、周、星期、礼拜、号、日	
时间词	今天、明天、昨天、后天、前天 今年、明年、去年、后年、前年 上午、中午、下午、晚上、早上 凌晨、黄昏、深夜 过去、现在、将来	片刻
词组	这（个）星期、上（个）星期、 下（个）星期 这（个）月、上（个）月、下（个）月 第二天、前一个晚上 临睡前（吃一片药）、饭后（漱口） 枪响的时候	一个上午、一个星期、 一个季度、一个世纪 一（个）小时、一（个）早上、 一（个）下午、一（个）晚上 寒假里、讨论中、学习期间 改革前、上学后、小时候 从春天到夏天、从早到晚

有些时点词语和时段词语是相对的。在一定的语言环境中，既可以做时点词语，也可以时段词语。例如：

㉛ 临睡前他习惯看会儿书。（时段）
　 临睡前他吃了一片药。（时点）

2.3 量词和能愿动词的教学思考

实词中有两类词是教学中的难点：一是量词，它是汉语中比较特殊的一类，其他语言或没有量词或量词没有汉语丰富，学生使用量词时容易出错；二是能愿动词，比较特殊而复杂。本节讨论和思考如何对这两类词有效地开展教学。

2.3.1 量词教学的思考

量词是以汉语为代表的汉藏语系的语言所特有的词类，是汉语中单独立类最晚的一个词类。与名词、动词、形容词等相比，量词的研究起步最晚。

在对外汉语教学语法中，不论是量词的教学理论研究还是量词的课堂教学研究，都显得比较薄弱，有较大的研究和提高的空间。对量词的教学有以下两点值得讨论：

(1) 量词教学的范围

汉语的量词很丰富,据统计,汉语中经常使用的量词有 789 个,而印欧语系的语言(如英语)没有量词这样的词类,有少数相当于汉语量词的词是名词的一类。按理说,量词在对外汉语教学中应占有重要的地位,但实际情况并非如此。

第一,所教量词数量偏少。1988 年出版的《汉语水平等级标准和语法等级大纲》(试行)中仅出现了 18 个量词,而且集中在甲级项目中,乙、丙两级项目中没再出现。在广泛听取各方面意见之后,于 1996 年出版的《汉语水平等级标准和语法等级大纲》中量词的数量增加到 74 个,分布在甲、乙、丙、丁四个等级中。《汉语水平词汇与汉字等级大纲》(2001)中量词的数量增加到 108 个,另外还有 29 个名、量兼类词。

我们再考察一下对外汉语教材中量词教学的状况。以北京语言大学不同年代出版和使用的贯穿初、中、高三个阶段的通用教材为例。《初级汉语课本》(鲁健骥主编,1986)、《中级汉语教程》(陈田顺等主编,1987)、《高级汉语教程》(姜德梧主编,1987)一共出现量词 95 个。而《汉语教程》(1—3 册,杨寄洲等主编,1999)、《桥梁:实用汉语中级教程》(陈灼主编,1996)、《现代汉语高级教程》(马树德主编,2003)共出现量词 119 个,虽较前有所增加,但总体来看,数量偏低。(吴清香,2006)

第二,量词包含的小类在对外汉语教学中也有所缺失,如最富有描写、修辞特点的临时量词,从未纳入教学内容;而复合量词虽然在大纲中列出,但我们考察的上述 6 套教材中均未出现。

第三,量词教学的内容偏窄,仅限于量词的语法功能,而对量词的语义特征、色彩风格、近义量词的辨析等则基本上不涉及。量词教学停留在机械练习基础上的死记硬背,学习者不明规律,不知语义,在使用中无法进行准确、得体的选择,造成量词习得中大量偏误的发生。

(2) 量词教学中的语义问题

汉语量词丰富而复杂,哪个量词和哪个名词搭配,对自己语言中没有量词或量词很少的外国人来说一直是个难题。汉语量词和名词的搭配究竟有没有规律可循呢?有一种看法是,"什么样的量词和什么样的名词搭配是约定俗成的,是无规律可循的,学习的人只有死记才行。"(张先亮,1998)这种说法有一定代表性。

对外汉语量词教学,目前仅局限在量词的语法功能上,如教材中指出"数词不能直接修饰名词,中间要用量词""名词一般都有自己特定的量词"等。名量词都是以与名词搭配的形式在教材中出现。至于为什么"桌子"同"张""椅子"同"把"搭配,教材不写,老师不提,学生不知,只能依靠反复操练,让学生模仿和死记。这正好吻合了"量词教学无规律可循""只有死记"的观点。其结果造成学习者在量词使用中由于对量词的语义特征或色彩风格毫不了解而出现大量的病句。例如:"*一群鸡蛋""*一位小偷""*一双眼镜""*一口羊"等等。

量词与名词或动词的搭配,是有理据的,并非无规律可循。以量词与名词搭配为例,根据二者之间在语义上的联系,可循序安排以下几个步骤的教学:

第一步,从形状特征上揭示量词和名词在语义上的联系。例如:

片　用于薄而平形状的东西:　　　一片树叶/花瓣/纸/面包;
条　用于可弯曲的长条物:　　　　一条绳子/带子/裤子/毛巾;
把　1)用于有把柄的器物:　　　　一把伞/茶壶/扇子/椅子;
　　2)用于一手能掌握的量:　　　一把米/茶叶/花/瓜子;
张　用于平面可展开的物体:　　　一张地图/一张桌子/一张床。

通过这一步,使学习者初步建立起一个观念,即量词与名词在外形特征上存在着某种相似性或相关性,量词或显示出了事物的形状,如"一滴水""一粒米""一扇窗户";或表示出了事物的动状,[①] 如"一封信""一串珍珠""一捆柴";或事物的局部特征,如"一把刀""一口猪""一尾鱼"等。这样使学生体悟出量词与名词在搭配上存在的理据及其规律,破除名量搭配只是习惯使然,无规律可言的观念。

再指出某些表示容器的名词,如"碗""桶""柜""屋子""车""船"等,可借用为量词。只要名词所代表的事物与上述表容器的量词存在着可容性,就可搭配,如"几碗饭""十桶油""一屋子人""一车大米"等。

第二步,使学习者了解量词和名词的搭配可通过比喻、引申、联想等实现。比喻是以一物比喻一物,如"一轮红日""一叶小舟""一钩新月""一瓣大蒜""一眼井""一挂瀑布"等。以车轮比喻圆圆的红日,以树叶比喻小舟,一个"挂"字使瀑布呈现出悬挂似的生动景象。

[①] 即某些事物的量词与其通过特定的动作呈现出的状态有关。

再指出通过量词基本义的引申、联想，可以与抽象名词搭配，如"一条意见""一片真情""一堆问题""一派胡言""一把年纪""一串麻烦"等。以"堆"为例，"堆"的本义是计量成堆的物体，如"一堆垃圾""一堆旧报纸"等。通过引申、联想，与表示多而杂的抽象事物的名词搭配，也有描写的作用，如"一堆杂事""一堆想法""一堆牢骚"等。

此外，某些身体部位的名词，如"身""脸""头""手""口""肚子""脑子"等，可以临时用作量词，对中心语进行修饰，如"一身功夫""一脸笑容""一头白发""一手好字""一口北京话""一肚子委屈""一脑子坏主意"等。这类量词前面只能用数词"一"。同时，这类量词也都能表示事物所附着的处所，而搭配的名词有可附着的，如"（一脸）汗""（一身）水""（一手）白灰"，可依存的，如"（一口）牙""（一头）白发""（一手）冻疮"等，以及表示内在的气质、语言、技能等的，如"（一身）正气""（一腔）热血""（一口）粗话""（一脑子）怪念头""（一肚子）学问"等。这类量词不用于计量，主要是描写、修饰中心语，多用于口语，表达生动而形象。

第三步，对量词进行辨析和对比。随着量词学习数量的增多，量词在语义上的复杂性也日渐显现，学生在选用量词时常常会产生困惑，因此适时地进行量词的辨析和对比分析，有助于学生掌握量词的准确使用方法。可进行对比、辨析的量词有以下几种情况：

同音 某些意义不同的量词音同形异，如"支/只""付/副""棵/颗"等。

多义 同一个量词与不同名词组合，表示不同的语义，以"片"为例，其义项有：

◎ 表示薄片状的事物：一片荷叶　一片面包
◎ 用于药片：一片药　一片维生素
◎ 表示成片的自然景物：一片田野　一片阴云　一片树林
◎ 表示情意、心意：一片痴心　一片深情　一片苦心
◎ 表示情感、心理：一片感激（之情）　一片赞美（声）　一片欢呼（声）　一片赞同　一片谴责（声）

交叉 同一名词，有不同的量词计量，如"一口井/一眼井""一口猪/一头猪""一根草/一棵草""一座山/一道山""一串鞭炮/一挂鞭炮""一瓣橘子/一个橘子""一个西瓜/一块西瓜/一瓣西瓜"。

近义 语义相近，又存在着一定差异，如"种/样""对/副/双""艘/条""颗/粒""行/列""丛/簇""台/架""面/幅"。

风格色彩（包括感情色彩） 表尊称，如"一位先生"；表尊崇，如"一尊佛像"；表贬义，如"一帮流氓"；文言，如"一员大将"；书面语，如"一名书生"；口语，如"一个孩子"。

量词的语义教学可改变当前量词教学"无规律可循""只能死记"的状况，揭示出量词和名词之间的搭配规律，使学生能在理解的基础上积极、高效地使用量词，并体悟出量词的形象、描写和修辞功能。通过对比、辨析则能提高学生得体、准确地运用量词的能力。

以上所述量词语义教学的三个步骤可依次分布在对外汉语教学的初、中、高各阶段，以改变当前量词教学数量少、重语法轻语义的现状。

2.3.2 能愿动词的教学要点

能愿动词是动词的一个小类，它在语法特征和语义方面存在着特殊性和复杂性，是外国学生学习中的难点。运用能愿动词时出现的病句较多，比较典型的有以下几种：

① *我想想去北京看朋友。
② *我会了骑自行车。
③ *他连上海话也会听懂了。
④ *这孩子三岁就可以背唐诗了。
⑤ *他买到了飞机票就可以走了，我没买到不可以走了。
⑥ *下午爸爸要去散步，妈妈不要去。

以上病句反映了学生学习能愿动词时容易出现的三个问题：(1) 把一般动词的语法特征用在能愿动词上；(2) 能愿动词一般一词多义，而且词义有交叉，学生依据译义理解词义，容易混淆；(3) 有些能愿动词的否定式不能按常规用"不"或"没"。这些正是能愿动词的教学应关注的。现就这三点的具体内容做以下分析：

(1) 能愿动词区别于一般动词的语法特征

能愿动词不能重叠。例如：

*会会　*要要　*肯肯　*可能可能

能愿动词不能带动态助词"了""着""过"。例如：

*可能了　*应该着　*能过

能愿动词不能做"把"字句、"被"字句中的谓语动词，出现在"把""被"之前。例如：

⑦ ＊我们把中文应该学好。（我们应该学好中文）
⑧ ＊自行车被小张可能骑走了。（自行车可能被小张骑走了）

能愿动词一般能受副词修饰，而不受"跟""向""给"等介词词组修饰。例如：

⑨ 才会走，就想跑。
⑩ 他不想干，你也要说服他干。
⑪ ＊你们跟老师能学好中文。
⑫ ＊你向学校应该提出申请。
⑬ ＊我们给你可以提供参考资料。

能愿动词不能带名词或代词性宾语。例如：

⑭ ＊班长可以小王。
⑮ ＊今天擦黑板应该我。

而"想问题""要一瓶啤酒"等中的"想""要"是普通动词，不是能愿动词。

（2）有词义交叉的能愿动词的比较

能愿动词一般都一词多义，如"可以"有如下几个主要义项：①主观上具有某种能力或客观上具有某种条件做某事；②表示情理上允许；③表示准许；④表示值得。

能愿动词的比较重点应放在词义有交叉的义项上，否则比较的意义不大。教学中一般应对下列三组能愿动词进行比较分析：

"能"与"会" 二者都表示具备某种能力。例如：

⑯ 他会/能骑自行车了。
⑰ 他会/能说三种外语。
⑱ 你会/能游泳吗？

当表示通过学习而具备的能力时，"能"和"会"可以通用，但以用"会"者为多。"能"和"会"都表示善于做某事，但语义侧重点有差别。"能"侧重在量大，"会"侧重在技巧高。试比较：

⑲ 他很能说。 他很会说。

⑳ 小王真能写。　小王真会写。

"能说"意思是说的能力强、说得多，滔滔不绝；"会说"意思是说的技巧高，知道该说什么，怎么说效果好，不一定说得多。

当表示能力所达到的水平或效率时，用"能"不用"会"。试比较：

㉑ 他能读外文杂志。　＊他会读外文杂志。
㉒ 小王一天能翻译一篇文章。　＊小王一天会翻译一篇文章。

下面的句子虽然都可以说，但意义不同：

㉓ 他能看清形势。　他会看清形势。

用"能"的句子表示能力，用"会"的句子表示可能。当表示自身具备的能力或恢复了的能力时，用"能"不用"会"。试比较：

㉔ 我能买汽车了。　＊我会买汽车了。
㉕ 他嗓子治好了，又能唱歌了。
　　＊他嗓子治好了，又会唱歌了。

"能"和"会"都可以表示可能。例如：

㉖ 这次活动他能/会参加吗？
㉗ 别担心，妈妈能/会同意的。

在表示可能时，二者语义侧重点不同，"能"侧重于表示客观上的可能性，"会"侧重于表示对某种可能性的估计。试比较：

㉘ 他学过法文，能给法国专家当翻译。
　　＊他学过法文，会给法国专家当翻译。
㉙ 他很有经验，能给你出出主意。
　　＊他很有经验，会给你出出主意。
㉚ 在前进的道路上，一定会遇到很多困难。
　　＊在前进的道路上，一定能遇到很多困难。
㉛ 今夜会有暴风雨。
　　＊今夜能有暴风雨。

"能"和"可以"　二者都表示许可。例如：

㉜ 我能/可以进来吗？
㉝ 考试的时候不能/不可以用手机。

以上一个是疑问句，一个是否定句。在肯定句中，多用"可以"。例如：

㉞ 大家可以休息了。

㉟ 你可以调到另一班去。

"要"和"想" 二者都表示意愿。例如：

㊱ 我要/想参加游泳培训班。

㊲ 你要不要/想不想喝点什么？

但二者在表达意愿时，语气上有差别。"要"表示的是一种非达到目的不可的强烈意志，而"想"则主要表示愿望，语气不及"要"强烈，试比较：

㊳ 我要参加汉语水平考试。（意志强烈，一定参加）

　我想参加汉语水平考试。（一种愿望，不一定参加）

由于"要"和"想"在语气上的差别，在修饰语上各有选择。"要"一般用"非……不可"，"想"不能用；"想"一般用"有点儿""很"等程度词语，"要"则不能用。

(3) 能愿动词肯定与否定的不对称

一般动词用"不"或"没有"否定，能愿动词在否定上常常与肯定形式不对称，主要是用其他动词替换，外国人对此感到难以把握，需要在教学中予以强调。现列举能愿动词中肯定与否定不对称的现象如下：

	肯定形式	否定形式	
可以	他可以说好几种外语。	不能	*不可以
	可以中途退场。	不能	*不可以
	可以把书放在箱子里。	不能	*不可以
	飞机票买到了，我明天可以走了。	走不了/不能	*不可以
	这本书你可以看看。	不值得	*不可以
要	放假了，我要回家。	不打算	*不要
	贪小便宜要上当的。	不会	*不要
能	我能开车。	开不了	*不能
得	星期天我得去看妈妈。	不用	*不得

能愿动词的这三个要点须通过语言实践中的反复训练加深学生印象。能愿动词的语法特征和否定式在初级阶段教学时，应予以强调，词义交叉的辨析应安排在中、高级阶段。

第3讲

关于虚词的教学

本讲介绍虚词在教学中的分布，对虚词在句中的位置和虚词的搭配条件这两个虚词教学中的关键问题进行教学提示，对虚词的语法意义和语用意义的教学进行初步的探讨和思考。

第3讲 关于虚词的教学

3.0 概述

在对外汉语教学中,虚词重要,虚词难。说其重要,主要是就虚词在语法中的地位而言。由于汉语是缺乏严格意义形态变化的语言,所以虚词就成为汉语中表示语法关系的重要手段。现代汉语中虚词大约有900个,是封闭的类,它们的作用是帮助实词表达语法关系、语法意义或某种语气。外国人要学好汉语,掌握虚词是个关键。

说其难,是指其用法比较复杂。虽然虚词能表示某种语法关系(如"的"表示定语、"地"表示状语),也能表示某种语法意义(如"被"表示被动,"了"表示动作的完成态等),但它们都不具有强制性和普遍性,在实际运用中存在着必须用、不能用、可用可不用等复杂的情况。虚词的位置有的固定,有的不固定;有的有规律,有的可以超出一般规律。还有的虚词意义空灵,在外语中很难找到对应形式。这些都给外国人学汉语造成不少的困惑,所以虚词常常构成了教学中的难点,又是学生病句的高发区。

虚词教学存在问题的原因,除了其本身的复杂性之外,还在于我们对虚词的研究尚有许多盲点。现有的研究成果或虚词工具书还远远不能为外国人的虚词学习提供满意的答案,加上教材的滞后,已有的虚词研究成果又未能及时转化到教学中,所以虚词教学有的尚停留在句法的描述上,有的语法意义的描写不够细致、不够准确,有的辨析角度偏窄,而虚词的语用意义基本上尚未涉及。因此虚词的语法意义和语用意义的教学显得较为薄弱。

以虚词的释义为例,在对外汉语教材中是怎样给虚词释义的呢?对虚词的释义情况,我们调查了北京语言大学不同时期使用的三部初级阶段教材——《基础汉语课本》(李培元主编,1980)、《初级汉语课本》(鲁健骥主编,1986)、《汉语教程》(杨寄洲主编,1999),结果发现:

虚词的释义主要是以翻译的方式实现的,尽管有的词在教材中有语法讲解,但却未涉及到意义,如副词"不"和"也"的解释为:"本课学了两个副词'不'和'也'。副词在句中做状语,放在谓语前边。注意,当'也'和'不'同时出现时,顺序是'也不'";对副词"也"和"都"的解释是:"副词'也'和'都'放在动词或形容词前边,在句中做状语。"可见语法讲解只讲了语法功能和位置,意义的解释则用译文。而汉语的虚词在外语中常常找不到合适的对应词,仅依靠译文理解虚词的意义是极不可靠的。

外文译义存在着一对多的现象，即将一个词的多个义项在第一次出现时就全译出来，以后再出现其他义项时，不再做生词出现。这在对外汉语教材中是比较传统而普遍的现象，尤其是实词的多义词，而虚词这样处理，译义就如同虚设，学生不知如何对号入座，只会一头雾水。幸好这种做法已经有所改进，有些虚词的不同义项在不同课中分别出现了。

有的教材中虽解释了虚词的意义，但存在以词释词或释义不到位的现象，如《汉语教程》第三册中就有些以词释词的现象。例如：

根本：本来、从来、完全、始终。多用于否定句。
尽管：虽然。

有些虚词的解释不够到位。例如：

总得：表示必要，一定要，必然这样。

学生会根据这样的释义造出病句：

① ＊要学好中文，你总得听录音、写汉字。
② ＊你身体不太好，总得锻炼身体。

以上病句中"总得"的用法并没有违背教材中解释的意义或规则，但由于解释不到位，不能指导学生正确运用。

从以上分析可以看出，目前教材中虚词的释义很不尽如人意，存在明显的不足，影响了虚词教学的效果。

此外虚词的语用意义，即虚词出现的语境或语义背景，某个虚词在什么样的上下文中或场合中能用、什么样的上下文中或场合中不能用，这对以交际为目的的第二语言学习者尤为重要。虚词的语用意义的研究起步较晚，在教学中几乎为空白，这是我们的虚词教学研究的新课题。

把握虚词的语用意义对正确使用虚词至关重要，我们在教学中发现，有的学生使用虚词时，句法正确，语法意义也理解无误，但仍然会出现病句。例如，副词"明明"《现代汉语八百词》（吕叔湘主编，1980）释义为："表示显然这样，多用在反问或转折句中。"教材中也这样解释。学生学了以后却造出这样的句子：

③ ＊她明明对不起我，可是我原谅了她。

学生用"明明"时，确实表达出了"显而易见""显然是这样"的意思，句法上也合格，但句子仍然不能成立，主要是教学中没有交代"明明"的语用意义，即"明明"出现的语言环境和语义背景。"明明"

在会话时表达了说话人认为事实是显而易见的,但对方却不认可,这时说话人常常用"明明"凸显事实的显而易见,并用反问或转折句来反驳,表达了说话人不满、困惑或批评的语气。

可见,我们仅仅展示了虚词的句法特征,讲解了虚词的语法意义并不能完全做到使学生在交际中正确使用虚词,还要进一步介绍虚词出现的具体情境以及上下文中所要求的语义逻辑关系,并解释虚词在交际中所表达出的语气、言外之意等。目前,学术界有越来越多的学者多角度、多层次地研究虚词,并开始关注虚词的语义背景、语用特征。希望他们的成果能迅速地转化为教学语法,更有效地指导学生准确、得体地运用虚词。

虚词教学主要包括副词、介词、连词、助词的教学。本讲将介绍虚词的教学分布,以便了解虚词教学的基本状况,对虚词在句中的位置和虚词的搭配条件这两个虚词教学中的关键问题进行教学提示,并对虚词的语法意义和语用意义的教学进行初步的探讨和思考。

3.1 虚词的教学分布

汉语中副词、介词、连词和助词四类虚词,共约 900 多个,常用的 500 个左右。对外汉语教学中,《汉语水平词汇与汉字等级大纲(修订本)》(2001)收虚词 444 个,其中副词 304 个,介词 28 个,连词 82 个,助词 30 个。而《语法等级大纲》中列出的作为语法项目的虚词共 275 个。下面是《语法等级大纲》中四类虚词在甲、乙、丙、丁四个等级中语言点的分布表:

	副词	介词	连词	助词	总计
甲级	26	21	34	13	94
乙级	51	22	8	4	85
丙级	32	3	9	2	46
丁级	32	3	12	3	50
总计	141	49	63	22	275

275 个虚词以下面的形式体现为语法项目。

3.1.1 独立构成语言点

(1) 常用的副词、介词和连词

虚词中常用的副词、介词和连词在甲、乙、丙、丁各等级中主要作为语法点或重点词语进行教学。

常用副词包括：

  时间副词：刚　已经　才　就　一直
  范围副词：都　全　共　一起　一概
  程度副词：很　非常　极　更加　多么
  频率副词：也　再　还　常常　再三
  否定/肯定副词：不　没　未必　不用　必定
  语气副词：到底　究竟　居然　难道　简直
  情态副词：渐渐　仍然　恰巧　不断　纷纷

常用介词包括：

  引出时间　处所　起点：当　在　从　离
  引出方向：向　往　朝
  引出对象：对　跟　和　比
  引出目的/原因：为　为了　由于　以
  引出施事/受事：把　被　叫　让
  表示排除/加合：除　除了
  引出依据/凭据等：按　按照　根据　趁

常用连词包括：

  连接词/词组：和　跟　或者　还是　而
  连接分句：虽然　因为　可是　不但　况且

(2) 助词

助词在表示动态、标示结构、表达语气时出现，多半是重要语法点。

常用助词包括：

  表示动态的助词：了　着　过　呢
  表示结构的助词：的　地　得　所
  表达语气的助词：吗　吧　啊　了　嘛

(3) 相近、相关虚词的比较

  副词：都/也　不/没有　又/再　再/还　才/就　刚/刚才
  介词：在/给　离/从/往　对/对于
  连词：或者/还是
  助词：了/过

3.1.2 分布在句式中

虚词以句式出现的主要有:"把"字句、"被"字句、"比"字句、"连"字句等。

3.1.3 分布在常用结构中

有的虚词常常与其他词语配合,形成固定的结构。例如:

一……就……	从……到……	跟……一样
因为……所以……	要是……就……	只有……才……
虽然……但是……	即便……也……	不是……就是……
与其……不如……	为……而……	

从以上虚词的分布中可以发现,作为语言点出现的虚词占所收入虚词的 61%,比例较高。大多数语法项目的教学,如实词教学、句型教学、句类教学等,主要集中出现在甲、乙两级中,而虚词教学一直延续到丙级和丁级,且占有的比例较高。在教学分布中,副词、介词主要以语法点或相近、相关词的比较形式出现,连词主要在复句教学中出现,而助词则联系着动词的态,或作为定语、状语、补语的标志,语气助词主要在句类中出现。

3.2 虚词教学的提示

外国学生在初学阶段出现的偏误中,错序是最常见的偏误之一,其中主要是副词、介词、连词等单个出现或与其他成分连用时在句中放错了位置。例如:

① *常常我听中文录音。
② *也我去颐和园。
③ *以便了解中国他学习中文。
④ *我们关于环境保护问题进行了热烈的讨论。

错序既与母语干扰有关,也与教学失误不无关系。我们对虚词位置的教学不够细致,没有按一般位置和特殊位置来区别难易度,对虚词与相关成分连用时的位置提示不够。副词、介词、连词等单个出现时在句中的位置及与相关成分连用时的位置,是外国学生正确使用虚词首先要解决的问题。这里我们主要讨论副词、介词单个出现时在句中的位置,而连词的位置将在讲复句教学中讨论。与其他成分连用的问题,从教学实际出发,本讲主要讨论副词与否定词"不"或"没有"的连用问题,在讲状语教学中讨论多项状语顺序时再涉及副词或介词与其他成分连用的问题。

虚词搭配也是外国人学汉语中很难把握的方面,一则虚词搭配涉及语义、句法和色彩等多种因素,对不具有汉语语感的人来讲,是个难题;再则,学生掌握虚词语义主要依靠翻译,这又会造成联想,他们用外语译义词的搭配功能来套用汉语,从而引起偏误。虚词的搭配条件包括对谓词语义和色彩的选择,也包括对相应成分的要求。

以下分别对副词、介词的位置以及虚词的搭配条件进行教学提示。

3.2.1 副词的位置

副词是语义和用法比较复杂的一类词,就位置而言,它既有放在主语前的,也有放在主语后谓语前的,还有放在谓语后的;有的只能放在谓语前,有的既可放在谓语前,又可放在主语前。这在教学中都要一一交待清楚,不可胸中无数。常用副词在句中的位置,固定的比不固定的容易掌握,个别例外的情况要特别指出。

(1) 副词单个出现时在句中的位置

位置		例词
固定	在主语后、谓语前	刚、已经、曾经、就、正、在、正在、将、老、总、都、会、一共、一起、一块儿、只、仅仅、又、再、还、也、常常、往往、很、怪、太、十分、最、更加、有点儿、不、没、别、仍然、互相、亲自
不固定	在主语前或主语后、谓语前	忽然、立刻、马上、起初、原先、一向、一时、从来、从此、渐渐、猛然、幸亏、难道、偏偏、到底、反正、多亏、也许、好在、果然、明明、差点儿
	在谓词前或谓语后	很、极

关于副词的位置应注意以下几点:

▲ 副词在句中的位置,以在主语后、谓语前为常,其中多数副词位置固定。

▲ 副词位置受音节数影响较为明显，一般单音节副词（表示限定范围时除外）不出现在主语前。在某些有单双音节对立的近义副词中，单音节的只出现在主语后、谓语前，而双音节的则既可在主语前又可在主语后、谓语前。例如：

① 渐渐天气冷了起来。——*渐天气暖，草也绿了。
② 天气渐渐冷了起来。——天气渐暖，草也绿了。

其他如"刚——刚刚""明——明明""忽——忽然"等也如此。

▲ 副词"就"表示时间时，只能用在主语后、谓语前；表示范围时，则可以用在主语前。例如：

③ 就他一个人知道，别人都不知道。
④ 就王华考了100分。

▲ 既可出现在主语前又可出现在主语后、谓语前的位置不固定的副词，主要是语气副词和一部分时间副词。

▲ 有的副词，位置变化时，意思也有变化。例如：

⑤ 他幸亏带了雨伞，才没淋雨。
　　幸亏他带了雨伞，我才没淋雨。
⑥ 我只好去一趟，已经催了好几遍了。
　　只好我去一趟，别人都没空儿。

▲ 有的副词在句首时，有强调作用。试比较：

⑦ 有人突然叫了一声。
　　突然，有人叫了一声。

▲ 有的副词在句首修饰几个分句，起连接句子的作用。例如：

⑧ 渐渐地，天气凉了，秋风起了，稻子也熟了。
⑨ 原来，他打算在北京多住几天，看看老同学，游览一下颐和园，再去前门吃点小吃。

(2) 副词与否定形式连用时的位置

否定是表达中不可或缺的重要方式之一，所以在对外汉语教学中很重视肯定与否定的对比练习。当谓语前否定形式与副词连用时，情况比较复杂。见下表。

	否定词位置	例词
固定	在副词前	一块儿、马上、一起、亲自、光、曾、单
	在副词后	永远、忽然、根本、决、一直、才、反正、简直、从来、本来、仍然、渐渐、更加、又、稍微
不固定	既可在副词前，也可在副词后	很（不很/很不）、太（不太/太不）、全（没全/全没）、一定（一定不/不一定）、都（不都/都不）

关于副词与否定形式连用应注意以下几点：

▲ 副词与否定形式连用时最常见的是否定词在副词后。

▲ 某些副词后只能带否定形式，不能带肯定形式。这类副词有"丝毫（丝毫不让步/＊丝毫让步）""从""从来""万万（万万没想到/＊万万想到）""决""并""总＋也""再＋也（再也不去/＊再也去）"。

▲ 有少数副词带与不带否定词意义没有变化。例如：

难免遇到困难　难免不遇到困难
几乎打起来　几乎没打起来
差点儿摔倒　差点儿没摔倒

▲ 副词与否定词位置变化时，意义也发生变化。例如：

很不热　不很热
都不会　不都会
太不懂事　不太懂事

否定词在副词后，表示程度高或全部范围；否定词在副词前，表示程度低或部分范围。教学中应予提示。

3.2.2 介词的位置

介词在句中的位置见下表。

	位置	例词
固定	在主语前	关于、至于
	在主语后、谓语前	把、被、离、替、叫、让、给、比
不固定	在主语前或主语后、谓语前	按照、本着、除了、从、当、对、对于、根据、靠、凭、随着、经过、为、为了、依照、由于、自从、作为
	在谓词前或谓词后	到、给、往、向、于、在

关于介词的位置应注意以下几点：

▲ 介词在句中的位置，多数是既可以出现在主语前也可以出现在主语后、谓语前的，这样的介宾词组约占 63.5%。（魏庭新，2004）所以多数介宾词组在句中的位置是不固定的。这个结论是基于大量语料的考察发现的，与一般语法著作中所见的认为介词主要出现在主语后、谓语前的结论不同，值得注意。

▲ 当介词词组的结构比较复杂时，往往出现在主语前。例如：

① 根据当地气象台的预报，明天将有大暴雨。
② 本着求同存异、互利合作的态度，双方坦率地交换了意见。

▲ 当表示列举时，介词词组出现在主语前。例如：

③ 对工作，他从不讲条件；对同志，他坦诚热情；对家人，他严格要求。是个好人啊！

▲ 介词词组在句首时，有强调的作用。试比较：

④ 在很久以前，我的家乡发生过大地震。
　 我的家乡在很久以前发生过大地震。
⑤ 对新事物，他总有一种好奇心。
　 他对新事物总有一种好奇心。

▲ 有的介词词组在句首，修饰几个分句，起连接作用。例如：

⑥ 随着导游，我们进了院门，到了厅堂，到了书房，又来到了花园。
⑦ 在那一年，北方干旱，南方洪水成灾，传染病四处蔓延。

3.2.3 关于虚词的搭配条件

虚词的搭配条件包括对相应搭配成分的要求，也包括对搭配词语色彩的要求，以及对谓语的选择。

(1) 虚词的相应搭配成分

汉语中不少虚词都有相应的搭配成分与之呼应，外国学生在使用虚词时常常忽略了其搭配成分，造成以下的几种偏误：

残缺：

① *我刚刚从约翰来。（从……那儿）
② *我们躺在草地。（在……上）
③ *今天外边怪冷，不去锻炼了。（怪……的）

④ *对我们外国人,学会汉字很有用。(对……来说)

混用:

⑤ *我是坐飞机来了。(是……的)
⑥ *我们在五月起开始到南方语言实践。(从……起)

错用:

⑦ *我曾经吃过烤鸭了。(已经……了)
⑧ *无论天气很不好,我也要去长城。("无论"后要求用"怎么样/好不好")

所以在虚词教学中,不要囿于形式,只在生词表上出词,而应按虚词的相应搭配成分进行组装式的教学,整体学习,整体练习,以免发生上述偏误。如可用以下形式出现:

怪……的	从……起	是……的	只有……才……
只要……就	既……又	已经……了	恐怕……吧
本来……嘛	不过……罢了		

(2) 虚词(主要指副词)搭配词语的色彩

有些副词必须修饰带褒义或积极意义的词语。例如:

老高	*老矮	老长	*老短
老粗	*老细	老远	*老近
分外悦耳	分外喜欢	分外开心	分外活跃
*分外难受	*分外沉闷		
很不富裕	*很不贫穷	很不虚心	*很不骄傲
很不积极	*很不消极	很不细心	*很不粗心

有些副词必须修饰贬义或消极意义的词语。例如:

有点儿笨	*有点儿聪明	有点儿粗暴	*有点儿温和
有点儿吝啬	*有点儿大方	有点儿奢华	*有点儿朴素
一味讲究吃穿	一味追求享乐	一味攀比	*一味要求进步

有些副词修饰褒义词语和修饰贬义词语时意义不同。如"太",修饰褒义词语时,表示赞美、感叹;"太"修饰贬义词语时,表示过分,有不满的语气。例如:

太美了! 太高兴了! 太伟大了! 太雄伟了!

太难看了！　　太奢华了！　　　太浪费了！　　　太嚣张了！

有的副词多用在期望的事情中。例如：

总算成功了　　*总算失败了　　总算赢了　　　*总算输了
总算联合了　　*总算分裂了　　总算答应了　　*总算拒绝了

有的副词又多用在不如意的事情中。例如：

势必恶化　　　*势必好转　　　势必垮台　　　*势必成功
势必倒闭　　　*势必开张　　　势必倒霉　　　*势必走运

(3) 虚词对谓语的选择

副词、介词等主要与谓语搭配，修饰或补充说明谓语。虚词在与谓语搭配时，对谓语的语义和形式都有所选择。这方面，在对外汉语教材中较少涉及，所以学生常常用错。例如介词"朝"，语法解释中只说明引出对象，修饰动词，译成英文 towards，学生照此解释会说：

⑨ *我朝老师道了歉。
⑩ *你要朝孩子负责。

类似的病句还有：

⑪ *你再受到老师批评。
⑫ *我爸爸一向教书。
⑬ *他还没回来，我不禁着急。

虚词对谓语的语义、音节数以及谓语的连带成分等有所选择或要求，下面分别展开叙述：

虚词对谓语语义的选择　有些虚词对所修饰的谓语的语义是有选择的，我们的语法研究和语法教学研究对此却很少关注，因此学生常常用错。以下我们举例式地介绍一些虚词对谓语语义的选择情况。

介词"朝"常跟与身体动作有关的动词搭配，如"朝老师笑了笑""朝他看了一眼"。由于译成 towards，外国学生容易把它与"向""对"等同起来，出现上述的病句。

介词"往"在谓语后做补语，谓语必须是具有位移语义特征的"飞、寄、泡、送、逃、运、开、发、押"等。

副词"再"只能修饰自主动词，不能修饰"受到""发生""忘记""获得"等非自主动词。

副词"一向"可以修饰动词和形容词，表示从过去到现在。但动词多半是表示心理活动或习惯的，如"一向希望""一向主张""一向讨厌""一向爱运动""一向穿休闲服"，不说"＊一向教书""＊一向当司机"。

副词"万分"表示程度，一般与表示心理、情感的动词或形容词搭配，如"万分后悔""万分感谢""万分痛苦""万分满意""万分激动"等。

副词"极度"表示程度，常选择表示感觉的形容词或动词，如"极度劳累""极度兴奋""极度紧张""极度恐慌"等。

副词"一再"表示重复，主要是表示述说类的行为一次又一次地重复，如"一再追问""一再诉说""一再叮嘱""一再吟诵""一再表示"等。

虚词对谓语音节数的选择　有的虚词只与单音节谓语组合。例如：

向：飞向上海　　奔向光明　　＊奔跑向光明
　　走向深渊　　转向左方　　＊旋转向左方
连：连看三场　　＊连观看了三场
　　连想了几天　＊连考虑了几天
　　连查了半年　＊连调查了半年

有的虚词必须与双音节谓语组合。例如：

不免：不免害怕　＊不免怕　不免恐慌　＊不免慌
万分：万分激动　万分喜悦　＊万分喜　万分劳累　＊万分累
过于：过于辛苦　＊过于苦　过于兴奋　过于困难　＊过于难

虚词对谓语连带成分有要求　有些副词要求谓语必须带有某种成分，不能是光杆动词或形容词。

副词"一连"用在动词或形容词前时要求动词或形容词前或后必须带有数量词组。例如：

一连几天没睡好觉　　　＊一连没睡好觉
一连唱了三支歌　　　　＊一连唱了歌
一连写了几个小时　　　＊一连写

副词"不禁"后要求跟动词词组，不能是光杆动词。例如：

不禁想起了往事　　　　＊不禁想
不禁笑了起来　　　　　＊不禁笑
不禁暗暗流泪　　　　　＊不禁流泪

副词"再"表示持续时,要求动词必须重叠或带其他成分。例如:

再复习复习　　　　　＊再复习
再休息一会儿　　　　＊再休息
再等一等　　　　　　＊再等

副词"正"要求动词后必须有补充小句,或带助词"呢"。例如:

他正开门,有人拍了他一下
＊他正开门
他正听录音呢
＊他正听录音

副词"稍微"要求动词重叠或带其他成分。例如:

稍微歇一歇　　　　　＊稍微歇
稍微有点儿紧张　　　＊稍微紧张
稍微再等一会儿　　　＊稍微等

3.3 虚词意义教学的思考

关于虚词在语言中的作用,马真(2004)曾概括为四点:"帮助表达实词之间某种语法或语义关系;帮助实词添加某种语法意义;帮助改变词语的表述功能;帮助表达某种语气。"因此必须把握虚词究竟表达了什么语法意义或语气等,才能体现虚词的作用。

然而与虚词的位置或搭配条件相比,把握虚词的意义要困难得多,因为虚词的意义不是实实在在的,较难捉摸,要把虚词的意义描写得清清楚楚,实在不易,更何况让外国人理解和运用呢?另外,不少虚词是多义的,如《现代汉语八百词》中副词"就"有7项21点,连词"而"有4项9点,助词"得"有2项11点。而且不同的虚词在意义上有相同、相近、相对等现象,如"就"与"便"同义,与"才"相对,等等。这些都给把握虚词的意义增加了难度。

随着语法研究和语法教学研究的深入,我们欣喜地发现有越来越多的虚词研究成果可以转化到对外汉语教学中。本节以加强虚词意义的教学为出发点,以虚词研究中的优秀成果为参照,提出几点意见,以供参考。

3.3.1 转化成果充实虚词意义的教学

针对虚词意义教学薄弱的现状,需在讲解和练习中突显虚词的语法意义和语用意义，走出教学中偏重结构形式，轻语义、语用的误区。教学中虚词意义的教学应充实和加强。语法意义的解释应做到准确、具体、到位，使学习者明白所学的语法形式表达了什么意思；尽量结合虚词出现的语义背景，使学习者了解所学语法形式出现在语境中的逻辑语义背景；有的虚词要指出语义特征，使学习者在选择其搭配成分时能有一定的范围；对虚词在交际中表现的语用特征要充分展示，使学习者能准确、得体地进行交际。只有做到了形式和意义的结合，才能有效地提高虚词教学的效果。

要做到这些，必须有组织、有目标地进行虚词的教学研究，并及时吸收和转化现有的研究成果。语法学界的一些成果可应用在教学中，如马真对虚词语义背景的研究，对教学很有参考价值。再如近年在副词研究上，比较注意做系列考察与研究。系列研究是从语义出发，着重探讨同一系列副词在语义上、句法上的特征。由于系列的划分是从语义出发，同时各系列之间，以及其内部各小系列之间存在着的语义、句法上的差异，系列研究多采用比较分析的研究方法。这种从意义入手进行对比分析，既研究共性，又研究个性的比较方法，非常宜于转化为虚词的教学活动。

张谊生（2000）曾对副词从意义出发进行不同层次的分类。现举例介绍如下：

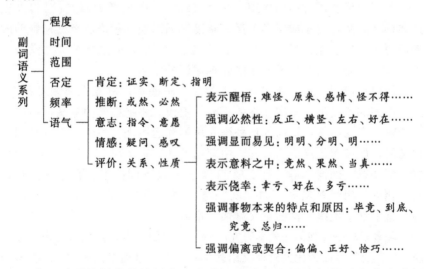

由于系列的划分是从语义出发的，所以每个层次都是对各个小类语义的概括，对我们在教材中描写副词的意义很有帮助。

虚词系列研究在语义特征的概括、虚词的不同层次的划分、近义虚词的比较等方面都为对外汉语的虚词教学提供了参考，有些可以直接运用到教材中。随着汉语和汉语教学研究的深入，大量对个别虚词的语义和语用研究成果也值得在解释虚词意义时吸收、采纳。

此外，对外汉语教学界已经发表诸多结合教学的虚词语义、语用研究成果、虚词的对比研究成果以及虚词学习的偏误研究成果等，这些成果都应该梳理、转化和运用。

3.3.2 语义指向分析在虚词教学中的运用

语义指向是指句中某个成分与另外的成分之间有语义上的联系。自上世纪80年代以来，语法学界开始用语义指向分析来揭示或解释一些语法现象，取得了可喜的成果。

虚词教学中，也可以采用语义指向的分析方法来揭示某个虚词在一个句式中与其中其他成分之间的语义联系，从而揭示某些语言现象，解决某些语法难题。

例如，"才"和"就"有时是对立的，"才"表示动作发生的时间晚，"就"表示动作发生的时间早；有时又是一致的，都表示数量少。这时可以用语义指向进行解释：

  ① 他七点钟就来了。（表示时间早）
  ② 他七点钟才来。（表示时间晚）

"才"和"就"意义对立，语义指向前面的数量词。

  ③ 我才等了十分钟。（表示数量少）
  ④ 我就等了十分钟。（表示数量少）

"才"和"就"意义相同，语义指向后面的数量词。

再如，留学生常常在"被"字句、"把"字句上出现语义方面的错误，也可以用语义指向去解释、纠正。例如：

  ⑤ *食堂的菜被我们闹肚子。
  ⑥ *我们把汉字写累了。

"被"字句中述语的语义指向是主语，而⑤句中，述语则是和"被"的宾语在语义上有联系，所以不能成立。"把"字句中补语的语义指向是"把"的宾语，而⑥句中的补语则是与主语在语义上有联系，所以不能成立。

课堂教学中运用语义分析的方法能做到具体、形象，言简意赅，对虚词语义方面的教学很有作用。

3.3.3 比较分析在虚词教学中的运用

比较分析不仅是虚词研究的重要方法,也是进行虚词教学的一种重要手段。只有比较才能区别开相近或相对的虚词之间的相异之处,从而凸显各个虚词的个性;也只有在比较中才能把握住虚词的意义和用法。比较分析可以用在不同的方面,如意义相近的虚词比较——"已经"和"曾经"、"又"和"再"、"关于"和"对于"等;意义相对的虚词比较:"才"和"就"、"了"和"过"等;同义小类虚词的比较——"朝、向、往""大概、大约、大致、将近""如果、要是、假如、假使"等;易混用的虚词比较——"或者"和"还是"、"只有"和"只要"、"和、而、并"等。

比较分析在教学中的运用不仅仅出现在教材中,如初级阶段的语法项目和中高级阶段的词语辨析,还应广泛运用于课堂教学活动中,即融入教学的各个环节中。

在虚词教学的**引入阶段**,可以结合以旧入新,将已学过的与将要学的虚词进行比较,在比较中展示,在比较中理解。例如学动态助词"过"可以与已学过的动态助词"了"比较:

① 他去上海了。
② 他去过上海。

①句表示"去"的动作发生了,②句表示"去(上海)"是曾经有过的经历。①句中"他"在上海或在去上海的途中,而②句中"他"不在上海,只表示过去某个时间有过去上海的经历。

在**操练阶段**,可以用含有相近或相对虚词的句子进行替换练习,如学介词"往",可以与已学过的"向"在替换中比较:

往前走→向前走
往门口跑去→向门口跑去

但当动词表示状态时,只能用"向",不能用"往"。例如:

头向东躺着→﹡头往东躺着

在**归纳意义**时,也可以用比较的方法。如讲副词"少","少"在不同的组合中,语法意义不同,以"少管闲事"和"少喝几杯"为例,可列表比较:

	语义	语气	功能	语法意义
少管闲事	与"多"不对应	强硬、不满	警告	阻止、禁止，含否定义
少喝几杯	与"多"对应	缓和	提醒、劝阻	数量减少，不含否定义

通过列表对比显示出"少管闲事"与"少喝几杯"中的"少"在语法意义、表达功能、语气等方面的差异。

对比分析还包括汉外对比，如"都"和"all"、"被"和"by"等，也包括正误对比，即对留学生学习虚词时发生的偏误进行分析，不仅要指出偏误的来源，也要指出在哪个方面或是什么原因不符合汉语的规则而导致偏误。往往这种正误对比更能引起学生的兴趣，受到学生的欢迎，并使学生在正误对比中加深对虚词意义或用法的认识。

3.3.4 关注虚词的主观评价

有些副词含有对客观情况的主观评价，主要反映在与数量和语气有关的主观评价上。例如：

① 他今天十点钟睡觉。（客观情况）
他今天十点钟就睡觉了。（说话人认为十点钟睡觉太早）
他今天十点钟才睡觉。（说话人认为十点钟睡觉太晚）
② 这个箱子二十公斤。（客观情况）
这个箱子刚二十公斤。（说话人认为不重）
这个箱子已经二十公斤了。（说话人认为够重了，不能再重了）
③ 都二十几岁了，还这么不懂事。（说话人认为二十几岁已经够大了，不应该还不懂事）
刚二十几岁，还不懂事呢！（说话人认为二十几岁还小，还不到懂事的年龄）
④ 都三十九度了，快送医院！（说话人认为体温已经达到限度，有提醒、不满、焦虑的语气）
⑤ 非常浪费。（表示程度高，客观情况）
太浪费了！（表示程度高，说话人认为过分，有不满的语气）

表示主观评价的主要是一些修饰数量、表示程度或语气的副词，只有形成汉语的语感才能理解句子所含有的主观评价。所以这些虚词对外国人是较难掌握的，在教学中应予强调，否则容易出现偏误。

第4讲

关于词组的教学

词组作为一级语法单位已开始纳入教学。词组是否在教学中受到了应有的重视?它在对外汉语教学中应该占有什么地位?究竟怎样开展词组教学?这些是本讲要讨论的问题。

4.0 概述

对外汉语教学语法体系是在上世纪 50 年代出版的《汉语教科书》（邓懿主编，1958）中语法体系的基础上形成的。《汉语教科书》创立的对外汉语教学语法体系基本上是传统语法体系，其核心内容是讲词法和句法，而词组无论是在语法研究或语法教学中一直没有受到重视。

《汉语教科书》附有语法大纲，其后出版的以语法教学系统、完整见长的《基础汉语课本》（李培元主编，1980）书后也附有语法大纲，两部教材的语法大纲都只包括词和句子两个部分，词组都没有一席之地。这基本上反映了上世纪 50 年代到 90 年代词组教学的基本面貌。1996 年《语法等级大纲》颁布，词组作为一级语法单位开始纳入教学，词组是否在教学中受到了应有的重视，它在对外汉语教学中应该占有什么地位，究竟怎样开展词组教学，这是本讲要讨论的问题。

4.1 词组教学的地位

传统语法认为句子是由词组成的，词组是一个可有可无的过渡单位。词组受到重视始自上世纪 80 年代朱德熙的《语法答问》（1985）问世时。朱先生认为汉语语法不同于印欧语语法，汉语词组与句子的构造原则基本一致，因而就有可能在词组的基础上描写句法，并且"建立一种以词组为基点的语法体系"。这一提法对语法研究及语法教学都产生了极大的影响。有人认为"重视短语的研究是现代语法学有别于传统语法学的一个重要标志，是语法研究是一种趋势"（张先亮，1998）。

1984 年颁布的《中学教学语法系统提要》是对《暂拟汉语教学语法系统》的修订，其中对短语（即词组）的描写几乎用了三分之一的篇幅，反映了与《暂拟汉语教学语法系统》不同的语法观，指出短语很重要，掌握了短语的结构特点，也就掌握了句子的基本结构关系。（倪祥和等，1993）

对外汉语教学对此反应比较滞后，最早呼吁"提高词组在语法教学中的地位"的是《对外汉语教学语法探索》（吕文华，1994）。该书在关于对外汉语语法体系的思考中，对语法教学内容的思考之一就是提高词组在语法教学中的地位。1996 年颁布的《语法等级大纲》，2000 年颁布的《教学大纲》都将词组列入语法项目中。两部大纲是如何安排词组教

学的,我们分别列表如下:

《语法等级大纲》中的词组教学分布

等级	内容
甲级	按词组结构划分:联合词组、偏正词组、动宾词组、动补词组、主谓词组、介宾词组、"的"字词组。 按词组性质功能划分:名词或名词性词组、动词词组、形容词词组。
乙级	固定词组(26个)、固定格式(15个)
丙级	联合词组、偏正词组、动补词组、动宾词组、主谓词组、数量词组、介宾词组、"的"字词组、复指词组、连动词组、兼语词组的语法功能。 动宾词组、介宾词组、主谓词组的语义分类。 固定词组40个(习用语12个,成语、四字格等13个,其他15个)。 固定格式27个。
丁级	固定词组130个(习用语18个,成语、四字格93个,其他19个)。 固定格式27个。

《教学大纲》中关于词组的教学分布*

年级	内容
一年级	名词性短语(联合、偏正、同位、数量、"的"字、方位)、动词性短语(联合、偏正、动宾、后补、连动、兼语)、形容词性短语、介宾短语、主谓短语
二年级	数量短语的重叠(做定语、状语)、固定短语(成语、惯用语)、缩略语
三、四年级	名词性短语、动词性短语、形容词性短语(有时可带上定语组成一个名词性短语出现在主语或宾语位置上)

*该大纲把词组称为短语。

  两部大纲在词组教学上的主要内容可以归纳为以下四点:

  其一,对词组分别从功能和结构的角度进行分类。《语法等级大纲》分为14类,《教学大纲》分为15类(多了一类方位短语)。

  其二,词组的语法功能。《语法等级大纲》分别列举了11类词组可以在句中充当的语法成分,如:联合词组做主语、谓语、宾语、定语、状语、补语等。《教学大纲》也指出:"短语可以做句子成分,大多数短语加上一定的语调可以成为句子。"并列出了数量短语重叠式做定语、状语,以及动词及形容词短语有时带定语组成一个名词性短语做主语或宾语等语法功能。

其三，词组的语义分类。《语法等级大纲》把动宾词组的语义分为受事等 10 类，介宾词组的语义分为空间等 9 类，主谓词组分为施事等 9 类。

其四，固定词组及其他。两部大纲中列举了包括成语、惯用语、四字格、习用语等固定词组，缩略语以及固定格式。

两部大纲分别诞生于 1996 年和 2000 年，适应了语法学界本体研究中重视词组地位的语法观，以及接受了汉语教学语法将词组纳入教学的做法。因此词组教学在大纲的语法项目中已占有一定的比例，但除了固定词组、固定格式等规定比较切合语言表达需要，易于落实教学之外，很显然，大纲中关于词组的 14 种或 15 种的分类，以及各类词组在句子中的语法功能和部分词组语义分类的系统列举，都只是大纲作为教学指导性文件的系统性、完整性的体现，在实践性教学中缺乏可操作性。

我们考察了不同时期初级阶段教材中的词组作为语法项目出现的情况，列表如下：

教材	词组的语法项目	练习
《基础汉语课本》	1. 介宾结构（第 24 课） 2. 动词或动词结构做主语和宾语（第 25 课）	读词组 模仿造句（用指定的词或词组）
《初级汉语课本》 （鲁健骥主编，1985）	1. 介词短语"在＋宾语"做状语（第 14 课） 2. 带"的"的名词性结构（第 25—26 课） 3. "比"字短语用于"得"后形容词前（第 52 课）	熟读词组 扩展练习
《汉语教程》 （杨寄洲主编，1999）	1. "的"字词组（第 15 课） 2. 数量词组（第 17 课） 3. 主谓词组做定语（第 34 课）	朗读词组

从上表可见，在集中进行语法教学的初级阶段教材中，词组在实际教学中是很薄弱的。无论是上世纪 80 年代的传统教材，还是《语法等级大纲》颁布后出现的新教材，词组教学的语法项目仅为 2—3 项，在语法教学中所占比例很低。词组的教学内容也仅涉及少数几个词组的语法功能。可见，词组教学一直在对外汉语教学中比较薄弱，而且至今尚未得到明显的改进。

4.2 关于词组教学的思考

词组教学的地位应在对外汉语教学中得到充分的体现。重视词组教学可以有效地提高实践语言教学的效率。究竟如何开展词组教学,我们初步做三点的设想。

4.2.1 在词组的基础上描写句法

汉语的词、词组、句子构造规律基本一致,而词组一头连着词,一头连着句子,处于核心地位,因此掌握词组的构造规则有助于掌握词和句子的构造规则。词组基本上具备了句法上的各种组合方式(如直接组合和关联组合)、汉语的基本组合手段(如词序和虚词)和句法组合的结构关系(如主谓、偏正、述宾、述补、联合等),同时在词组成分中包括汉语的所有句法成分:主语、谓语、述语、宾语、补语、定语、状语、中心语等。因此学习汉语者掌握了词组的结构也就基本上掌握了句子结构。

此外,词组可以充当句子成分,词组是组成句子的直接成分,而且大多数词组加上一定的语调可以成为句子。

词组可以扩展或紧缩,表现出层次性,词组的结构层次和句子结构层次是基本一致的,所以我们可以在词组的基础上描写句法。在教学中,我们提倡在词组的基础上描写句法还有以下的考虑:

句法关系是相互对待的关系,句法成分不能孤立地存在。如主语是与谓语相对待的,没有主语就无所谓谓语。同样的,宾语、补语是与述语相提并论的,定语和状语是必须修饰一个中心语才存在的。所以,孤立地讲主、谓、定、状、宾、补,不如联系着讲主谓、述宾、述补、定中、状中更为科学,更为实用。

与句子相比,词组是静态单位,是语言的备用单位,而句子则是动态单位,是语言交际中使用的基本单位,所以词组中的成分之间语义关系较为单纯,而相比之下,句子则复杂、丰富得多,有语气、语调、省略、移位、插入语等丰富的表意方式,还有对语境的依赖、言外之意等表达功能,所以在词组层面描写句法成分比在句子层面描写要单纯、简单,易于教学。

词组短小、灵活,可以大量列举。在词组中学习大量的述宾、述补、定中、状中等组合,可作为备用单位大量储存,以便进入句子作为直接成分使用,从而提高学生汉语表达的丰富性和准确性。

词与词组搭配的选择是外国人学习汉语的难点,在词组中描写句法,能够大量地、充分地进行练习,从而使学习者形成习惯并培养起汉语的语感,大大提高学习者的表达能力。

4.2.2 加强词组搭配中语义选择的描写

汉语是缺乏严格意义的形态变化的语言,所以在语法研究中更加重视语义的研究,在句法结构的组合上尤为关注语义的双向选择性原则,在词与词的搭配上,语义起着决定性作用。

对外汉语教学由于长期以来受结构主义的影响,在教材中和课堂教学上,比较重视展示句法的结构模式,而较少深入到语义分析,因此外国学生在缺乏语感的情况下,按结构模式去类推,常常谬误百出。因此在教学中要加强词组搭配①中语义选择的描写。词组搭配的语义选择应关注以下几个方面:

(1) 词组搭配在语义上须能兼容

搭配的词语在语义上的兼容指搭配须合乎情理,例如:形容词可以修饰名词,"大屋子"可以说,"甜屋子"就不能说,因为不合逻辑,不合事理,屋子没有酸甜等属性。

语义兼容还指搭配的两者有相同的语义特征。例如:形容词做谓语,可以说"环境十分安静",不能说"局势十分安静",因为"环境"可以与"安静"在语义上兼容,而"局势"与"安静"在语义上不能兼容,因为"安静"并无"稳定性"的语义特征,不能描述"局势"。

语义上的兼容在搭配上有决定性作用,有时可以打破形式上的限制。邵敬敏(2000)曾举出副词"很"的例子说明这一点。"很"的主要语法功能是修饰形容词,不能修饰动词,但我们常常说"很有理想""很买了几本书"等,由于"有"带抽象名词宾语时可以指一种属性,就有了程度的差异。而"很买了几本书",因为有了不定量存在,也表现出程度差异,所以它们才能打破形式上的限制,可以和表示程度的副词"很"搭配。

(2) 解释词组搭配中关键实词的语义特征

陆俭明(2003)说,"对词语进行语义特征的描写有助于说明不同词语在词语搭配等一系列用法上的差异",他举了袁毓林"形容词+(一)点儿"的一项研究成果作为例证之一。例如:

谦虚点儿　　坚强点儿　　高一点儿　　远一点儿

---

① 词组是有层次的,词组搭配既包括词与词搭配成词组,也包括词与词组、词组与词组的搭配。

　　　　＊骄傲点儿　　＊胆小点儿　　＊笨点儿　　＊蠢一点儿

汉语中第一组搭配可以说，第二组搭配却不能说。对此现象的解释是"形容词＋（一）点儿"中形容词应该是褒义的或中性的，贬义的则不行。

　　但下面的褒义形容词用在"（一）点儿"前也不能成立。例如：

　　　　＊高尚点儿　　＊伟大点儿　　＊优秀点儿

　　通过语义特征分析发现只有具备"可控"的语义特征的褒义词才能进入该句式。

　　语义特征描写在对外汉语教学中很有实用价值，对关键词的语义特征的描写，是提供了词语在搭配中的语义条件和搭配范围，避免学生只按句法模式去套用而出现搭配错误。

　　教材中，我们深入到语义特征的分析还比较薄弱，结果容易引导学生出现错误的搭配。如副词"一向"，我们描写为：副词"一向"＋动词/形容词，表示从过去到现在。例如：

　　　　一向反对　　一向主张　　一向爱学习　　一向早起
　　　　一向冷静　　一向谨慎　　一向和气

学生以此类推：

　　　　＊一向学汉语　＊一向当翻译　＊一向肥胖　　＊一向美丽

如果我们能进一步描写出"一向"修饰的动词或形容词所具有的语义特征：

　　　　一向＋动词（心理活动、习惯）
　　　　一向＋形容词（脾气、性格）

那么学生在选择动词或形容词时就有了范围，可避免出错。

(3) 分析具有隐含语义关系的词组

　　汉语中有一些看起来是同一结构形式的词组，实际上却包含着不同的语义关系，或简单的结构形式中包含着复杂的语义关系或内容，而且语义关系往往隐含在词组或句子结构中。例如常见的述补式、述宾式中就隐含着不同语义关系。这也体现了汉语重语义的特色。

　　同一结构形式包含着不同的语义关系，对外国人理解和运用都有一定的难度，如果在教学中把结构中隐含的语义关系通过分析展示出来，从隐性到显性，很有利于教学。

述补词组中隐含的语义关系

① 孩子跑丢了鞋。

孩子跑＋鞋丢了（隐含复句关系）

因跑致使鞋丢了（隐含致使关系）

② 妈妈累病了。

妈妈累＋妈妈病了（隐含复句关系）

因为累所以病了（隐含因果关系）

述宾词组中隐含的语义关系 汉语中述宾词组的语义关系非常复杂，同一述宾词组中隐含着多种多样的语义关系。《语法等级大纲》中列举的述宾词组中的10类语义关系，可做以下分析：

◎ 打　　球：宾语表示受事，宾语是已存在的事物，动词"打"的涉及对象是"球"。
◎ 来　客　人：宾语表示施事，宾语是发出动作的人。
◎ 炸面包圈：宾语表示动作产生的结果，宾语原来并不存在，通过动作而出现。
◎ 吃　食　堂：宾语表示动作发生的处所，隐含的意思是"在食堂吃"。
◎ 避　　雨：宾语表示动作产生的原因，隐含的意思是"因为下雨，所以躲避"。
◎ 写　钢　笔：宾语表示动作所凭借的工具，隐含的意思是"用钢笔写"。
◎ 吃　父　母：宾语动作所凭借、依靠的人或事物，隐含的意思是"靠父母生活"。
◎ 吃　小　灶：宾语表示动作的方式，隐含的意思是"小灶"是"吃"的方式。
◎ 姓　　王：宾语表示归类，"王"是"姓"的一类。
◎ 请示上级：宾语表示动作的对象，"上级"是"请示"的对象。

4.2.3 揭示固定词组的句法功能

固定词组是词组中比较特殊的一类，《语法等级大纲》列出的固定词组有196个，包括成语、习用语、四字格及其他。

固定词组在教学中主要出现在中高级阶段。由于固定词组或者具有深厚的文化内涵，或者含有字面义之外的特殊意义，因此外国学生较难理解和掌握。此外，固定词组由两个或两个以上的词紧密结合在一起，词序、意义固定，而又作为一个词使用，因此在入句时常常因对其语法功能不了解而使用不当，出现偏误。所以固定词组历来是教学中的难点。

学习固定词组的偏误，主要表现为两个方面，一是对其语义的理解不够准确、全面，二是不了解固定词组的语法功能和入句规则。

本体研究或辞书对成语、惯用语等语义的解释、描写都比较详尽，而对其语法功能的研究则显得比较薄弱、粗略，不够具体。因此在教学和教材中对固定词组的介绍也偏重于语义的描写，而对某个具体的成语或惯用语在句法功能和入句条件上则缺乏有指导性的介绍和描写。因此加强对固定词组语法功能的研究和教学是提高学生使用固定词组的准确率的重要途径。在教学中固定词组的语法功能可做如下描写：

（1）固定词组的语法属性

固定词组由两个或两个以上的词结合在一起，意义固定，在使用时相当于一个词。词有词性，固定词组也有其语法属性。不了解固定词组的语法属性，在使用中就会用错。固定词组的语法属性，与其结构是有联系的，例如：

◎ 具有名词属性的固定词组：

| 牛鬼蛇神 | 丰功伟绩 | 半壁江山 | 不毛之地 |
| 马后炮 | 吹鼓手 | 滚刀肉 | 老油条 |

这些固定词组主要由以名词为中心语的偏正结构或两个这样的偏正结构并列起来构成，或者由名词并列而成。

◎ 具有动词属性的固定词组：

| 招摇撞骗 | 歌功颂德 | 远走高飞 | 苦心经营 |
| 吹冷风 | 放空炮 | 费唾沫 | 骂大街 |

这些固定词组主要由动宾结构或两个动宾结构并列起来构成，或者由动词并列而成。

◎ 具有形容词属性的固定词组：

| 正大光明 | 八面玲珑 | 面红耳赤 | 七手八脚 |
| 清一色 | 老大难 | 满堂红 | |

这些固定词组主要由主谓结构、偏正结构，或并列主谓结构、并列

偏正结构以及由形容词并列而成。

确定固定词组的语法属性,可以确定该词组入句后能充当的句子成分。

(2) 固定词组入句时具备的条件

固定词组按其语法属性可以入句充当句子成分,但与词相比,固定词组入句充当句子成分时,往往有条件。

其一,充当主语时谓语动词是判断动词。例如:

① 克己奉公是做人的美德。
② 钩心斗角不是真本事。

其二,充当谓语时常常不带宾语。例如:

③ *我素不相识他。
④ *他们说长道短我们。

也不大独用,而要带状语。例如:

⑤ 他替自己打算盘。(*他打算盘。)
⑥ 你别泼冷水。(*你泼冷水。)

其三,充当定语、状语时一般带结构助词。例如:

气急败坏地说　　惊慌失措地叫起来
抬轿子的人　　　千变万化的世界

其四,做宾语时,谓语动词多半是判断动词、能愿动词、心理动词等。例如:

是父母的掌上明珠　　希望远走高飞
应该扬长避短　　　　觉得心灰意懒

固定词组的语法功能要一个一个地分析,不能一概而论,教学中要充分通过举例展示其句法条件。

除固定词组外还有固定格式的教学。《语法等级大纲》共列举了69个固定格式。固定格式与固定词组的主要区别是,它是一种具有框架性的语言形式,是需要填入适当词语的表达式。在外语教学中,列出大量的固定格式,便于学生模仿、理解、运用,是很常见的行之有效的教学方法。吕叔湘(1979)提出:"怎样用有限的格式去说明繁简多方、变化无穷的语句,这应该是语法分析的最终目的,也应该是对于学习的人更为有利的工作。"对外汉语教学从《汉语教科书》开始，历代教材中都列出不少固定格式，这已形成传统，应该继承和发扬。我们觉得，固定格式的列举还有扩大的余地。《语法等级大纲》中的固定格式，多数是反映一些固定的语法式或有语法关联作用的格式。这些往往在语法条目或注释中体现出来。除此之外，还有一些与词的呼应成分，也可作为固定格式在生词表中体现出来，以免学生在表达中出现以下这样的病句：

⑦ *今天外边怪冷。
⑧ *我从玛丽来。
⑨ *他把书放在桌子。

所以与其在生词表中出"怪（副词）"，还不如出固定格式"怪……的"，使这种套装式的格式作为联系的固定模式去整体学习，整体记忆，会在教学中产生良好的效果。

第5讲

关于主语和谓语的教学

主语和话题有时是重合的,有时是分离的。究竟主语该如何界定?其句法标准是什么?对于存有争议的主语和谓语问题,对外汉语教学中如何处理呢?主语和谓语的教学应该怎样进行?怎样使主语和谓语的教学提高学生正确组织语言的能力?这是本讲要讨论的问题。

5.0 概述

5.0.1 关于句法成分

句子和词组是由词构成的。构成句子和词组的词与词之间有一定的结构关系，同时它们在句子和词组中起着不同的作用，可以按构成句子和词组的词与词之间的关系、作用不同，把句子或词组划分成几个部分。这就是句法成分。

词与词的结构关系有：主谓关系（即陈述与被陈述的关系）、述宾关系（即支配与被支配的关系）、述补关系（补充说明与被补充说明的关系）、定中/状中关系（即修饰与被修饰的偏正关系）。从以上的结构关系中，我们可以提取出六种句法成分，即主语、谓语、宾语、定语、状语、补语。

句法成分是按其语法意义命名的，它们都分别具有以下的语法意义：

主语：指称性　　　　　谓语：陈述性
宾语：对象性　　　　　定语：名物描写性
状语：性状描写性　　　补语：补充说明性

主语、宾语回答"什么""谁"等问题；谓语回答"是什么""做什么""怎么样"等问题；定语回答"谁的""哪儿的""怎样的""多少"等问题；状语回答"什么时候""什么地方""怎样"等问题；补语回答动作后"什么结果、状态""趋向何处""数量多少"等问题。六种句法成分并不处在一个层次上。主语和谓语是相互对待的，定语修饰主语和宾语，状语修饰谓语，补语补充说明谓语。

六种句法成分既存在于句子中，也存在于词组中。被陈述的名词、代词等是主语，表示陈述的动词、形容词等是谓语，动词的关涉、连带成分是宾语，介词后的名词性成分是介词的宾语，名词的修饰成分是定语，动词和形容词的修饰成分是状语，补充说明动词、形容词的是补语。

用语序和虚词表示语法关系是汉语语法的主要特点。由于汉语语法缺乏形态变化，词与词、词组与词组等等组合要依靠语序，语序不同，语法结构、语义、语用等都将发生变化。因此汉语中句法成分的位置是相对固定的。而句法成分在句子中的位置是教学中尤为关注的问题。

主语和谓语是主语在前，谓语在后；定语和状语作为修饰语，一定出现在中心语的前面；补语一定出现在被补充、说明的动词或形容词的后面。六种句法成分在句中的位置图示如下：

（定语）——主语——（状语）——谓语——（定语）——宾语
　　　　　　　　　　　　　　　　（宾语）——补语——（宾语）

其中位置比较复杂的是，谓语后既可出现宾语也可出现补语。当谓语后补语和宾语同时出现时，随着谓语与补语的不同关系，宾语出现的位置可能在补语前，也可能在补语后，或既可在补语前又可在补语后。例如：

◎ 宾语出现在补语后：
　动词＋结果补语＋宾语：记住生词
　动词＋可能补语＋宾语：看得见黑板
　动词＋动量补语＋宾语：去过一次长城（宾语为名词）
　动词＋时量补语＋宾语：学了两个小时的中文

◎ 宾语出现在补语前：
　动词＋宾语＋趋向补语：进教室去、上楼去（宾语为固定事物）
　动词＋宾语＋情态补语：说汉语说得很流利（需要重复动词）
　动词＋宾语＋时量补语：等了她半个小时（宾语为代词）
　　　　　　　　　　　学中文学了两个小时（需要重复动词）
　动词＋宾语＋动量补语：问了她三遍（宾语为代词）

◎ 宾语既可以出现在补语前，又可以出现在补语后：
　动词＋（宾语＋）趋向补语（＋宾语）：
　　带来一支笔/带一支笔来
　　买回来一个相机/买回一个相机来（宾语为可移动的事物）

状语一般出现在谓语前，也有的出现在主语前（某些介词、语气副词），有的既可出现在主语前，又可出现在谓语前。位置灵活的状语对学生掌握运用会造成困难，要加强练习并区别开不同位置意义和用法的不同。

《语法等级大纲》和《教学大纲》以及常见的语法著作中都详尽地介绍了可以充任各类句法成分的有哪些类词及词组。例如《语法等级大纲》中指出名词、代词、数词、名词词组、"的"字词组、动词、动词词组、形容词、形容词词组、主谓词组做主语。

关于充任句法成分的词类、词组问题，我们提示三点：

第5讲 关于主语和谓语的教学

首先,汉语词类和句子成分不是一一对应的。可以说汉语中的动词及动词词组、形容词及形容词词组、名词及名词词组(除充任补语外)、数量词组、主谓词组、固定词组等都可以充任句子中的六种成分。

其次,分清主次。虽然汉语中的动词、形容词、名词及其词组等基本上可以充任各种句子成分,但有主有次,出现频率相差甚远。例如名词,能做主语、宾语的约占70%,而仅有0.18%的名词可做谓语。形容词约42.9%做定语,26.2%做谓语。动词约79.7%做谓语,做主语的仅有0.91%。(胡明扬;1996)

教学中应强调充任句子成分的主要词类和词组。例如:主语主要由名词、代词性词组充任;谓语主要由动词、形容词以及动词词组、形容词词组充任;宾语主要由名词、代词及名词词组充任;定语主要由形容词、形容词词组、名词、名词性词组、代词等充任;状语主要由副词充任;补语主要由形容词、形容词词组、动词、动词词组充任。其他的我们叫做充任句法成分的次要词类和词组。

最后,充任句法成分的主要词类及词组,一般可以直接入句,没有条件限制。可以充任句法成分的次要词类和词组,进入词组或句子时则往往有条件限制。如,汉语中的主语主要由名词、代词及名词性词组充任,可以充任主语的次要的词类和词组是动词、形容词及动词词组、形容词词组,它们进入词组或句子时,谓语有条件限制,必须是对主语有描写、判断性质的。例如:

① 爬山对健康有益。
② 粗心不行。
③ 遵守法律是最基本的义务。
④ 勤劳和勇敢是中国人的美德。

同样,当动词和形容词充任宾语时,作为充任宾语的次要词类和词组,对谓语也有要求,一般要求动词是表心理活动或认知、感知的,表起始、终止的,表得或失、增或减意义的。例如:

⑤ 他喜欢游泳。
⑥ 我觉得有点儿冷。
⑦ 开始冷静下来了。
⑧ 今天停止供水。
⑨ 二班获得奖励。
⑩ 这样可以减少麻烦。

学习和认识六种句法成分有利于学生掌握句子的形式框架和句子的线性序列。在课堂教学中便于教师展示句型和分析病句。但在教学中并不需要引导学生做句子成分的分析。

5.0.2 关于主语和谓语

汉语中主语问题一直是个有争议的问题。早在上世纪50年代(1955—1956)，我国语法学界曾经有过一次关于主语问题的讨论。汉语的主语之所以成为问题，主要是因为汉语缺乏形态标志，从词形上区分不了哪个是主语，因此产生了是否可以从词序或施受关系上来确定主宾语的争论。这场争论虽然有所收获，但并没有达成共识，此后在主语问题上一直存在着分歧。例如，1993年陆俭明在《汉语句子的特点》中和胡裕树、范晓在《试论语法研究的三个平面》中在对主语的认识上就有很大分歧。先看下列两组句子：

　　A1 昨天来了位新教员。　　A2 信他写好了。
　　B1 昨天来了三位客人。　　B2 自行车他骑出去了。

A1、A2是陆俭明举的例子，他认为A1中"昨天"是主语，A2中"信"是主语；B1、B2是胡、范举的例子，他们认为B1中"昨天"是状语，"三个客人"是主语，B2中"他"是主语，"自行车"是提示语。因为陆俭明主张主语和谓语不必强调语法上的一致性，主谓关系很松散。胡、范则认为主语与做谓语的动词或形容词之间必须在语义上有选择关系。

多年来，关于主语的讨论还围绕着主语和话题的问题展开。赵元任(1978)曾指出："……在汉语里，把主语和谓语当作话题和说明来对待，比较合适。"朱德熙(1982)提出："汉语的主语和谓语之间的语义关系是很复杂的，说话人选来做主语的是他最感兴趣的话题，谓语则是对选定了的话题的陈述。"

主语和话题有时是重合的，有时是分离的，因此对于处于句首动词前的名词性成分，就有区分主语和话题的问题。究竟主语该如何界定？其句法标准是什么？它是出现在静态单位里还是动态关系中？它与谓语是向心关系还是选择关系？这些问题目前都尚在探讨中。已经达成共识的是，主语属于句法结构层面的现象，而话题则是属于语用及篇章层面的现象。

对于如此复杂的主语谓语问题，对外汉语教学中是如何处理的呢？主语和谓语的教学在作为实践语言教学的对外汉语教学中，应该怎样进行？这是本讲要讨论的问题。

5.1 主语和谓语的教学状况

自《汉语教科书》（邓懿主编，1958）至今，在对外汉语教材中始终没有对主语和谓语的含义和功能给予应有的解释。现以不同时期影响较大的四部教材为例，观察一下教学中对主语和谓语的处理情况。

《汉语教科书》是对外汉语语法体系的奠基之作，影响极大。该教材中句子成分的教学排除了主语、谓语和宾语。该书下册第695页所附语法大纲，句子成分一栏的标题为："主语、谓语、宾语以外的句子成分"。显然对主语、谓语采取了回避的态度。该书编写时正值语法学界开展主宾语问题的大讨论，当时对主语、宾语的判断标准莫衷一是，使得教学语法无章可循，所以不得已而回避之。这一做法也沿袭到此后的几部教材中。

《基础汉语课本》（李培元主编，1980）是一部国内外影响大、使用面广的教材，堪称对外汉语教材中集大成之作。该书在主语和谓语的处理上是采取列举构成主语和谓语的词和词组的做法。现以主语为例，该教材是以汉语中的语言事实来展示主语，对主语的介绍是："句子的主语（除名词、代词外）也可以由动词、形容词、动词结构、形容词结构或主谓结构等构成。"该书续编第281-282页的语法复习提纲中，列举的例句如下，例句中标有着重号的词或词组是句子的主语：

① 热和冷都不好，不冷不热最好。
② 四是八的二分之一。
③ 他们班的同学，个个是运动员。
④ 这种衬衣真漂亮，一件多少钱？
⑤ 参观访问可以帮助我们了解中国。
⑥ 跑步是一种很好的体育运动。
⑦ 你真该早点儿睡，睡得太晚不好。
⑧ 早睡早起是个好习惯。
⑨ 身体好很重要。
⑩ 看完电影再预习也可以。

《初级汉语课本》（鲁健骥主编，1986）是第一部分科系列教材，也是一部使用时间长、影响大、使用面较广的经典教材。该教材对主语、谓语的解释采取介绍语序的办法："汉语的句子一般可以分为两个部分，主语(S)、谓语(P),主语在前,谓语在后,这一次序一般不变。"

《汉语教程》(杨寄洲主编,1999)是《语法等级大纲》颁布后编写的、目前使用较广泛的教材。第一册(上)提到主语和谓语时解释为"语序一般是主语在前,谓语在后"。例如:

主语	谓语
你	好。
我	去银行。

从以上考察可见,在对外汉语教学中主语、谓语的教学是很薄弱的。上世纪50年代的教学中是避而不提,80年代《基础汉语课本》是具体、直观地列举构成主谓语的词或词组,没有区别主次,更没有涉及主谓语的功能。这一做法也被吸收到《语法等级大纲》和《教学大纲》中。这种做法的优点是简明、直观,回避了对主语进行解释和界定的难题,又能显示出汉语中主语有多种词类构成的形式上的特点。问题是,学生较难理解和接受:为什么"冷""热""跑步""身体好"等等会是主语?尤其是母语为印欧语的学生更是大为困惑,不知所以然。国外的汉语教师来华进修时,每每提及主语问题,也总是难以得到满意的答复。

其后,自《初级汉语课本》到《汉语教程》一直采取介绍主谓语的语序的做法,突显了汉语中主谓语的位置,无疑对外国学生掌握汉语句子的形式特征大有裨益。上世纪80年代出版的教材由于受当时研究水平的限制,未能进一步揭示主谓语之间的语义联系,以及语法功能是受到历史的局限,而近年新出版的教材又未能将主谓语研究的新成果以及"话题—陈述"这一句子结构模式引入教材,则是一件憾事,所以,目前教材中关于主谓语的教学状况是不尽如人意的。

主谓语教学的目的,并不是要给一个科学的定义,也不是为了语法体系的完整,更不是为了分析句子的需要,主要是为了解决外国人学汉语时能正确地组织句子,从而提高他们的成段表达能力和交际能力。以此为出发点,本讲提出主谓语教学的初步构想。

5.2 对主语和谓语教学的构想

汉语与印欧语组织句子的模式迥然不同。汉语是话题突出的语言,印欧语(如英语)是主语突出的语言。印欧语的句子由"主语+谓语"构成,而汉语组织句子时往往把一个已知信息放在句首,然后展示下文进行陈述，因此造成汉语的主谓语与印欧语存在很大的差异。

汉语的主谓语不完全是印欧语的"NP＋VP"的模式。印欧语的主语一定是名词性成分，而汉语的主语除了名词和代词外，还可以由形容词性成分、动词性成分、数量词语、主谓词组等充任。印欧语的谓语一定是动词性成分，而汉语中的谓语则除了动词外，还可以是形容词、名词及主谓词组，后者占一半左右。

印欧语中的主语不是动作的施事就是动作的受事，而汉语的动词谓语句中，主语不仅是施事、受事，也常常是动作的时间、处所、工具、方式、原因等。印欧语的谓语是动作、行为，汉语的谓语有动作行为，还有描述、说明等。

印欧语的主谓之间保持严格的性、数、格的一致，而汉语主谓之间则十分松散，主谓之间可以停顿，可以有助词，而且由于存在句子成分的省略，主谓之间常常不存在一致的关系。例如：

① 车没赶上。
② 一站颐和园。
③ 你哪儿？我北大。

汉语在组织句子方面十分灵活，而印欧语的"主语（施事/受事）＋谓语（动作/行为）"模式则比较固定。例如：

④ 我没有去颐和园。

汉语可以随说话人选择不同的话题，组织起不同的句子：

⑤ 我颐和园没有去。
⑥ 颐和园我没有去。

从以上对比可以发现，汉语和印欧语在组织句子上有着明显的差异，因此欧美学生在用汉语组织句子时，受其母语的干扰，常出现一些带"洋味"的句子。例如：

⑦ 昨天下了很大的雨。
⑧ 餐厅卖很好喝的咖啡。

以上句子用地道的汉语说，应该是用形容词谓语句：

⑨ 昨天的雨很大。
⑩ 餐厅卖的咖啡很好喝。

在选择主语组织句子时，留学生也会同样说出不地道的汉语。如在

练习方位词时,老师让学生说出自己座位的位置,学生会说:

⑪ 玛丽在我的左边,杰克在我的右边,阿里在我的前边,山本在我的后边。

显然,以上表达很不合汉语的习惯。当以方位为话题时,某个人的位置是由方位词突现出来,所以地道的汉语应该说:

⑫ 我前边是阿里,后边是山本,左边是玛丽,右边是杰克。

因此,汉语主谓语的教学关系到学生正确地选择句子和组织句子,应该让学生排除母语的干扰,用汉语主谓语组织句子的方式来表达思想。这是我们主谓语教学的目的之所在、关键之所在。

汉语主谓语与印欧语迥然不同,是由汉语是注重话题的语言这一特点所决定的。其实,"主语""谓语"本来都是印欧语的句法概念,汉语借用了印欧语这套句法概念,但这些概念并不很适合汉语的句子结构,只是长期以来没有找到可以取代它们的概念。我们的汉语语法研究,尤其是汉语的教学,需要用汉语的眼光来认识汉语的语法,用汉语眼光来看待主语和谓语。

汉语是话题突出的语言,汉语的组句模式是"话题-陈述",因此,应该把话题和这种组句模式引入教学,使学生能够更容易、更有效地理解汉语的句法模式。在第七届国际汉语教学讨论会上,德国柯彼德(2004)在题为《以话题为纲——提高汉语语法教学效率的新尝试》论文中指出:"许多学者从语用的角度来研究汉语的'话题-说明'结构。这种信息结构确实是汉语的特点,对学习汉语的西方学习者来说,领会这一语用方面的实质比掌握一系列的语法规律还重要。"

多年来,国内外的学者们都在呼吁对外汉语的语法教学必须突破几十年来基本不变的语法教学体系,把语义、语用的研究成果转化到教学中,突破原有语法教学词、词组、句子三级单位,向语素和篇章两头延伸。引进话题及"话题-陈述"的结构模式,是把语法教学从只重形式提高到结合语义和语用的新尝试,也是把句子教学延伸到篇章教学的良好开端。

对外汉语的主谓语教学,在操作上还要考虑简明、实用、循序渐进等教学语法的基本原则。我们对主谓语的教学进行等级切分,建议在主谓语的教学上建立以下几个语法项目并按以下顺序分布在不同教学阶段进行教学:

5.2.1 介绍"汉语的主语和谓语"

语法解释：汉语的句子，至少包括主语、谓语两个部分。主语在前，是被陈述的部分；谓语在后，是陈述的部分。主语主要由名词、代词及名词性词组充任，谓语主要由动词、形容词或动词性词组、形容词性词组充任。

在初级阶段，可尽快介绍主谓语最基本的概念，让学习者初步了解主谓语的顺序、主谓语之间的关系，以及充任主谓语的主要成分。除形容词直接做谓语外，学生可以毫无困难地接受以上内容。对形容词做谓语应强调不需用"是"。

5.2.2 引入"主语、话题"，以及"话题—陈述"结构模式

语法解释：汉语是话题突出的语言，汉语的句子结构模式是"话题—陈述"。在汉语中，"名词、代词经常做主语，因为我们说话经常拿人或物做主题"，"我们也可以拿时间、处所做话题，所以表示时间、处所的名词也能做主语"，"动词、形容词也能做主语，因为我们也可以拿某种动作、行为、性状做话题"。（马真，1991）

至此，《语法等级大纲》和《教学大纲》中的各类主语即名词、代词、时间词、处所词、形容词、动词及各类词组做主语都纳入了教学内容。由于引入了"话题—陈述"结构，外国学生对时间、处所、状态、动作等充当主语的困惑将迎刃而解。

以上内容应分散地在初级阶段进行教学。

5.2.3 引入"话题句"

话题句即"话题—陈述"句，一般指句首的话题是动词的受事、工具或其他等已知信息，其后是对话题的陈述部分。这是汉语中较为特殊的一种句式，这种句式不仅引起了语言研究者的注意，也引起了语言习得研究者的关注。汉语中有哪些种类的话题句呢？曹秀玲等（2006）在《汉语作为第二语言话题句习得研究》一文中，归纳了汉语中的话题句有12类，现转录为下表：

类型及数量		例句
移位类 （7种）	简单句宾语移位 （4种）	C1 狗，我见过。（类属名词） C2 一件事，我要告诉妈妈。（不定名词） C3 那首歌，小王唱过。（有定名词） C4 王老师，小王昨晚见过。（有生命名词）
	双宾句宾语移位 （3种）	C5 那本书，我送小王了。（直接宾语移位，动词为给予性） C6 那张报纸，他抢了小王。（直接宾语移位，动词为夺取性） C7 小红，我送了一本书。（间接宾语移位）
非移位类 （5种）		C8 那场大火，幸亏消防队来得早。（用副词联系） C9 那些苹果，一斤五元。 C10 那棵树，叶子很大。（话题和小句主语是领属关系） C11 这件事，我做主。（话题给小句设定范围） C12 中国菜，我喜欢吃烤鸭。（话题与小句宾语有整体和局部的关系）

由于作者是从习得角度研究话题的，所以没有纠缠句首的名词性成分是话题还是主语。很明显，作者用逗号是为了突显话题。我们检查了《语法等级大纲》和《教学大纲》中的例句，结果发现表中列举的12类话题句，出现了6种：

同C1：大虾我要一斤。（《语法等级大纲》第105页［丙175］）

同C2：什么事情她都知道。

（《语法等级大纲》第76页［乙069］）

同C3：那个电影我看过。

（《语法等级大纲》第42页［甲059］）

同C4：王教授我好像在哪儿见过。

（《语法等级大纲》第76页［乙068］）

同C10：他眼睛大，鼻子小。

（《语法等级大纲》第103页［丙173］）

同C11：这个问题我不想发表意见。（《教学大纲》第50页）

以上句式，主要出现在主谓词组或小句做谓语的语法项目中，而且句首成分是作为主语看待的。由于句首名词多半是动词宾语移位，教学中又没有交代"话题－陈述"结构，只讲"主语－谓语"，容易引起外国学生理解上的困惑。引进话题句概念，把移位句中的句首成分明确为话题，其后是陈述，对留学生把握汉语的组句模式，理解这类句式的结构和语义关系，都是有帮助的。

大纲中未列入的其他类型的话题句，如在教材中出现，都可照此处理。初级和中级阶段即可引入话题句。

5.2.4 介绍"篇章连接中主语或话题的功能"

在汉语篇章连接的方式中，与主语或话题有关的涉及以下两种：

其一，主语或话题的零指称，即篇章中在第一句出现了主语或话题后，以后出现的相关句子中本该出现的指称词语的缺省也叫承前省略。这在汉语中很常见，而这一点与印欧语等语言差异很大。外国学生，尤其是母语是印欧语的学生，在这方面常常出现偏误。不会承前省略，因此造成语句之间的不连贯和衔接生硬的现象。例如：

① 坐飞机的时候，我特别紧张，我吃不下饭，我睡不着觉，我看不了书，我只能跟别的旅客谈话。

而在汉语中，除了第一句出现主语"我"，以下四个句子中的"我"，都应该省略，否则就极不自然。因此主语在篇章中省略的特点，是教学中不容忽视的问题。

其二，话题连接，即话题是篇章的连接手段，话题把前后句子连接起来。《教学大纲》在列举语段的连接手段时提到了"话题连接"（第94页），其例句是：

② 旧的矛盾解决了，新的矛盾又产生了。
③ 矛盾是经常的，无矛盾是暂时的。
④ 我们只有在矛盾中前进。

作为话题的"矛盾"，把句子连接起来，使三个简单句成为一个语段。

主语、话题在篇章中的连接功能纳入中高级阶段的汉语教学的内容。此外，汉语的谓语是与主语相对待的，主语可与话题重合的现象，使谓语也反映出与印欧语不同的特点。关于谓语的教学，我们将在本书第8讲《关于句型的教学》中详细讨论。

第6讲

关于定语和状语的教学

定语和状语的位置是怎样的？结构助词"的"和"地"什么时候必须用？什么时候可用可不用？什么时候不能用？当出现两项以上的定语或状语时孰前孰后？这些困惑外国人的问题如何解决？本讲将就此展开讨论并提出一些教学提示。

6.0 概述

定语和状语都是修饰语。定语主要修饰主语或宾语，状语主要修饰谓语。定语和状语还分别组成定中词组和状中词组充当句子成分。

首先，汉语的修饰语一定在被修饰的词语前面，位置是固定的。这与一些外语的差别较大，印欧语的修饰语以英语为例，就有前修饰语和后修饰语，而时间词语做修饰语时位置是不固定的（大致有三个位置），所以以英语为母语的外国学生受母语的干扰，常常把修饰语放在中心语后边，出现了大量的病句，这是教学中要解决的一个问题。

其次，定语和状语各有一个结构上的标志："的"和"地"。由于汉语是缺乏严格意义形态标志的语言，所以带"的"或"地"标志定语或状语并没有强制性，因此存在有时必须带、有时可带可不带、有时不能带的现象。例如：

妹妹的老师　　　*妹妹老师
我的老师　　　　我老师
*中文的老师　　　中文老师

什么时候必须用？什么时候可用可不用？什么时候不能用？这是教学中不可回避的，由于影响用"的"或"地"的因素很复杂，虽然本体研究已经做了详尽的描写，但条目繁多，很难在教学中直接运用，怎样化繁为简，让使用规则具有一定的可操作性，这是本讲要讨论的第二个问题。

最后，关于多项定语和多项状语的顺序，这是困惑外国人的又一个问题。当出现两项以上的定语或状语时，学生不知道孰前孰后而常常出错，这是本讲要讲的第三个问题。

下面分别展开讨论并给出一些教学提示。

6.1 定语的教学

6.1.1 关于定语位置的教学

汉语中定语一定出现在中心语的前边，但外国留学生，尤其是以英语为媒介语的学生，受英语干扰，常常把某些修饰语放在中心语后边。例如：

① *我现在和一个中国学生名字叫赵成昆住在一起。

② *这是一个好方法学习汉语。
③ *她们的决心一定要掌握飞行技术很大。
④ *一个同学从南斯拉夫来,也在我们班学习。
⑤ *他们两位都知道很多的情况关于那个同学。
⑥ *今天五个月以前我离开了祖国。①

英语中修饰语有两种位置,一个是在中心词之前,叫前置修饰语,一个是在中心词之后,叫后置修饰语。杰弗里·利奇等著《英语交际语法》(1983)中,介绍前置修饰语主要有形容词、分词、名词三种,而后置修饰语则有关系分句、介词短语、非限定分句、同位语分句、时间/地点/方式/理由分句、副词、形容词等十种。

我们上面列举的学生病句分别是把主谓词组、动词词组、介词词组、时间词组等充当的修饰语放在了中心语后边,这与英语中的几种分句有相似之处。从以上的对照中不难发现,外国学生往往把稍微复杂一些的词组结构放在中心语后边做修饰语,完全是习惯使然,所以教学中应该反复练习、反复强调、加深印象,并在分析病句的同时,做适当的汉外对比,使学生掌握定语的位置,尽量减少母语的干扰。

6.1.2 关于定语带结构助词"的"的教学

结构助词"的"是定语的形式标志,在定语和中心语之间存在着用"的"、不用"的"和可用可不用"的"的现象。外国人对此不知何去何从,常常用错。例如:

① *下车时候我们都很高兴。
② *他是一个谦虚人。
③ *因为是她的第一次住院,她很着急。
④ *星期日的所有的公园都有很多去玩的人。

以上病句外国学生在该用"的"时不用,不该用"的"时用了。历来教学中基本不讲定语带"的"的规律。其实定语带不带"的"的规律早已总结出来了,但各类语法书中,对用不用"的"的规律总结,主要从充当定语的各类词和词组的角度出发,罗列每类词用"的"或不用"的"的各种情况,因为涉及各种因素,因此显得头绪纷繁、扑朔迷离,在指导学生运用规律上缺乏简明性和可操作性。以数量词用作定语为

---

① 本讲所举病句除另有说明外,皆引自佟慧君(1986)《外国人学汉语病句分析》,北京:北京语言学院出版社。

例,《实用现代汉语语法》(刘月华等,2001,第 475—476 页)所列举的带不带"的"的规律是:

◎ 数量短语或数词、量词做定语时,表限制时不用"的",如"一个故事";
◎ 数量词做定语表示描写关系时要用"的",如"一寸的钉子";
◎ 借用量词做定语表示限制关系的后面不用"的",如"一袋粮食";表示"满"的意思,具有描写作用,一般用"的",如"一头的汗";
◎ 分数用作定语,后边用"的",如"百分之四十的职工";有时"的"可以省略,如"百分之七十女工";
◎ 数词"一"与量词构成数量结构重叠形式做定语,后面要用"的",如"一筐一筐的西红柿";
◎ 数词"一"与重叠的量词一起做定语时,可以不用"的",如"一个个山头";
◎ 重叠的量词做定语,后面不用"的",如"垛垛高墙"。

显然,在教学中,无论是教材中的归纳或是课堂教学中教师的讲解,以上规律都缺乏可操作性。我们设想换一个角度,从影响定语使用"的"的各种因素入手,进行归纳总结,也许在教学中能起到一定的作用。下面我们从五个方面归纳影响定语用不用"的"的因素。

(1) 定语和中心语的意义关系

▲ 表示领属关系时须用"的"。例如:

鲁迅的杂文	姐姐的房间	别的式样
他的脸色	谁的椅子	这儿的风俗
今天的晚报	星期三的课	中间的位子

表示领属关系时,充任定语的主要有名词、代词、时间词、方位处所词。名词做定语有时不用"的",但不用"的"时表达了不同的语义关系:用"的"时表示领属关系,不用"的"时表示性质。例如:

中国朋友(性质)	中国的朋友(领属)
老虎尾巴(性质)	老虎的尾巴(领属)
居委会干部(性质)	居委会的干部(领属)

▲ 表示描写关系时须用"的",不用"的"时则不表示描写关系。

试比较：

数量词语做定语时：

买了三斤苹果（限制）　　买了三斤的苹果（描写）
一屋子人（限制）　　一屋子的人（描写）

某些形容词和名词做定语时：

新时代（性质）　　新的时代（描写）
幸福婚姻（性质）　　幸福的婚姻（描写）
皮手套（性质）　　皮的手套（描写）

重叠式一般都具有描写性，做定语时一般要用"的"。例如：

一幢一幢的楼房　　一道道的铁门
贼亮贼亮的灯光　　弯弯的眉毛

代词"这样""那样""怎么样""什么样"等做定语时具有描写性，须用"的"。例如：

这样的写法　　那样的姿势
怎么样的一个人　　什么样的地方

▲ 某些表示性质或限制关系的定语不用"的"。

表示性质的定语。例如：

水晶玻璃　　呢子大衣　　钻石戒指
体育老师　　历史结论　　劳动人民
纪念活动　　生日晚会　　庆祝典礼

表示限制的定语。例如：

这一本　　那张桌子　　什么问题
两个朋友　　多少人　　一些文具
一袋面粉　　哪个同学　　一点意见

综述一下，根据定语和中心语的意义关系，表示领属或描写的定语须用"的"，表示限制或性质的定语不用"的"。

(2) 充任定语的词语

▲ 以下各类词组做定语时须用"的"：

联合词组：男生和女生的比例　　又干净又整洁的屋子

偏正词组：很快的速度　　　　国家的情况
述宾词组：打扫教室的工人　　骑自行车的姑娘
述补词组：借来的词典　　　　洗干净的衣服
主谓词组：妈妈住的房间　　　家里寄来的信
同位词组：他自己的看法　　　小王他们的意见

▲ 动词做定语时，一般要带"的"：

　　写的作业　　　　喝的咖啡　　　　用的东西

▲ 成语和四字格等做定语时要用"的"：

　　青面獠牙的样子　　　　有的放矢的做法
　　温柔体贴的妻子　　　　一穷二白的国家

综述一下，根据充任定语的词语，动词、各类词组（联合/偏正/述宾/述补/主谓/同位）、固定语等做定语须用"的"。

(3) 充任中心语的词语

▲ 中心语是名词、动词时，数量词组做定语不带"的"。例如：

　　一辆汽车　　　　五把椅子　　　　三点意见
　　一场争论　　　　一番搏斗　　　　七窍流血

▲ 中心语是数目，数词做定语时要用"的"。例如：

　　十的三倍　　　　一百的二分之一　　　五万的一半

▲ 中心语是动词或形容词时，名词、代词做定语要用"的"。例如：

　　代表团的到来　　我们的参观　　　领导的讲话
　　国家的繁荣　　　大家的骄傲　　　全班的团结

(4) 音节数

形容词做定语时，带"的"与不带"的"受音节数的影响。

▲ 单音节形容词做定语后面一般不带"的"。例如：

　　小白兔　　好朋友　　新杂志　　大桌子

▲ 双音节形容词做定语后面一般要带"的"。例如：

　　认真的学生　　谦虚的人　　牢固的友谊　　骄傲的公主

(5) 定中关系是固定语或具有熟语性的词组

由定中关系形成的固定词语，定中之间不用"的"。例如：

| 体育老师 | 领导干部 | 中年妇女 |
| 历史问题 | 新式服装 | 五好家庭 |

定中词组带有熟语性时，定中之间不用"的"。例如：

| 老实人 | 可怜相 | 俏皮话 |
| 擦边球 | 大人物 | 旧观念 |

总之，定语后用"的"不用"的"受到多种因素的影响和制约，是有规律可循的。总的来看，带"的"的定中词组都有凸显定语的功能，具有较强的修饰作用，在组合上也比较自由；而不带"的"的定中词组，具有明显的凝固性，其中不少是固定词语或熟语，在组合上相对不太自由，不宜扩大。此外，在实际语言中，定中组合带"的"的是多数，不带"的"的是少数。

我们从影响带"的"或不带"的"的因素出发，归纳了五条规律，可适当地在教材或课堂教学中给予归纳或提示，使学习者不仅有规律可循，也可掌握定语带不带"的"在语义和表达上的差异。例如学习定语时指出"中国朋友"不用"的"表性质，"中国的朋友"用"的"表领属，这样既提示了带或不带"的"的规则，又指出了带不带"的"在意义上的差异；在教各类词组及固定语时，顺便指出做定语时要用"的"；遇到形容词做定语的句子，顺便提示一下，单音节的不用"的"，双音节的须用"的"等，采用分散教学即可。

鉴于实际语言中，定语带"的"的概率大于不带"的"的概率，而不带"的"的规律比较简单，从另一个角度着眼，教学中引导学生仅仅记住较少的几条规律，比记住多条规律要容易，所以把归纳出定语不带"的"的几种情况提示出来，也是具有可操作性的：

◎ 当定语表示中心语的性质或限定中心语时，不用"的"；
◎ 当数量词组做名词或动词的定语时，不用"的"；
◎ 单音节形容词做定语时，不用"的"；
◎ 当定中词组具有熟语性或是固定语时，中间不用"的"。

历来的对外汉语教材都不涉及定语带"的"的内容，不利于学生掌握汉语的特点和规律，学生在盲目学习中容易出现病句，建议适当地介绍。

在实际语言中，定中组合还有可用可不用"的"的情况。例如：

我父亲——我的父亲
新时代——新的时代
边疆人民——边疆的人民

一对可用可不用"的"的定中词组，在语义、语用上有时会有差异，这是应该注意加以区别的。

当我们归纳定中组合中带"的"与否的规律时，也要看到例外的现象，这在汉语语法中是屡见不鲜的。

6.1.3 两项和三项定语的顺序

历来定语的研究或教学都很关注多项定语的顺序。在对外汉语教学中，多项定语的顺序也是外国人学习的难点。

讨论多项定语顺序往往列举五六项之多，如《教学大纲》列出的定语不带"的"时，多项定语的一般顺序是：

表领属的词语——指示代词——数量短语——形容词——名词

① 他那两件白绸衬衣都放在哪儿了？
② 他家那套旧式红木家具很不错。

而在实际语言中，尤其是口语中，中心语前的定语常常不会递加到如此之多、如此之长。苏岗（1995）在他的考察中发现，多项定语中两项和三项的占总量的98%。这一事实对我们的教学尤有启发。我们完全可以从实际语言出发，把多项定语的教学定位为两项和三项定语的教学，这样做一方面符合语言实际，一方面也大大简化了教学内容。

为了印证苏岗的考察结论，我们对《桥梁：实用汉语中级教程（上、下）》（以下简称为《桥梁》，陈灼主编，2000）主课文中的多项定语进行了一次考察，结果与苏岗的结论完全吻合。《桥梁》中含两项定语的有106句，含三项定语的有50句，而含三项以上的定语的句子十分少见。因此，在教学中我们应该关注的是两项和三项定语的顺序，而不必把精力放到五六项定语的顺序上。

讨论多项定语的顺序一般有以下几种角度：

◎ 带"的"定语与不带"的"定语的顺序；
◎ 定语类型：限制性定语与描写性定语的顺序；
◎ 充任定语的词类或性质：形容词、名词、主谓词组等或数量、领属、处所、时间等的顺序。

我们在考察教材《桥梁》中还发现一个现象：无论是两项定语还是三项定语中，以数量定语为首位的均占有较高比例。在两项定语的 106 个句子中，以数量定语为首位者为 54 句，占 51％；在三项定语的 50 个句子中，以数量定语为首位者为 26 句，占 52％。

(1) 两项定语的顺序

据我们对《桥梁》中带两项定语的句子的考察，两项定语的顺序有如下几类：

▲ 带"的"定语＋不带"的"定语＋中心语。(22 句) 例如：

革命的理想主义精神　　传统的藏族服装
弥漫的香火烟雾　　　　给我的第一个印象

▲ 数量定语＋带"的"定语＋中心语。(48 句) 例如：

一种强大的威力　每位戒过烟的人　一个满意的伴侣

▲ 数量定语＋不带"的"定语＋中心语。(6 句) 例如：

一个外国学生　　　　一双红色藏靴
一张长途汽车票　　　一百多名中国同事

▲ 领属性定语＋带"的"定语＋中心语。(6 句) 例如：

观众热烈的掌声　　　我期末考试的成绩
姑娘火一般的热情　　中国有名的画家

以上考察所得的顺序与朱德熙在《语法讲义》(1982) 中归纳的定语次序十分吻合。朱先生说："带'的'的定语在不带'的'的定语之前，例如只能说'瓷的小茶壶'，不能说'小瓷的茶壶'。这里有两点例外：第一，数量词做定语，虽然不带'的'，可以放在带'的'的定语之前，例如'一间最大的屋子'。第二，领属性定语只能前置，不能后置，例如'他最大的孩子''中国最长的河流'。"

我们考察的两项定语的次序 80％ 以上与朱先生上述规律是完全一致的。其余带两项定语的句子或者都不带"的"，或者都带"的"，由于出现频率很低，这里不做进一步讨论。朱先生指出，都不带"的"的定语次序为"领属性——数量词——形容词——名词"，教学中可以参考。

(2) 三项定语的顺序

据我们对《桥梁》中带三项定语的句子的考察，三项定语的顺序有如下几类：

▲ 带"的"定语＋数量定语＋不带"的"定语＋中心语。（10句）例如：

> 他喝的第一瓶好酒
> 开"面的"而致富的一群新工人
> 展览厅门口的一块广告牌子
> 澳大利亚的一位动物研究专家

▲ 数量定语＋带"的"定语＋不带"的"定语＋中心语。（12句）例如：

> 一个活生生的好榜样
> 一座普通的小平房
> 一位不肯说出姓名的海外收藏家
> 一双似笑非笑的细长眼睛

▲ 数量定语＋带"的"的并列定语＋中心语。（14句）例如：

> 一个幸福、美满的家庭
> 那位有钱有门第的小姐
> 一个比较稳定、体面的工作
> 一种不安和自卫的心理

▲ 领属性定语＋指示词＋带"的"定语＋中心语。（8句）例如：

> 她那粉红的笑脸
> 她那美丽动人的眼睛
> 人类那些基本的优点和缺点
> 他那些重要的笔记

以上带三项定语的句子中，有88％的句子与上述朱先生归纳的规律也基本吻合。

前面我们曾提及历来归纳定语顺序的三种角度。如果从定语的性质和词类的角度去归纳，那么出现在首项、末项或中间项的会是多种情况，如出现在首项的可能是领属性词语、数量词、指示代词、时间词、处所词等等，这就会使规律显得繁琐、复杂，学生难以记忆和掌握，教师在教学中也难以操作。如果从定语的性质的角度去归纳，则对不具有语感的外国人来说，判断定语是限制性的还是描写性的，显然是有困难的。而从带"的"或不带"的"入手去归纳定语的次序则较为直观,简单易行,容易操作。而且朱先生提出的带"的"的定语在不带"的"的定语之前这一条规律,具有较强的解释性,可以直接进入教材或课堂教学中。

综上所述,我们认为,对外汉语课堂教学或教材描写定语的顺序时应在两项和三项中进行,不必扩展到三项以上,并可将定语的顺序归纳为:带"的"的在不带"的"的定语前,并指出两个例外,即数量词或领属性词语做定语可以在带"的"定语前。

关于定语的次序,即使只讲两项和三项也会出现许多例外或复杂的现象,这就需要我们在教学中一一面对,一一解决。例如:

革命的理想主义精神　　传统的藏族服装

同样的定语如果带"的"的情况发生变化,顺序也就随之发生变化:

理想主义的革命精神　　藏族的传统服装

在定语中,带"的"的定语用得较为广泛,定语带"的"的各种情况,都会在两项或三项定语中出现,而不带"的"的定语由于多出现在末项,主要是形容词或名词。

在两项或三项定语的句例中,首项为数量词的出现频率较高。我们发现,数量词在句中的位置也会有一定的灵活性。例如:

心中的一支歌儿——一支心中的歌儿
一座普通的小平房——普通的一座小平房

当然,很多数量词在首位的句例,位置是固定的,并不具有上述的灵活性。这里涉及结构、语义和语用等因素。我们认为在教学中可以不做深入的讨论和解释,不然会使外国学生感到无所适从。

6.2 状语的教学

状语是谓语的修饰语,与定语类似,教学中主要难点是状语的位置、带结构助词"地"以及多项状语的顺序等问题。留学生在运用状语时还常常对同一词语既做状语又做补语时表达上的差异分辨不清。本节主要围绕以上四个问题的教学展开讨论。

6.2.1 关于状语位置的教学

现代汉语中，状语的位置在谓语前面或主语前面，不能出现在谓语后面。但留学生在初级汉语阶段学习汉语时受母语干扰，使用状语时，位置发生错误的病句俯拾即是。由于充当状语的词类不同，产生偏误的形式和原因也有别，以下列举不同词类充当状语时产生的偏误，以作偏误分析。

(1) 时间状语的错位

时间词语做状语时，有的在谓语前，有的在主语前。例如：

① 小王明天出差去上海。
② 我们每天锻炼一个小时。
③ 星期四学校举行运动会。
④ 1990年3月他悄悄地离开了家乡。

留学生的表达中，时间词位置的错误很多见，主要是把时间词语用到了谓语后边。例如：

⑤ *我们可能出发26日。
⑥ *我接到你的信两个星期以前，今天才有时间给你写信。

(2) 介词词组状语的错位

介词词组的主要语法功能是做状语，介词词组做状语时，位置比较复杂，有的介词词组出现在主语前，有的出现在谓语前，有的既可出现在主语前又可以出现在谓语前。教学中，主要介绍介词词组在谓语前边做状语。在《语法等级大纲》中，状语部分所举的例句，介词词组都只在谓语前，只在具体介词的介绍中指出某些介词词组主要出现在主语前，或也可出现在主语前，前者如"关于""至于"等，后者如"对""对于""按照"等。

留学生使用介词词组状语时，多半错误是把介词词组放到谓语后边。例如：

⑦ *我们坐火车回到北京从上海。
⑧ *你走沿着这条马路，前边就有一家饭店。
⑨ *请你介绍一下你们的情况给我们。
⑩ *我们看了一个话剧在人民剧场。

也有一些病句是把应该放在谓语前的介词词组用在了主语前，但这类病句比较少。现举二例如下：

⑪ *在教室楼我们都上课。
⑫ *从那里刘老师他们带我们到北京语言学院来了。

(3) 副词状语的错位

副词的主要语法功能是做状语，绝大多数副词状语在谓语前，只有少数一些副词（如语气副词）既可出现在主语前又可出现在主语后，如"明明""难道""确实""忽然""马上""立刻"等。

留学生使用副词状语的主要错误是把副词放在主语前。例如：

⑬ *常常老师到宿舍来看我们。
⑭ *上午第一节课，先我们念生词，后念课文。
⑮ *别你到田里去。
⑯ *一共我们参观了六个车间。

汉语中定语、状语作为修饰语一定要出现在中心语前边，包括出现在作为中心语的谓语或主语前，一定不能出现在中心语后边（文学作品中，因修辞的需要而移位者，属例外）。但在留学生的母语中，修饰语位置不固定，可以在中心语前，也可以在中心语后。如英语，就有前置修饰语和后置修饰语之分，某些修饰语，如介宾词组状语主要出现在中心语后边，所以初学汉语者受母语影响，最容易把状语后置，而且有一定的顽固性。

教学中应采取的对策，一是初学者教材中状语的位置尽量要单纯、划一，如状语开始只教出现在中心语前边的这一种位置，尽量回避在主语前的位置，或位置不固定的；二是反复练习，形成熟巧，甚至习惯；三是正误对比、汉外对比，在对比中加深印象。

6.2.2 关于状语带结构助词"地"的教学

结构助词"地"是汉语中状语的标志，但由于汉语缺乏严格意义的形式变化，在语法形态上缺乏强制性，所以有些状语必须有结构助词"地"，有些则可有可无，有些却不能用上"地"。而教学中又从未交待过有关的规则，外国学生使用状语时，对用"地"感到无所适从，常常在不该用"地"时用上"地"，有些该用的地方却没用，这类病句时常发生。

一般语法著作中都已归纳出了状语带"地"或不带"地"的规律。

由于汉语中可以充当状语的成分很复杂,以《实用现代汉语语法》为例,书中所列的描写性状语11类,非描写性状语也有6类,一共有17类之多,因此这17类充任状语的成分都有带"地"与不带"地"和可带可不带等情况,描写起来比较繁杂,如果把这些都反映在教材中,不免繁琐,难以操作。须另辟蹊径寻找简易可行的角度,把规则落实到教学中。

细查各种成分充当状语时带"地"的情况,我们发现它们主要与充当状语成分的性质、类别以及音节数有关,而其中不带"地"的状语,情况相对比较单纯,从性质上都是限定性状语,即不是描写性的,而是限制、说明中心语的。现将不带"地"充当状语成分的词语按类别列举如下:

  副词:都(去) 只(选拔三个) 太(辛苦)
     大约(可信) 显然(失误) 已经(出发)
     终于(成功) 的确(高兴) 居然(来了)
  介词词组:对人(有礼貌) 为大家的幸福(干杯)
      按规定(办事) 从现在(开始) 跟老师(谈谈)
      根据合同(办) 在家里(看书) 向前(走)
  时间词/方位词:晚上(开会) 1908年(出生)
       上午(讨论) 屋里(坐) 前边(走)
  数量词组:一次(通过) 一把(抓住) 一顿(毒打)
     两脚(踩下去)
  代词:怎么(解决) 这么(办) 哪儿(来) 哪里(去)
  单音节形容词:真(明白) 直(看着我) 巧(安排)
      苦(干) 难(处理)

因此,我们在课堂教学中只要引导学生去记住不用"地"的状语类别,在教上述六类词语做状语时,举出以上例子,强调它们是限制、说明中心语的不能带"地",这样分散教学相对简明、易学、便于操作。

6.2.3 关于多项状语顺序的教学

与多项定语顺序的研究及教学类似,讨论多项状语顺序时一般都列举到六七项之多,使多项状语顺序的教学既脱离了语言实际,又显得庞杂而难以操作。如《教学大纲》列举的多项状语的排列次序是:

  表时间的——表地点的——表语气、范围、程度的——描写动作者的——表目的、依据、关涉的——表方向、对象的——描写动作
  他几十年来在教学领导岗位上始终勤勤恳恳地为教育下一代忘

我地工作着。

谓语前的修饰语列举到七项之多,显然难以开展教学。我们考察了留学生的病句,发现学生在涉及两项以上状语时,主要是副词连用或副词与其他动词前成分连用时,次序有误,这与副词的数量多、出现的频率高相关。因此我们宜分析留学生在两项状语连用时容易误用的类型,以有针对性地进行教学。在多项状语的顺序中,我们更关注充当首位状语和末位状语的成分,以利于使用两项、三项状语时,能容易排列顺序。此外表达否定时副词"不"与其他状语的位置,因使用频率高也应关注。解决这几个问题目的是,使多项状语顺序的教学更切合语言表达的实际并针对外国人学习的特点,尽量使教学简易化。

(1) 状语顺序有误的常见类型

类型一:**副词连用**

常见病句有:

① *他一走进会场,大家都就站了起来。
② *我照的相都也照坏了。
③ *很多大学生常常都参加业余演出。
④ *十年前的这件事不已经记得了。[1]

"都、也、常常、已经、不、又"等都是留学生初学汉语时就学到并经常要使用的副词。当与其他副词连用时,学生往往感到困惑,不知如何安排顺序。另外在副词教学中,也忽略了交待副词连用的规则,所以上述病句就屡见不鲜了。

类型二:**能愿动词和副词等连用**

能愿动词用在动词前,当动词前又出现副词时,有的须用在能愿动词前,有的又须用在能愿动词后,因此留学生容易误用。例如:

⑤ *他嘱咐我,要一定注意身体。
⑥ *你一打电话,他会就来。
⑦ *你常常应该锻炼身体。
⑧ *你常常要给我写信。

类型三:**能愿动词和介词词组连用**

有时能愿动词与介词词组连用,能愿动词应该出现在介词词组之

---

[1] 例句③④引自李德津,程美珍(1988)《外国人实用汉语语法》,北京:华语出版社。

前，留学生也会误用。例如：

⑨ *老师给我们三个题目，我们从这三个题目中应该选一个。
⑩ *她从沟里要拉出那几只羊来。

类型四：**介词词组和副词连用**

介词词组和副词连用时，顺序要根据全句的语义来确定。副词有时在介词词组前，有时在介词词组后。例如：

⑪ 医生及时给他治好了病。
⑫ 我从他身上真学习了不少东西。

但留学生则往往习惯把副词用在介词词组之后。例如：

⑬ *希望你给我常常写信。
⑭ *为什么他们跟我们没讨论这些问题。
⑮ *雷锋为国家始终贡献了自己的力量。
⑯ *我们下飞机的时候，学校的老师在飞机场正等着我们。

以上是留学生初学汉语时在状语连用时常见的问题，发生病句的原因，主要是受母语的干扰，在学习副词、介词词组、能愿动词等语法点后，涉及以上词类的连用，不知如何安排。一般教科书上也没有指出连用时应有的顺序。对于初学者，由于学习的内容不多，表达也不太复杂，我们在课堂教学或教材注释的提示中，不需讲述太多、太复杂的规则，只需结合教学内容以及学生容易发生的错误，采取一定的教学对策，即可取得明显的教学效果。

以副词连用为例，有些连用的副词结合得十分紧密，其语法功能已相当一个词，如"并不""再也（不）""不再"等，学生也基本能对这些组合整体记忆，我们是否可以在课堂教学中结合所学的副词、介词词组、能愿动词等，给学生一些常见的组合，让学生整体记忆，这样或许能解决以上所举的连用时容易出现的问题。

（2）组合式整体教学

组合式整体教学就是针对学生在状语连用时容易出错的顺序，选择一些常见的状语连用组合，整体教给学生，使学生在整体记忆中形成习惯，我们结合教材中出现的充当状语的常用词语，给出以下几类组合：

组合一：**副词连用的常见组合**

"都"与其他副词：也都　全都　到处都

"也"与其他副词：也不　也才　也就　再也　的确也　当然也

"又"与其他副词：又不　又都　又很　同时又　就又

"还"与其他副词：还没　还很　刚才还　偶尔还

组合二：**能愿动词和副词连用的常见组合**

"要"与副词：一定要　要常常　就要　快要　又要　还要
"应该"与副词：应该常常　应该别　当然应该　才应该
"会"与副词：还会　常常会　又会　不会　已经会　只会
"能"与副词：一定能　常不能　又能　也能　才能

组合三：**介词词组和副词连用的组合**

介词词组和副词的组合情况比较复杂，有的介词词组和某些副词的组合是固定的。例如：

比……都　　比……更　　比……还　　不把……
别把……　　一定把……　对于……都　对于……不
经常跟……　才从……　　就在……　　正在……
快给……　　都给……　　就给……

但很多介词词组和副词的组合顺序需要由语义或语用的需要来确定，因此顺序并不固定。例如：

⑰ 我跟他不在一起。（表示客观事实）
⑱ 我不跟他在一起。（表示主观愿望）
⑲ 我从不在家里唱歌。（表示从来不做什么）
⑳ 我在家里从不唱歌。（表示在家里不做什么）

对介词词组与副词连用要具体对待，个别处理。是固定组合的，要列举、介绍、加强练习；不是固定组合的，在出现位置变化时，可适当交待其语义或语用上的差异。

以上列举副词与副词、能愿动词与副词、介词词组与副词连用时的组合，属于举例性的，没有穷尽列举，所列举的例词，主要是教材中的语法点，多是常用词。列举限于次序固定组合，对不固定的组合，一般个别处理。

在实际语言中，特别是以口语和中性语体为主的对外汉语教材中，中心语前的状语主要是两项或三项。一般语法著作讨论多项状语顺序时，常常列举多达五六项之多，意义不大。修饰语过多、过长是欧化现象,不值得提倡,教学中应针对留学生出现的常见错误,着眼于对两项、三项状语顺序的教学。我们建议以整体组合的形式使留学生整体记忆,在大量练习中养成习惯、形成语感。下面,我们还将对其他与状语成分连用时的顺序有关的问题做一些提示。

(3) 首位状语和末位状语

中心语前有几项状语时,出现在首位的,主要是时间状语和处所状语。例如:

㉑ 昨天我朋友突然病了。
㉒ 星期四下午老师给我们辅导。
㉓ 月光下,人们在悠闲地散步、交谈。

当时间状语和处所状语同时出现时,时间状语在前,处所状语在后。例如:

㉔ 我下午三点在门口等你。
㉕ 双方会谈于今日在北京举行。

紧连着中心语的末位状语,一般为表示对象、协同关系的介词词组或描写中心语状况的形容词、动词词组等。例如:

㉖ 他昨天小心翼翼地跟父亲谈了。
㉗ 他们从前毕竟在一起生活了十几年。
㉘ 她俩却在黑地里放声地哭起来。
㉙ 多年来他一直为公司踏踏实实地工作着。

适当地提示首位状语和末位状语是对组合式整体教学的扩展和补充。建立首位状语和末位状语的概念,为学生自由表达时,选择两项或三项状语时在顺序安排上提供了依据。

(4) 否定副词"不"和其他状语的顺序

否定副词"不"是中心语前最常见,也是最主要的状语成分。当中心语前出现两项以上状语时,"不"的位置应是教学中需要交待和加强练习的内容。如前所述,充任状语的主要是副词、介词词组以及时间词、方位词、动词、形容词等。现分别考察否定副词"不"与上述各类词连用时出现的顺序。

类型一:"不"与副词连用

"不"与副词连用时,有几种情况:在副词前、在副词后、可前可后;有些副词不能与"不"连用。《语法等级大纲》中共出现各类副词129个,"不"与这些副词连用时,顺序如下表所示:

副词类别 \ "不"的位置 例词	在副词前	在副词后	可前可后	不能连用
时间副词		正、正在、已经、从来、历来、往往、总(是)、恰好、恰巧、终于、始终、一时、顿时、早晚、偶尔、必将	常、常常	刚、回头、临、曾经、直(叫)、都
范围副词	只、光、一同、一块儿、仅、仅仅、只顾、只管	到处、净、一概、只能	都	一共
频率副词	亦	又、还、一连、一再、再三、连连、时而	也、再	不时
程度副词	足以	挺、极、比较、尤其、相当、稍微、颇、大大、才(才卖十块)、更、最、多(么)	很、太、十分、非常、白	尚
语气副词		倒、准、到底、果然、千万(别)、难道、恐怕、尽管、尽量、大约、差点儿、并、决、竟、反倒、姑且、不至于、未免、终究、究竟		不免、不禁
情态副词	亲自、亲手、亲眼、亲耳、亲身、擅自、就地	渐渐、仍、仍然、仍旧、一下子、幸亏、明明、简直、偏偏、何必、居然、毕竟、分明、竟然、万万、反正、反而、竟、其实、好在、或许、索性、幸好		无从、一口气
肯定/否定副词		未必、必定		不用、不曾、不宜、从未
合计 129 个	17	85	10	17
比率(%)	13.1	65.8	7.7	13.1

从以上的考察中发现,否定副词"不"和其他副词连用时,多数是

在其他副词后出现,占 65.8%,而且各类副词都有;而"不"出现在其他副词前的仅占 13.1%。时间副词、语气副词、肯定/否定副词都不能有"不"出现在前边。"不"既可前置又可后置的副词仅有 10 个。这样,可以把"不"出现在副词后作为常规现象,而位置在副词前及可前可后的是少数,一共占 20.8%,可在教学中予以提醒。

类型二:"不"与介词(词组)连用

《语法等级大纲》中,共出现各类介词 48 个。我们考察了"不"与这 48 个介词(词组)(词的不同义项单独计数)的连用情况,发现"不"的出现也有四种情况:在介词(词组)前、在介词(词组)后、可前可后、不能连用。

"不"出现在介词(词组)前,这类介词共有 31 个,占 64.5%,基本上涵盖了大纲中介词的各个类别(除表示排除和加合的):

引出时间、处所、起点:
  由:不由今日起
  从:不从星期日开始
引出空间:
  向:不向下滴水
  沿:不沿河边骑车
  顺:不顺马路走
  由:不由这儿出发
  以:不以此山为界
引出方向:
  向:不向后退
  朝:不朝东方行进
  往:不往南开
引出对象:
  比:不比你强
  为:不为孩子所累
  给:不给他人以口实
  替:不替我着想

向:不向敌人投降
将:不将俘虏交出
就:不就领土问题发表意见

引出施事或受事:
  把:不把玩具送人
  使:不使父母伤心
  叫:不叫你为难
  让:不让一个人掉队

引出依据、凭借:
  根据:不根据学校规定
  按照:不按照规律办事
  照:不照群众的意见办
  凭:不凭票入场
  任(着):不任着性子胡闹
  本着:不本着节约精神处理
  论:不论斤卖

在介词(词组)前出现的否定副词"不",是否定介词(词组)或者介词词组和谓语;在介词(词组)后出现否定副词"不",是对谓语否定。

否定副词"不"既可出现在介词(词组)前,又可出现在介词(词组）后的，这类介词有 6 个："在、于、自、对、跟、和"，因否定的范围不同，意义有变化。例如，"不在家里看书"和"在家里不看书"，前者是对介词（词组）的否定，后者是对动词（词组）的否定。

类型三："不"与时间词、方位词组的连用

"不"用在时间词的后边。例如：

㉚ 学校明年不举行运动会。

㉛ 他昨天不知道。

㉜ 我们一年不回家。

"不"用在方位词组的后边。例如：

㉝ 他家屋里不干净。

㉞ 这条路右边不走行人。

㉟ 爷爷房间桌子上不摆东西。

"不"用在时间词和方位词后边是否定谓语。

(5) 形容词(词组)和动词(词组)与其他状语连用时的顺序

形容词（词组）和动词（词组）的主要功能是在中心语前描写动作（包括动作者）和性状。《实用现代汉语语法》(2001)中对多项状语中描写性状语的顺序作了全面的分析。归纳起来，作为描写性状语的主要成分，形容词（词组）和动词（词组）连用或与其他状语连用的顺序有以下几条规则：

▲ 同时出现描写性状语时，音节多的在前，音节少的在后。例如：

㊱ 他小心翼翼地仔细听着。

㊲ 他飞快地紧追几步。

▲ 描写动作者的在前，描写动作的在后。例如：

㊳ 她像发疯似的突然尖叫起来。

㊴ 奶奶气愤地怒视着敌人。

▲ 描写动作的形容词（词组）、动词（词组）一般出现在末位。例如：

㊵ 你要赶紧跟父亲好好谈谈。

㊶ 孩子们一个个在床上乖乖地闭上了眼睛。

▲ 描写动作者的形容词（词组）、动词（词组）一般出现在介词词

组前。例如：

㊷ 她像大姐姐似的跟我谈了一个下午。
㊸ 我激动地给老师献上一朵鲜花。
㊹ 爸爸默默地为工厂工作了一辈子。

以上我们从教学出发，对多项状语中常见的连用情况进行了提示，其中归纳的主要是一般性规则。在多项状语的顺序中，既有常序，也有变序。常序是普遍规律、常见的用法；变序是指在一定的语境中因表达的需要，有些状语位置可以发生变化，是灵活的用法。

例如，否定副词"不"既可以在程度副词、范围副词前边，又可以在后边出现，如："很不"和"不很"、"全不"和"不全"等。再如，描写动作者的形容词（词组）、动词（词组）一般在介词词组前，但和"在……"以及"从……"连用时位置不固定。例如：

㊺ 他兴高采烈地从台上跳了下来。
　　他从台上兴高采烈地跳了下来。
㊻ 姑姑痛苦地在乡下度过了十年。
　　姑姑在乡下痛苦地度过了十年。

在教学中，尤其是基础阶段，我们首先要教常序，对变序的位置变化，要讲清意义的变化。

对外国人的教学，修饰语的顺序问题不应回避，目前教材中基本上没有把修饰语的顺序纳入教学。我们建议教材中状语应限制在两项和三项，这既符合语言事实，又降低了教学的难度；可在课堂教学中结合具体语法点，如副词、介词词组、能愿动词、时间词、处所词等的教学，当它们出现在中心语前与其他常用的状语连用时，应指出它们的顺序，通过引导记忆首位状语和末位状语的成分、提示副词"不"的位置、加强组合式整体练习等方法让学生掌握并形成熟巧，这才是解决因多项状语顺序而经常出现病句的有效途径。

6.2.4 状语和补语的选择

现代汉语中形容词、副词、时间词、介词词组等，既能用在谓语前做状语，又能用在谓语后做补语。留学生学习状语和补语后常常分不清同一个词语既可做状语又可做补语在表达上有什么差异。例如：

　　早来了/来早了　　　　　仔细地听/听仔细了
　　半天工作/工作半天　　　多穿了/穿多了

在椅子上躺着/躺在椅子上　　到北京来/来到北京
给妹妹买书/买书给妹妹　　很高兴/高兴得很

对于以上两种不同成分在表达上的差异，应在教学中适当地进行辨析和区分，以提高学生正确选择句子成分的准确度。《实用现代汉语语法》第五章和第八章对状语和补语做了比较，我们从教学出发，在前人研究的基础上，对状语和补语从结构、意义和表达等方面做以下辨析。

(1) 同一词语做状语和补语的结构分析

汉语有些词语常常既可出现在状语位置上，也可出现在补语位置上。例如：

晚起了/起晚了　　　　认真写/写得很认真
在椅子上坐着/坐在椅子上　　很热/热得很

有些则不能。例如：

大叫/*叫大　给学生辅导/*辅导给学生　*高长了/长高了

补语可扩展，状语的扩展很有限。例如：

吃得快——吃得很快——吃得快极了——吃得快到令人吃惊的地步

快吃——很快地吃

同一词语做状语或做补语受以下结构因素的影响：

▲ 表示不合标准的单音节形容词既可做状语，也可做补语。例如：

多吃了/吃多了　　早来了/来早了

而一般形容词重叠式及固定词组不能做补语。例如：

高高兴兴地走了/*走得高高兴兴
胸有成竹地说/*说得胸有成竹

▲ 时点一般做状语，时段一般做补语。例如：

三点出发/*出发三点　　*三小时出发/出发了三小时

▲ "给＋名词"引出的是服务对象时，只做状语；引出的是接受对象时，只做补语；一部分给予意义的动词和个别制作意义的动词可以同时带"给＋名词"。如：

给学生辅导/*辅导给学生（引出服务对象）

交给他一封信/＊给他交一封信（引出接受对象）
寄给妹妹一百元/给妹妹寄一百元（动词有给予义）

▲"在＋名词"修饰单音节动词时，可做状语也可做补语。例如：

在屋里坐着/坐在屋里　　在黑板前站着/站在黑板前

而当动词是双音节或带补语或宾语时，一般做状语，不做补语。例如：

在屋里睡觉/＊睡觉在屋里
在路上检查证件/＊检查证件在路上
在上海买来的/＊买来的在上海

(2) 同一词语做状语和补语的意义分析

同一词语做状语和补语的意义有以下两种情况：

其一，**意义基本一致，表达有差异**。例如：

他多写了点儿——他写得多了点儿（表示不合某个标准）
极快地跑——跑得极快（表示程度）

其二，**义项变了**。例如：

好解决/解决得好

"好解决"是"好"在动词前做状语，表示容易；"解决得好"是"好"在动词后做补语，表示令人满意，是对动作的评价。

多好/好多了

"多好"中的"多"表示程度高，有夸张语气；"好多了"中的"多"表示比较后相差大。

(3) 同一词语做状语和补语在表达上的差异

第一组：**状语和结果补语**
一般只有单音节形容词可以既做状语又做结果补语。例如：

早起/起早了　　快跑/跑快了

上面二例中做状语表示命令的语气，有催促的意思，未然，行为是有意的；做补语表示结果，有不合标准的意思，已然，行为是无意的。

第二组：**状语和程度补语**
这里说的状语主要指双音节形容词和形容词词组。例如：

仔细看/看得很仔细

不耐烦地听着/听得不耐烦

以上两组中做状语表达重心在动作，状语起修饰作用，说明动作的方式或者动作者的情态；做补语表达重心在补语，是对动作的描写、评价或者表示动作引发的结果。

第三组：**副词"很"做状语和程度补语**

他很激动/他激动得很

在"很激动"中，程度副词"很"弱化了；在"激动得很"中，"很"表示程度高，有点夸张的意味。

第四组：**状语和时量补语**

三小时写一封信/一封信写了三小时

前者表示动作所需要的时间或频率；后者表示动作持续的时间，可能动作还没完成。

第五组：**状语和动量补语**

一把拉住了他/拉了他一把

一脚踢死头牛/踢了牛一脚

以上两组的前者，都常常是表示动作达到某种效率或结果所需要的数量；后者是动作进行或完成的数量。

第六组：**状语和介宾补语**

在黑板上写字/字写在黑板上

前者表示动作进行的处所，是动态的；后者表示动作达到的处所，是静态的。二者的时间顺序不同，前者是先把粉笔点到黑板上再写字，后者是写了以后字出现在黑板上。

给朋友租房/房子租给朋友

前者表示动作服务的对象，后者表示动作接受的对象。

第7讲

关于宾语和补语的教学

宾语和补语都出现在动词后面,二者如何区分?动宾组合的复杂语义关系,怎样让外国人易于理解和接受?如何避免学生在运用双宾语句时过度泛化?补语形式各异,用法复杂。不同的形式在意义上究竟有什么区别?每一种形式在什么情况下使用?怎样简化补语系统?这些是本讲重点关注的问题。

7.0 概述

宾语是动词的连带成分，出现在动词的后面，汉语中出现在动词后面的还有补语。当宾语是主谓词组时，容易和双宾语、兼语词组相混淆。虽然我们在教学中不引导学生分析句子成分，但宾语和补语、主谓词组与双宾语、主谓词组与兼语词组都是语法教学的内容，对于汉语教师，正确而熟练地区分这些基本概念，是应具备的基本能力。

汉语动宾组合的语义关系相当复杂，《动词用法词典》（孟琮等，1987）中按动宾之间的不同语义关系，把名词宾语划分为 14 类，其中的第 14 类叫杂类，把某些不易归入前 13 类中，本身又难以确定语义关系的动宾组合归入此类，这是汉语注重意合的鲜明体现，也是外国人难以从印欧语语法中的动宾概念去认识和理解的地方，因此对动宾之间的搭配进行语义分析，并寻求有效的诠释方法，以使外国学生能理解和接受，十分必要。

此外，学生经常在运用双宾语句时出现问题，主要是过度泛化，把动词能涉及的人或物都作为双宾语用在动词后面，产生了偏误。或者是因为学生母语中的某个动词可以带双宾语，而汉语中对应的动词不能带双宾语所致。以上是本讲在宾语教学部分要讨论的问题。

补语在汉语教学中占有很重要的地位。补语反映了汉语语法特点，在英、法、俄、德、日等语言中都找不到对应形式；掌握不好补语的用法，就很难说出正确自然和地道的汉语。此外，补语在对外汉语教材中占有很大的比重，出现的频率很高。（赵淑华等，1995）对北京语言大学现代汉语综合课教材主课文的句型统计结果显示，补语句总数为 3882 句，占单句总数的13.245%，占动词谓语句的 27.6%，高于"把"字句、"被"字句、连动句等常见的句式。可见补语句在教学中占有很重要的位置。

补语之难已是不争的事实。陆俭明（1992）认为，"述补结构是对外汉语教学的一个难点"，为什么呢？原因"在于这种结构本身有它的复杂性"。他分析这种复杂性表现为：第一，结构类型的多样性；第二，结构上的缩略性质；第三，补语语义指向的多样性；第四，结构分析上的困惑；第五，同义格式辨析既包括内部格式之间也包括与他种结构之间的辨析。

在对外汉语教学的《语法等级大纲》和教材中，补语共有 8 类：趋向补语、结果补语、程度补语、可能补语、时量补语、动量补语、数量补语、介宾补语。在动词后边出现的补语有单个的词,又有词组和小句;在做补语的词中,既有动词、形容词,又有时间词、数量词和副词。动补结构既有两个音节的,也有几个、十几个甚至更多音节的。由于补语在外语中没有对应的结构形式,因而不仅外国学生,而且许多汉学家,面对如此复杂多样的补语系统,都感到难以把握。德国柯彼德(1990)曾说:"补语是传统语法体系范围最广,最不科学,在教学中最不好运用的概念。"

补语形式各异,用法复杂。学生常常对"写得好"究竟是程度补语还是可能补语一头雾水,或为"买了一支"和"多了一支"分别属于数量宾语和数量补语而纳闷。提问"看懂"的否定形式是什么时,多数人会回答"看不懂",把可能补语的否定式用到了结果补语上。病句率最高的数谓词后边既带补语又带宾语,其复杂性不仅表现为有的宾语必须在补语前,有的宾语必须在补语后,而有的宾语则可在补语前也可在补语后。有的补语带宾语时宾语必须用在补语前,如"回家去"不能说成"回去家";有的宾语可用在补语前,也可用在补语后,如"带一本书来"和"带来一本书";有的不仅前后皆可,还可以用在补语中间,如"带回来一本书""带一本书回来"和"带回一本书来"。这些不同的形式在意义上究竟有什么区别,每一种形式在什么情况下使用等等这些,都使学生如坠五里雾中。

要解决补语难教、难学的关键是简化补语系统,这是本讲在补语教学部分重点关注的问题。

7.1 宾语的教学

本节将讨论宾语的识别、动宾词组的语义类型及释义法、双宾语的教学等问题。

7.1.1 宾语的识别

(1) 宾语和补语的区别

宾语是述语的关涉对象,而补语是补充说明述语的某个方面。例如:

  继续施工(述宾)
  继续下去(述补)

述宾词组可以由述语构成正反疑问,述补则一般不可以。例如:

  ① 继续不继续施工?

② *听不听明白?

③ *跑不跑得很快?

名词、代词主要充任宾语，而不能充任补语。

此外，在对外汉语教学大纲及教材中，当数量词组出现在述语后面时，可能是宾语，也可能是补语。例如：

④ 这种笔我想再买一支。（数量宾语）

⑤ 他比弟弟高两厘米。（数量补语）

数量词组出现在动词后边，是数量宾语；出现在表示差别的形容词后边是数量补语。

(2) 主谓词组做宾语的动宾句和兼语句的区别

先看两个句子：

⑥ 我钦佩他有毅力。（兼语句）

⑦ 我希望他有毅力。（动宾句）

⑦中，"他有毅力"是主谓词组做宾语，而⑥中"他有毅力"里的"他"是兼语，"有毅力"陈述"他"。两句区分如下：

其一，停顿不同。

⑥-a 我钦佩他｜有毅力。

⑦-a 我希望｜他有毅力。

其二，句内成分的可省不可省。⑥中省去"有毅力"，句子仍可成立，可以说"我钦佩他"；⑦中省去"有毅力"句子不能成立，不能说"*我希望他"，句子不完整。

其三，⑥中的前后两个动词性成分意义上互相关联，互为因果；⑦中两个动词性成分意义上不相关联。

其四，两种句子的动词类型有别。兼语句中的第一个动词多为表示使令、称谓、认定、爱憎等的动词，而带主谓词组做宾语的动词多为表示判断、感觉或心理活动的动词。

(3) 主谓词组做宾语的动宾句和双宾语的区别

请看下面两个句子：

⑧ 我希望你能来。（动宾句）

⑨ 我答应你一定来。（双宾语）

⑧中,"你能来"是主谓词组做宾语,而⑨中"你一定来"里"你"和"一定来"是谓语"答应"的两个宾语。二者区别如下:

其一,停顿不同。

⑧-a 我希望｜你能来。
⑨-a 我答应你｜一定来。

其二,加其他成分时,位置不同。

⑧-b 我希望你下午能来。/我希望下午你能来。
⑨-b 我答应你下午一定来。/*我答应下午你一定来。

其三,动词的类型有别。带双宾语的动词主要是表示给予、取得、述说等意义的动词;带主谓词组的动词如前文所述。

7.1.2 动宾词组的语义类型及释义法

动宾搭配中及物动词带受事宾语是常规搭配,如"看电影""洗衣服"等,不难理解。以下几种非常规的动宾搭配由于语义关系复杂,给外国人的理解带来极大的困惑:

含有紧缩的语义关系。例如:

吃了满嘴油　谢了他一百块钱①

有隐含的语义关系。例如:

吃食堂（处所宾语）　听耳机（工具宾语）
踢中锋（等同宾语）　哭奶奶（原因宾语）
存定期（方式宾语）　熬夜（时间宾语）

有些动宾搭配很难理清其语义关系,例如:

打奥林匹克　打世界冠军　陪床②

有些动宾组合的惯用语,还有一些动宾搭配中宾语是借代的,都较难理解。例如:

哭鼻子　　坐蜡
抽阿诗玛　喝杜康③

---

① 此二例引自陆俭明在一次学术讲座中所举的例句。
②③ 参见邢福义（1991）汉语里宾语代入现象之观察,《世界汉语教学》,第2期。

汉语中,某些不及物动词有时也带宾语。例如:

　　睡地板(处所宾语)
　　死了父亲　坐五个人(施事宾语)

还有形容词兼动词带宾语的类型。例如:

　　安定人心　歪着脑袋(使动宾语)
　　花了眼　碎了玻璃(自动宾语)
　　流行红裙子　荒着一块地(存现宾语)
　　淡泊名利　扩大信息(对象宾语)

以上各种非常规的动宾搭配都构成了外国人在理解上的障碍,在教材中若出现应给予诠释。针对以上各类的不同特征,可采取以下对策进行教学:

还原法　对含有紧缩的语义关系的动宾搭配采用还原法加以解释,即还原为原来的两个或两个以上表述,学生即可理解。例如:

　　吃了满嘴油——吃+满嘴是油
　　谢他一百块钱——谢他+(给他)一百块钱

添加法　对含有隐含语义关系的动宾搭配采取添加法加以解释,即用添加介词等方法使学生理解动宾之间蕴含的语义关系。例如:

　　吃食堂——在食堂吃
　　听耳机——用耳机听
　　哭奶奶——因奶奶(去世)而哭
　　存定期——以定期的方式存款

添加法也可用来解释某些不及物动词或形容词兼动词带宾语的现象。例如:

　　流行红裙子——街上流行着红裙子
　　睡地板——在地板上睡

联系法　对某些语义关系难以讲清的动宾搭配,可以用联系法进行诠释,即将宾语与动词及动词的常规宾语联系起来,使学生理解这类动宾搭配的意义。例如:"打世界冠军",先找出动词"打"的常规宾语"球"。"世界冠军"与"球"联系,是"球赛冠军",与"打"的联系是"打出(夺取)世界冠军"。这一搭配的含义即是"打球赛,夺取世界冠军"。(邢福义,1991)

整体释义法　主要用于诠释惯用语。例如：

哭鼻子——就是"哭"的意思。

坐蜡——处于被动的境地。

前述例中，"抽阿诗玛"和"喝杜康"中的"阿诗玛""杜康"都是人名，后分别用作香烟和白酒的牌子。"抽阿诗玛"即"抽阿诗玛牌的香烟"，"喝杜康"即"喝杜康牌的白酒"。

7.1.3 双宾语的教学

汉语中有些动词可以带两个宾语（O_1和O_2）。例如：

① 送你一束花。

② 报告你一个好消息。

③ 花了哥哥不少钱。

O_1一般指人，由名词或代词充任，O_2一般指事物或事件，由名词或词组充任。O_1和O_2的位置不可互换。

双宾语在其他语言中也存在，如英语有些动词后面先带一个指人的宾语，后面再带一个指物的宾语。问题是在汉语中能带双宾语的动词，在外语中对应的动词不一定能带双宾语，反之也一样。外国学生常常把它们母语中能带双宾语的动词用在汉语中，于是就造出了以下的病句：

④ *老师讲我们一个故事。

⑤ *请打电话我。

⑥ *问好你的妈妈。

汉语和英语中带双宾语的动词各自有其规律，并不对应，因此指出汉语中带双宾语动词的范围，是避免学生出现偏误的关键。

汉语中带双宾的动词是一个封闭的类。从语义上可以分为以下三类：

给予类　含有"给予"义的动词，如"给、送、交、找、递、退、付、租、赠、卖、发、寄、喂、托、汇、介绍"等构成的双宾语动词谓语，在语义上表示施事者将某物（O_2）通过动作使其为某人（O_1）所有。动词后都可带"给"（除动词"给"以外）。例如：

⑦ 他递给我一封信。

⑧ 找（给）您三块钱。

取得类　含有"取得"义的动词，如"收、要、拿、赚、赢、学、买、偷、骗、罚、抢、花"等构成的双宾语动词谓语句，表示施事者通过动作从某人（O_1）那里得到某物（O_2）。例如：

⑨ 他骗了老太太五百块钱。
⑩ 收了每人五百元。

述说类 含有"述说"义的动词，如"问、告诉、回答、教、通知、报告、骂、答应、记、嘱咐"等构成的双宾语动词谓语句，表示向某对象（O_1）述说某内容（O_2）。例如：

⑪ 张大爷骂了小虎几句。
⑫ 老师通知大家下午参观。

以往教材中对带双宾语的动词只部分列举，不分语义类型，列举的数量极其有限，外国学生把列举之外的大量涉及两个受事成分的动词，都当成带双宾语的动词，想当然地把两个受事成分都放在动词后边，造成了病句。在教学中，把带有双宾语的动词按语义分类，并分别列举，使学生有规律可循，也许是避免这类句式出现偏误的可行措施。

7.2 补语的教学

7.2.1 补语教学提示

针对目前的教学，我们就形成补语难的几个因素：述补词组类型多样、述补词组语义复杂、同义及易混格式的辨析等进行教学提示。在教学中应该特别说明的是，汉语说补语，是动词或形容词的补充成分，而外语如英语、俄语所说的补语，是宾语的补足成分。这是汉语和外语补语的根本不同。学生不明白这一点，极易造成理解上的偏差和使用上的偏误。

(1) 教学中补语的分类和命名

在对外汉语教学中，补语的类型是按照结构特点划分的，名称是根据意义确定的。按结构划类可以使学习者能循着形式标志去区别和辨认。而按语义命名，可以循着名称去理解识记。这很符合教学语法的特点，因此尽管补语类型多样，还是有规律可循的。教学中要引导学生识别在述语后面出现的动词、形容词等对述语进行补充说明的成分是补语，再进一步指出各类补语的名称是按述补词组的语义关系确定的，记住名称就可大致掌握各类补语的主要特征，并与其他类的补语相区别。

我们先按8个补语类型列表归结出它们表达的语义及语义关系，从中可发现它们与各类名称之间的联系，再就类型与命名不一致的类别作进一步的分析。

补语类别 \ 语义	补语表达的语义	述补词组的语义关系
结果补语	表示由述语的行为或状态导致的结果或变化	C 是 VP 或 AP① 所导致的结果
趋向补语	表示人或物通过动作位移的结果以及动作状态的变化	C 是 VP 的趋向、结果或状态
可能补语	表示述语的行为、状态能否实现某种结果或趋向	C 是 VP 或 AP 能否容许实现的某种结果或趋向
程度补语	表示对述语的描写、评价或行为、状态达到的程度	C 是对 VP 或 AP 的描写、评价或者达到的程度
时量补语	表示动作或状态持续或经历的时间	C 是与 VP 相关的时间量
动量补语	表示动作进行的频次	C 是与 VP 相关的动量
数量补语	表示比较后的差异量	C 是比较后在 AP 方面差异的具体数量
介宾补语	表示动作的时间、处所、发生、对象等	C 是 VP 行为所涉及的相关方面

从上表中不难看出，大多数补语的名称与其表达的语义是一致的，介宾补语是唯一没按语义命名的，由于可充当补语的介宾词组较少，且出现频率较低，容易区别。但也有名不副实的现象，在以上各类补语中，名不副实的主要是程度补语。在对外汉语教学中，一般把述语后带"得"的补语划作一类，命名为程度补语。而事实上，"得"后的补语因与述语的组合松散而自由，所以充当"得"后补语的限制较少，除词以外，词组、四字格、成语、小句都可以充任"得"后补语。因此，这类补语语义丰富、生动，表义功能多样。很明显，以"程度"命名这类补语是名不副实，以偏概全的，所以教材中也曾经出现过以"情态补语""状态补语"等代替程度补语的名称或在状态补语之外另立一类程度补语的情况。至于趋向补语有三种意义，基本义是表趋向，其他意义在教学上是按引申义处理的。因此按补语分类和命名的原则进行提示，可在一定程度上化解因补语多样带来的困难。

---

① C 表示补语，VP 表示动词性述语，AP 表示形容词性述语。

(2) 教学中述补词组的语义分析

述补词组的语义复杂主要表现为语义结构的紧缩性、语义指向的多样性，而且与述语相比补语处于述补词组的语义重心的地位。对此，可结合教学需要适当点拨。例如在述补词组中相对于述语，补语是语义的重心的特点：

A	B	
老王喝醉了。	老王醉了。	（对比：老王喝了。）
脸晒黑了。	脸黑了。	（对比：脸晒了。）
她变得细心了。	她细心了。	（对比：她变了。）

A 组句子中的述语去掉后，补语可以转化成谓语；B 组句子基本保留了 A 组句子的句义。这说明在句子中相对于述语，补语是语义的重心。在用汉语表达时，学生常常出现补语失落，或不会用述补词组的情况。例如：

① *在路上我看了小王。
② *我完了今天的作业。
③ *安娜很注意练习，所以说中文流利。

在纠错的同时点出这点，会引起学生的注意。在语义结构上，述补词组是由两个表述紧缩而成的。例如：

④ 我睡醒了。　　　　　——我睡＋我醒
⑤ 孩子哭醒了妈妈。　　——孩子哭＋妈妈醒
⑥ 汉字写得很整齐。　　——写汉字＋汉字很整齐
⑦ 她吓得哭出了声音。　——她被吓＋她哭出了声音
⑧ 奶奶倒在地上。　　　——奶奶倒＋奶奶在地上

而述补词组中的补语语义指向多样性，是指补语在语义上可以分别和所在句的主语、谓语、宾语在语义上发生联系。例如：

⑨ 他激动得哭了。（语义指向主语）
⑩ 我来巧了。（语义指向谓语）
⑪ 她教会了女儿。（语义指向宾语）

述补词组的语义特征并不需要作为教学内容进行讲解或练习，但在教学中可见机适当运用，以使外国学生理解汉语这一特殊形式所表达的丰富含义，使学生不是盲目地模仿，而是在理解的基础上形成熟巧。

(3) 同义及易混格式的辨析

同义及易混格式的辨析既包括补语与其他成分的辨析,也包括补语内部的辨析。与其他成分的辨析主要是补语与宾语、状语的辨析,以及可能补语与"能"的辨析;补语内部的辨析包括形式上易混的可能补语与程度补语,以及补语带宾语时随宾语位置变化形式的同义格式辨析。

补语与其他成分的辨析 补语与宾语的区别,本讲 6.1.1 已做了详细的说明;本书第五讲 5.2.4 也已讨论了如何区分补语和状语。这里补语与宾语和状语的辨析就不再赘述了,重点讨论可能补语与"能"的区别。

有的教材把可能补语与"能"相提并论,不加区别,所以在课堂教学中用"能"引入可能补语是很常见的做法,这就使得学生误以为可能补语与"能"是可以换用的,因此常常回避使用可能补语,或者产生病句。

《实用现代汉语语法》(刘月华等,2001)中论述了可能补语与"能"的差异:

"能"除了表达客观容许外,还表达准许、许可等意思,这时显然不能用可能补语代替"能"。例如:

⑫ 屋里在开会,不能进去。(不准许)
　＊屋里在开会,进不去。
⑬ 墙上的通知保留三天,不能撕掉。(不许可)
　＊墙上的通知保留三天,撕不掉。

"能"和可能补语在表达主客观容许时,语义是有交叉的,但在现代汉语中,表达主客观不容许,只有一种选择,那就是可能补语的否定式,而不用"不能"。例如:

⑭ 衣服上的漆洗不掉。
⑮ 山太高,爬不上去。
⑯ 我搬不动这块石头。

换用"不能"时,句子的意思就发生了变化:

⑰ 衣服上的漆不能洗掉。(留作证据)
⑱ 山太高,不能爬上去。(有危险)
⑲ 我不能搬动这块石头。(否则牌子会倒)

⑰—⑲ 这三个句子都不表示主客观条件不容许实现,而是表示不准许。

虽然在表示主客观条件容许实现时,"能"与可能补语表达的意思是相同的,也是可以互相替换的。例如:

能做完作业——做得完作业
晚饭前能回来——晚饭前回得来

但在实际语言中,可能补语的肯定式出现频率极低,多半出现在正反疑问句或者回答问题中。因此表达主客观条件容许时,汉语中用"能"。

由此可见,"能"与可能补语是不能等同看待的,教学中要讲清各自表达的语义和使用的具体环境。

补语内部的辨析 这分两种情况,我们分别举例说明。

其一,"洗得干净"是可能补语还是程度补语?

这是补语内部在形式上容易引起混淆的一组格式。当光杆儿形容词在"得"后做补语时,就会有歧义,也许表示容许实现,也许表示评价。消除歧义的最有效的办法是在上下文中判断究竟表达什么意思。例如:

⑳ 这件衣服太脏了,洗得干净吗?(未然,可能补语)
㉑ 桌布洗得干净,但窗帘上还有点儿脏没洗掉。

(已然,程度补语)

在形式上,这两类补语有如下差异:

	程度补语	可能补语
否定式	洗得不干净	洗不干净
疑问式	洗得干净不干净?	洗得干净洗不干净?
能否带宾语	不能带	能带,例如: 看得清黑板 洗得干净桌布
有无扩展式	有,例如: 洗得干干净净 洗得很干净 洗得干净极了	无

其二,当述语后带补语又带宾语时,有的补语述宾位置是固定的,有的则不固定。述宾位置不固定时,就产生同义结构。

举例1:时量补语和宾语位置不固定

    a. 看了三个小时的书

b. 看书看了三个小时

a式常有表示解释或结果的后续句,否则语气不完整;b式在语气上是自足的。

a式的语义重心在时量上,因而常用于表达时间安排和支配的句子中,而且常用于排比句中;b式的语义重心在以动宾形式出现的话题上,在上下文中,往往出现了动宾形式的话题,再以时量与重复的动词一起陈述这一话题。例如:

㉒ 他吃完饭就看书,看书看了三个小时,没说一句话。

在实际语言中,a式的句法与篇章功能较强,比b式出现的频率高得多。

举例2:动量补语和宾语位置不固定

a. 去了三趟天津
b. 去天津三趟了

a式中的名词性宾语常常是新信息;b式中的宾语则是旧信息。

a式必须借助于"了""过"等动态助词才能表示已然(除非述语是动结式);b式则可以不借助任何语法手段表示已然事件。相反,当b式表示未然时,则是有条件的,须借助其他提供"未然"信息的词语或用在祈使句中。

举例3:复合趋向补语和宾语位置不固定

a. 拿出来一张纸
b. 拿出一张纸来
c. 拿一张纸出来

a式常用于叙述句;b式依不同语境可理解为叙述或祈使;c式是祈使句。

三式都可以表示趋向,而只有b式可以表示状态义,c式不表结果义。

a式表示已然事件;b式可以自由地表示未然,用于祈使或命令,如果加"了""过",可表示已然;c式常用于祈使句,多表未然。

a式使用频率较低,b式使用频率最高,c式则罕见。

(4) 关于补语教学的几点建议

补语教学的根本出路是简化补语系统,由于涉及体系的变动,要真正落实尚须时日。目前的补语教学也可在现行教学内容的基础上，对某些内容作适当删减、对某些方面给予关注。以下就此提出几点建议：

建议一：删除数量补语和介宾补语。

在8类补语中，数量补语和介宾补语的出现频率最低，据句型统计结果的报告，数量补语在精读教材主课文中，仅占动词谓语句总数的0.506％，而介宾补语才占0.018％，与趋向补语占10.502％、结果补语占8.817％相差甚远，只能算是非常用句型和罕见句型。

此外，数量补语只用于比较句中，充当述语的形容词只有几个："大、小、强、弱、高、低、长、短、差"等，纳入比较句的教学中即可，也免得与动词做述语时，动词后的数量词是宾语发生混淆。介宾补语在名称上与其他7类补语以语义命名不一致，无法以语义命名。能做补语的介宾词组很少，如"在、往、于、向"等，且多用于书面语。不必为了维护体系完整，把所有的补语都列举出来，造成教学中补语种类多、占有的教学比重高等问题。

建议二：动词后补语和宾语位置变化复杂，不必全列举。

各类补语句中，当动词后又出现宾语时，宾语的位置较复杂，如简单趋向补语句中，宾语的位置有的固定，有的不固定：

㉓ 请上楼去。　　＊请上去楼。
㉔ 要带字典来。　要带来字典。

复杂趋向补语句中，宾语有三个位置：

㉕ 你买回一斤茶叶来。
　你买回来一斤茶叶。
　你买一斤茶叶回来。

时量补语句中，宾语有两个位置：

㉖ 她听录音听了半个小时。
　她听了半个小时的录音。

动量补语句中，宾语有两个位置：

㉗ 他踢了我一脚。
㉘ 奶奶要看一眼孙子。

教材中常常把补语句中宾语的各种位置一下子都介绍了，使学生感到很复杂、繁琐，而且难以区别宾语不同位置在表达上究竟有什么差别。在实际语言中，各种句子的出现频率是不同的，频率高的句子是常用句，常常是基本句式，应该先教、早教，而非常用句应该后教，罕见句可以不教。如趋向补语句中宾语在来/去之前出现的频率最高，在基础阶段就可以只教这一种形式，使教学内容单纯、简化。其他形式可以分散在中级、高级阶段有选择地进行教学。

建议三：**对用和不用补语的句子进行比较。**

由于补语是汉语中独特的语言现象，在形式和语义表达上与其他语言差别较大，学生不理解为什么要用补语，所以常常回避不用，或使用不当出现病句。课堂教学中，可利用改正病句的时机，对用和不用补语进行比较，这样会给学生留下较深刻的印象。该用而不用的补语主要是结果补语、趋向补语、程度补语等。

◎ 结果补语　㉙-a. ＊在西单我看安妮了。
　　　　　　㉙-b. 在西单我看见安妮了。

"看"只表示动作，一般是某人有意识地用眼睛去观望某人、某物，不表示结果，可能看见也可能没看见。"看见"是"看"的动作有了结果，可以是有意识的，也可能是无意识的，b 句就是无意识的。

在学习结果补语时，外国学生还常常说出下面的病句：

㉚ ＊我完了今天的作业。
㉛ ＊我懂了这句话。

"完""懂"是不及物动词，不能带宾语。这两个动词在英语中，都包含结果的意思。要指出汉语的动词不包含结果，以上两个动词表示的结果需要补充是通过什么动作实现的，如"做完、写完、抄完；听懂、看懂"等。

◎ 趋向补语　㉜-a. 他走上楼。
　　　　　　㉜-b. 他走上楼去。

b 句有趋向补语"去"表示做动作的人背离说话人方向，a 句只表示上楼的动作，而且语气未完，应有小句或语气词补充。

◎ 程度补语　㉝-a. ＊爸爸每天睡很晚。
　　　　　　㉝-b. 爸爸每天睡得很晚。

a 句和 b 句是不同结构的句子，a 句"很晚"是谓语，描写主谓结构充当的主语，由于句子的主谓之间搭配不顺畅，句子不成立。b 句是"很晚"做补语，对动词进行描写或评价。

㉞-a. 你说英语好极了。（因为他们听不懂汉语）
㉞-b. 你说英语说得好极了。（像英国人一样）

a句是赞扬"你说英语"这种行为，至于英语好不好，不一定。b句是赞扬英语"说"得好极了，是对动作的评价。可见用程度补语表达的意义与一般的动词谓语句是有明显区别的。

建议四：**补语小类的内部结构要一致。**

补语的小类复杂，小类之间的区别要鲜明。教学中，以结构为标准划类是明智之举，不仅便于区别不同的类别，而且各类的结构一致，在提问、否定、宾语位置等方面也都一致，便于教学。但补语分类一直有争议，本体研究中的新观点会影响到教学语法，使一些既有的做法受到冲击，例如长期以来教材中都是把"动词＋来/去""动词＋趋向动词＋来/去"确定为趋向补语，但《语法等级大纲》又把"动词＋趋向动词"归为趋向补语，这就造成趋向补语在内部结构上的不一致。

比较《语法等级大纲》中的两种简单趋向补语——"动词＋来/去"和"动词＋趋向动词"：

	动词＋来/去	动词＋趋向动词
语义	表示动作的方向，与立足点有关	表示动作的位移，无立足点
否定	不进来　没进去	没跑上　*不跑下
提问	跑来不跑来？	*跑上不跑上？
带宾语	跑这儿来	跑上山　*跑山上

把两种在语义表达和结构上有明显差异的句子归入一类，在教学上会遇到很多麻烦。与此类似的是，《语法等级大纲》中程度补语的内部结构也不一致：

[甲080] 程度补语

形＋得很：今年冬天冷得很。

形＋极了：这条河深极了。

形＋得多：这条路近，那条路远得多。

形＋多了：这篇课文容易多了。

动＋得＋形：他写得好，我写得不好。

以上程度补语不仅包括用结构助词"得"的形式，还包括"极了""多

了"做程度补语,结构不一致了。《语法等级大纲》在丙级还出现"形/动+死/透/坏":

  形+死:伤口还在发炎,他急死了。
  形+透:这批产品次透了。
  形+坏:这件事把我气坏了。

其中"形+多了""形/动+死/坏/透"与结果补语形式雷同,学生难于分辨:

  快多了 难多了 冷多了 (程度补语,表示程度加深)
  买多了 种多了 盖多了 (结果补语,表示偏离了某个标准)
  气坏了 饿坏了 恨透了 (程度补语,表示极高的程度)
  摆坏了 穿坏了 熟透了 (结果补语,表示产生的结果)

  显而易见,这样处理是把程度补语复杂化了,不利于教学。其实补语的复杂就包括同一形式常常可表达不同的语义,如趋向补语表示趋向、结果和状态,而同一意义又常常有几种表达形式,如表示结果义有下面的形式:

  吃饱   听清楚   (结果补语)
  撕下来   包起来   (趋向补语)
  累得直不起腰 哭得喘不过气来 (程度补语)

  因此,唯有贯彻以结构为标准分类,才能做到有形式可循,内部结构整齐,相应的形式如疑问、否定、带宾语等能保持一致。
  以上我们就现行语法教学大纲和教材中的补语系统如何进行教学,在形式、语义和同义格式辨析等方面作了一些提示,希望有益于抓住教学中的重点和难点,顺利地进行补语的教学。但要根本解决补语难教难学的关键,应该是简化现行的补语系统,彻底改革补语体系,使补语种类繁多的现象能够改观。以下我们将就如何简化补语系统进行一些思考。

7.2.2 简化补语系统的构想

(1) 语法学界对述补结构的范围和分类上的分歧

  语法学界对述补结构(即述补词组)的认识,对述补结构的范围、分类等都有分歧。几十年来,主流看法是,述补结构属于句法成分,是述语后带一个补语成分,整体是一个短语。述补结构系统所包含的类别很多。如朱德熙（1982）和《暂拟汉语教学语法系统》都分为 6 类，王还（1995）总结的对外汉语教学语法大纲中补语系统共有 8 类，陆俭明（1992）曾归纳为 9 类。

各家对述补结构系统的分类在形式上、意义上所把握的侧重点不同，所以分类的多少不一，小类的内涵也不尽相同。如程度补语，有的将其区分为组合的程度补语（如"好得很"）和黏合的程度补语（如"好极了"）（陆俭明，1992）；有的就合为一类，统叫程度补语（朱德熙，1982）；有的程度补语还包括状态补语，如"洗得很干净"（王还，1995）。再如数量补语，有的定为一类，如"揿了三下""写了三天"（陆俭明，1992），有的则分为三类，即时量补语（如"住了三年"）、动量补语（如"去了一次"）和数量补语（如"大三岁"）（王还，1995）；而朱德熙（1982）则认为数量词在动词后不是补语，而是准宾语。

以上各家在分类上虽有不一致之处，但他们都是把动补结构看作是汉语中的句法结构，把动词和形容词后的补充说明成分看作补语，而按后附成分的意义或词类定名。这一看法在汉语学界以及汉语教学界作为较为统一的观点沿袭了几十年。

与此同时，有些学者在对述补结构的认识上，尤其是对动结、动趋等黏合的动补结构的认识，与上述观点有较大的分歧。

有些学者认为，黏合式动补结构不是句法结构，而是词。最有代表性的是赵元任，他在《汉语口语语法》（1978）中称之为"动补复合词"。汤廷池在《国语变形语法研究》（1977）中称之为"结果式动词"，是复合动词的一个附类。他们的观点在欧美国家影响较大，为很多语法著作和汉语教科书所采用。如美国李英哲等著《实用汉语参考语法》（1990）中，把动结式看作动补复合词，把动趋式看作动词加后缀，而上述两式中可加的"得/不"则看作中缀。还有的学者认为上述黏合式述补结构既不是词也不是短语，是介于词与短语之间的短语词。如吕叔湘在《汉语语法分析问题》（1979）中认为它们是动词性短语，该叫"短语词"。在他主编的《现代汉语八百词》（1980）中使用了"动结式""动补式"的术语。史有为（1992）也认为它们是"词与短语之间的中间状态成分"，应称作"黏连短语"。

除了动结式和动趋式外，对"动词＋介词＋名词"所构成的所谓介宾结构做补语的认识也同样存在分歧。大多数语法著作和汉语教科书认为是动词带介宾结构做补语，但也有不少学者，如胡裕树（1993）、蒋同林（1982）、郑飞（1980）、张纯鉴（1980）等人的文章，从语气、停顿、带助词的位置，以及意义分析等多个角度作了论述，认为应把"动词＋介词"看作一个整体，作用相当于动词（胡裕树，1993）。"动介式应看作是一个复合动词，而它后面的成分是整个复合动词的宾语"（蒋同林，1982）。按以上学者的分析考察，"动词＋介词"也是结合很紧的，因此动介式也可看成是黏合式。

(2) 上世纪90年代以来关于重构述补结构系统的三种意见

关于动补结构的认识存在的分歧涉及汉语语法的理论和方法问题，而词和短语等语言单位的划分标准，如何从汉语事实出发，针对汉语自身的特点，做出合理的分析，几十年来，国内外很多学者一直在进行探索和思考。上世纪90年代以来，国内外的学者们继续对述补结构进行认真的思考，而且提出重构述补结构系统的意见和建议。

德国柯彼德（1990）从修订对外汉语教学语法系统的目的出发，对汉语补语系统的重构提出如下建议：

◎ 传统语法体系中的结果补语、趋向补语、可能补语归入动词结构，作为复合动词的附类，名称可采取美国汉学家的提法，叫结果动词，它们有可能式。
◎ 原来的介宾结构做补语，如"住在""开往""借给"等，是另一种复合动词，可以看作关系动词。
◎ 传统语法体系中的时量补语、动量补语、数量补语应该归入宾语。
◎ 汉语中的补语只有用"得"做标志的具有独特句法性质的一类，才叫补语。

马庆株、王红旗（1998）以能否构成可能式为第一标准，对补语系统提出如下构想：

```
        ┌ 能构成可能式的 ── 结果补语 ┌ 趋向补语
        │                          └ 非趋向结果补语
补语 ┤
        │                    ┌ 状态补语（前面有"得"，意义实在）
        └ 不能构成可能式的 ┤ 程度补语（前面有"得"或无"得"，意义虚空）
                              └ 时地补语（含有介词）
```

张旺熹（1999）以具有内在逻辑顺序的语义系统作为确定动补结构句法系统的基础，提出重构补语系统的设想：

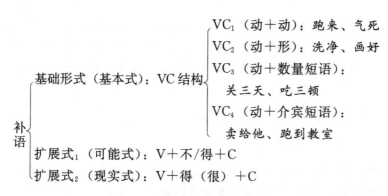

以上学者尽管重构述补结构系统的出发点不同,标准不同,构想的结果也不尽相同,但都反映出对几十年来述补结构系统的主流看法进行了反思,反映了重构述补结构系统的呼声和尝试。

(3) 简化对外汉语教学语法补语系统的构想

我们认为,重构汉语的补语系统既要符合区别词组和词类的标准,又要为多数人所接受,还要有利于外国人的学习。我们提出以下观点:

其一,**划分短语词**。

吕叔湘(1979)曾经指出:"由于汉语缺少发达的形态,许多语法现象就是渐变而不是顿变,在语法分析上就容易遇到'中间状态'。……划分起来都难以处理为'一刀切'。这是客观事实,无法排除,也不必掩盖。"

汉语在语言单位的划分上,无论是词类和词组之间或词类互相之间都存在着中间地带。以往我们在语法分析中往往采取"非此即彼"的做法,结果引起很多矛盾和分歧,很多学者都从汉语语法特点出发,提出"语言单位之间有'过渡成分'或'中间地带'"。我们认为动结式和动趋式就是处于词和词组之间的过渡成分。

动结式和动趋式是黏合的,尤其是前者在语法功能上完全像一个动词。但如果我们采取欧美汉语学界的做法,把动结式和动趋式看作词,也与我们对词和词组的区分标准相去甚远。如动结式的组合十分灵活,常常是一个动词可以与几十个甚至更多补充成分相结合,同样,一个补充成分也常常可以与很多动词相结合,像动词"完"可以与720个动词结合。如果把这些搭配都看成词,势必使词汇量难以控制,何况动结之间也可以扩展。而动趋式则既可用"得/不"扩展,又可以插入助词和宾语。因此将它们看作词显得不符合我们区别词和词组的标准,在教学中、在制定生词表和词典的编写上都会遇到麻烦。

再有一个理由是汉语句子的信息结构有一个基本原则,就是动词后只能有一个主要信息单位,反映在句子结构上就是对动词后所带成分有限制。如果既出现补语又出现宾语时,就要采取动词重复式信息重组。例如:

> 看球看了半个小时/看了半个小时的球
> 写汉字写得很晚

但动结式和动趋式就可以带宾语出现,说明这两式在语法上像是一个词,和一般的词组做句子成分是有区别的。

我们认为,将动结式和动趋式看作处于词和词组之间的过渡成分比较符合实际。它们既不是词,也不属于词组,但又具有词和词组的某些特征,所以可以把它们从补语系统中分离出来,归入**短语词**中去(短语词还包括动宾式短语词,即教学中的另一难点,通常所谓的离合词),单独设立一类短语词,可以使教学既切合汉语本身的特点,又与国外教学实际相贴近,有利于与国外教学的接轨。

其二,在科学统计的基础上有选择地进行补语教学。

对外汉语教学的补语系统是在 1958 年出版的《汉语教科书》的基础上形成的,8 类补语沿袭至今。上世纪 50 年代的汉语教学受传统的外语教学法的影响,重知识,重理论。在语法项目的选择上,基本上是讲求全面和系统。8 类补语就是全面而系统地把汉语谓语后出现的各类补语成分不加选择地完整地教给学生。在实际语言中,8 类补语的出现频率相差甚远。北京语言大学现代汉语句型统计与研究小组对 8 类补语使用频率做过统计,结果列表如下:

补语类别	句数	与总句数之比
趋向补语	1476	10.502%
结果补语	1238	8.817%
程度补语	358	2.55%
可能补语	315	2.24%
动量补语	216	1.538%
时量补语	183	1.303%
数量补语	71	0.506%
介宾补语	25	0.018%

该研究小组把与总句数之比在1％以上的句型看作常用句型,那么,带数量补语的句型则是非常用句型,而带介宾补语的只能看作是罕用句型。因为数量补语仅出现在有限几个表示比较的形容词之后,而介宾补语不仅出现的机会少,而且有很强的书面语色彩,所以这两类补语可以不列入补语教学或者不列入基础阶段的补语教学中。

其三,**等级切分,分散难点。**

补语教学中,外国学生常常对动词后同时出现补语和宾语时如何安排次序感到困惑,而教材中为讲求系统和完整,常常要把补语和宾语可能出现的两种位置甚至三种位置毫不遗漏地教给学生,而且不加区别。其实在初级阶段出现这些同义句式时既不能也不必要进行区别。例如,我们不断地让学生反复练习如下的句式:

① 他说中文说得很流利。
   他中文说得很流利。

② 他划船划了一个小时。
   他划了一个小时的船。

③ 他买回来一辆自行车。
   他买回一辆自行车来。
   他买一辆自行车回来。

④ 我去过一次王府井。
   我去过王府井一次。

而学生并不清楚它们在表达上有什么区别。这种做法实际上是一种知识的罗列,没有充分考虑学习的规律。

我们主张在科学统计的基础上对语法项目分级处理。以时量补语为例,"划了一个小时的船"比"划船划了一个小时"不仅出现频率高,而且在语法和语用上具有更强的功能。而趋向补语中,"买回一辆自行车来"使用频率高,"买回来一辆自行车"使用频率低,而"买一辆自行车回来"则是罕用句型。因此我们完全可以依据出现频率的高低进行等级切分,在初级阶段首先教常用句型,像趋向补语再带宾语时,只教一种形式,即"动词+宾语+来/去",而不讲在某些情况下宾语既可在补语前又可在宾语后,这样就可以避免学生出现"进去教室""回去美国"之类的常见错误。

我们认为,动结式短语词、动趋式短语词和动介式短语词是处于词和词组之间的中间状态,既不划作词,也不属于词组结构,是独立的一类——短语词。据以上分析,对外汉语教学语法系统中的结果补语、趋向补语、介宾补语都可以从补语系统中分离出来,在教学中可作以下处理:动结式、动介式短语词和未插入成分的动趋式短语词,特别是虚化的熟语式的动结式短语词,以及表结果意义和动态意义的动趋式短语词,都可以在初次出现时有选择地列入生词表,而在注释中进行归纳,对可分离的动趋式,可处理成短语格式,如"进……去""拿起……来"等。

关于谓语后带数量词,有两种看法,绝大多数人认为数量词是补语,也有人认为应当看作宾语。我们认为看作补语较为合理,且易为外国学生所接受。因为谓语后带的数量词无论是动作持续的时间还是动作进行或完成的次数,都是对动作的补充和说明成分,而且谓语动词带数量词后,常常还另有动词的宾语同时出现,如"打了半个小时球"和"打了一场球",看作补语或宾语,就有两种分析法:

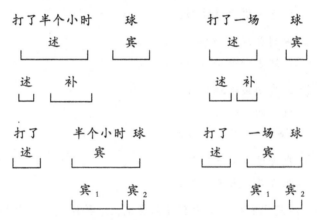

很显然,第二种分析很难成立。此外,谓语后带数量词又带宾语时,与典型的带"得"组合式述补结构存在着平行性,都重复动词,如"打球打得很高兴/打球打了三小时/找你找了三趟"。因此,将谓语后带数量词分析为述补结构比较容易为学习者所理解和掌握。

综上所述,对外汉语教学中的补语系统可如此简化,其中的结果补语、趋向补语、介宾补语作为短语词,从补语系统中分离出去,而可能补语可以看作动结式和动趋式短语词的可能式。对外汉语教学中的8类补语可简化为带"得"的程度补语,以及带数量词的时量补语和动量补语。我们期望着以上重构述补结构的设想能引起同行的关注和讨论。希望简化补语系统能使对外汉语教学语法体系更臻完善,并有利于汉语的国际教育。

第 8 讲

关于句型的教学

句子是交际的基本单位,句型是对外汉语语法教学的重要内容。本讲以单句中的四种谓语句为线索,对教学中应该关注的重点和难点进行提示;而复句教学则以关联词语为中心,重点讨论关联词语的使用条件、位置、意义以及关联词语的辨析等问题。

8.0 概述

句子在对外汉语教学中一直占有很重要的地位。上世纪50年代创立的对外汉语教学语法体系，受《暂拟汉语教学语法系统》的影响很大，基本上是传统语法体系。语法教学内容包括词、词组、句子等三级单位，其核心是"句本位"，主要讲六大成分以及各种句子类型，并以句子为基点进行句法分析。

由于对外汉语教学是实践语言教学，以培养学生语言交际能力为目标，所以句子作为交际语言中的基本单位一直在教学中受到重视。在上世纪50年代对外汉语教学初创时期，教材和教学中体现为以讲解语法为主要的教学模式。到了60年代就开始强调实践性原则，在教学方法上改翻译法为直接法，反映这一教学理论和教学方法的是70年代北京语言学院编写的教材《基础汉语》（赵淑华、王还主编，1972）。这套教材主要以范句的形式体现语法规则，从教句子入手，再归纳语法规则。北京语言学院编写的《汉语课本》（李德津主编，1977）已开始采用听说法，并注意贯彻交际性原则。这部教材是以句型体现语法规则，全书共归纳了83个句型。此后出版的基础汉语教材，基本上都沿袭了以句型体现语法规则的模式。句型教学一直是语法教学的重要手段。

在对外汉语教学的语法体系中，句子按结构划分为句型，按语气划分为句类，按用法划分为句式。句型包括单句和复句，单句按是否具备主语和谓语两部分可分为主谓句和非主谓句。主谓句中按谓语的不同又分为动词谓语句、形容词谓语句、名词谓语句、主谓谓语句四种，非主谓句包括无主句和独词句。复句有不带关联词语的和带关联词语的，带关联词语的复句包括并列复句、承接复句、递进复句、选择复句、条件复句、假设复句、转折复句、目的复句、因果复句、让步复句、解说复句、紧缩复句等。

句型是句子的结构类型，是从结构角度归纳出来的，是对外汉语语法教学的重要内容。话是一句一句说的，所以句子是交际的基本单位，语言中的句子无限，意义千差万别，但学习语言尤其是学习外语时，不可能一句一句地学，而是要掌握有限的句型，然后举一反三，造出各种各样的句子。对外汉语教学中，组词造句的规则就是通过句型教学来体现的。对外汉语教学中的句型系统可列表如下：

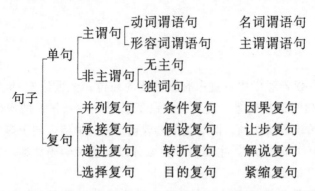

本讲单句教学以四种谓语句为线索,对教学中应该关注的问题进行提示;而复句教学则以关联词语为中心,重点讨论关联词语的使用条件、意义以及关联词语的辨析等问题。

8.1 单句的教学

对外汉语基础阶段教材中,一般在前半部就出齐了四种谓语句,先后顺序多为:动词谓语句、形容词谓语句、主谓谓语句、名词谓语句。据北京语言学院语言教学研究所现代汉语句型统计与研究小组的统计报告(赵淑华等,1995),在统计的北京语言学院《初级汉语课本》(鲁健骥主编,1986)、《中级汉语教程》(陈田顺等主编,1987)、《高级汉语教程》(姜德梧等主编,1987)等三套教材的主课文中,动词谓语句占单句总数的49.9%,形容词谓语句占5.07%,名词谓语句占1.13%,主谓谓语句占2.95%。由此可见,动词谓语句在单句中出现频率最高,是最主要的句型。

8.1.1 动词谓语句的教学

以动词和动词词组做谓语的句子是动词谓语句。动词谓语句主要用于叙述主语(人或事物)的动作、行为、变化及心理活动。

为讲解方便,我们把动词谓语句从结构上分析成几个小类,并按结构命名(其他三类谓语句同,实际教学中并不都作此分类)。动词谓语句有以下几种:

    S—V   (单动谓语句)
    S—V—O   (动宾谓语句)
    S—V—O_1—O_2 (双宾句)
    S—Adv.—V   (状动谓语句)

S—V—C　　　　　（动补谓语句）
S—V₁—V₂　　　　（连动句）
S—V₁—N—V₂　　　（兼语句）

(1) 单动谓语句

单动谓语句是光杆动词谓语的句子。这类句子出现频率不高，其中的动词或是不及物动词或是不带宾语的及物动词。光杆动词做谓语是有条件的。例如：

① 人喊，马叫。
② 爸爸上班，妈妈休息。
③ 谁去？小王去。
④ 一个人讲，别的人都不说话。
⑤ 你走！

单动谓语句一般出现在并列句（例①）、对比句（例②）、答句（例③）、复句（例④）、祈使句（例⑤）中，光杆动词独立做谓语不能成句，如"我学习""她哭"只能是词组。光杆动词前后必须有附加成分才能成句。例如：

⑥ 我上午学习。
⑦ 她在屋里哭。
⑧ 弟弟毕业了。
⑨ 我们见过。
⑩ 你歇着。
⑪ 他笑得说不出话来。
⑫ 狗爬不出来。
⑬ 我想想。

例⑥⑦是动词前有附加成分（时间或处所状语），例⑧—⑬是动词后有附加成分"了""着""过"补语或动词重叠等。

(2) 动宾谓语句和双宾句

动宾谓语句是动词带宾语的句子，双宾句则是动词带双宾语的句子。这两种句型较为常见。教学中的主要问题，本书第 7 讲 7.1"宾语的教学"中已经谈得很详细了，这里不再赘述。

(3) 状动谓语句

状动谓语句是动词前带状语的句子。此类句型的重难点主要在于状语的用法及教学，具体请参见本书第6讲6.2"状语的教学"。

(4) 动补谓语句

动补谓语句是动词带补语的句子。由于对外汉语教学中补语的种类繁多，所以教材中带补语的句子出现的频率很高，约占动词谓语句的三分之一。关于此类句型的教学提示，请参见本书第7讲7.2"补语的教学"。

(5) 连动句

连动句是两个或两个以上动词及动词词组共用一个主语的句子，是一种复杂的动词谓语句，被列入到特殊句式中。其教学提示我们将在本书的第10讲"关于句式的教学"中详细讨论，请参见10.3"连动句的教学参考"。

(6) 兼语句

兼语句也属于复杂的动词谓语句，被列入到特殊句式中，其主要特点是第一个动词的宾语兼做第二个动词的主语。兼语句虽不是教学中的难点，但还是有一些需要注意的地方，我们也将在本书的第10讲《关于句式的教学》中详细讨论，请参见10.4"兼语句的教学参考"。

8.1.2 形容词谓语句的教学

形容词或形容词词组做谓语的句子叫形容词谓语句。形容词谓语句主要用于描写主语（人或事物）的性质、状态，有以下几种：

S—A　　　　　（单形谓语句）
S—Adv.—A　　（状中形谓句）
S—A—C　　　（形补谓语句）
S—A—A　　　（连形谓语句）

(1) 单形谓语句

单个形容词做谓语的句子叫做单形谓语句。例如：

① 山明、水秀、人美。

② 妹妹老实，弟弟淘气。
③ 你狠，我惹不起你。
④ 你俩谁大？他大。
⑤ 屋里冷清清的。
⑥ 她的脸通红。

单个形容词做谓语是受限制的。一般性质形容词做谓语时，须用在：并列的几个形容词谓语句中，（例①）；表示对比的句子中，（例②）；复句中，（例③）；回答问题的句中，（例④）。状态形容词可以直接、单独做谓语，（例⑤⑥）。

(2) 状中形谓句

形容词谓语前有修饰性状语的句子叫做状中形谓句。状中形谓句中的状语多是程度副词以及表示比较、对象、处所的介词词组。例如：

⑦ 我们的宿舍很干净。
⑧ 东北的冬天非常冷。
⑨ 我比你高。
⑩ 阿姨对孩子们真好。
⑪ 这孩子在学校里很老实。

在对外汉语教材中，形容词谓语句的典型句型是形容词谓语前加上意义上弱化的"很"，这种句子中谓语是对主语的描写；不加"很"就不能单独成句，有表示对比的语义特点。其他程度副词如"非常""更""最""比较""稍微"等在形容词前，表示程度的意义并不弱化。

当形容词谓语前出现"在""对"等介词及其宾语时，常常有表示程度的副词同现。形容词谓语前出现介词"比"及其宾语时，一般不用程度副词，如果须表示程度，只能用"更""还"，而不能用"很""非常""最""挺"等程度副词。

(3) 形补谓语句

形容词谓语后带补语的句子叫做形补谓语句。在对外汉语教学语法大纲中，动词可以带8类补语，而形容词只能带以下5类补语：

数量补语 形容词后的数量补语表示比较结果的具体数量差异。例如：

⑫ 我比妹妹大两岁。

⑬ 坐火车比坐飞机便宜两三百块钱。

程度补语 包括表示状态和程度的补语。例如：

⑭ 这里夏天不热，凉快得很。
⑮ 听到妈妈要来，他高兴得跳了起来。

趋向补语 主要是趋向补语表示状态的用法。例如：

⑯ 天渐渐地暗了下来。
⑰ 爷爷的身体一天天好起来了。

可能补语 主要是趋向补语的可能式。例如：

⑱ 她的心一直平静不下来。
⑲ 小店的生意始终好不起来。

时量补语 主要表示形容词代表的状态持续的时间。例如：

⑳ 大家都累了一天了，快歇一会儿吧。
㉑ 全家人都不放心，紧张了好几天。

（4）连形谓语句

谓语连用两个或更多的形容词的句子叫做连形谓语句。连形谓语句多用在书面语中。连用的形容词前不受程度副词修饰，不表示对比。例如：

㉒ 母亲勤劳、勇敢、坚强。
㉓ 来人高大、英俊。

形容词之间可以用"又……又……""而"连接。例如：

㉔ 苹果又大又甜。
㉕ 女儿聪明而踏实。

形容词谓语句的教学需关注以下两点：
第一，肯定和否定的不对称。形容词谓语句的典型句型是：

肯定式：S—很—A
否定式：S—不—A

例如：

㉖ 这间教室很干净。——这间教室不干净。
㉗ 今年冬天很暖和。——今年冬天不暖和。

以上句子肯定和否定在语义上是对称的，但在形式上却是不对称的。若说：

㉘ 这间教室不很干净。

㉙ 这间教室很不干净。

以上两个句子中的"很"都表示程度高，不弱化，因此，在否定的程度上，很不干净——不干净——不很干净，是依次递减的。

第二，使用形容词谓语句易出现的问题。形容词做谓语对主语成分直接进行描述是汉语造句的特点之一，这与印欧语以动词为核心的造句特点不同。因此外国学生在表达中容易出现问题。

首先受母语影响学生喜欢在形容词前用"是"，所以在基础阶段初学形容词谓语句时，不妨极而言之，把形容词前用"是"的都判为病句，以加深学生的印象。因为"是"用在形容词前面表示强调，要重读，这是基础阶段学生不可能学到、用到的。这一点是到中级阶段以后才会出现的，那时再讲也不迟。

另外，学生在该用形容词谓语时更习惯于用动词谓语表达。例如：

㉚ *中国有很长的历史，很大的人口。

㉛ *纽约是很贵的城市。

㉜ *他说很好的汉语。

㉝ *昨天下很大的雪。

这几句话按汉语的表达习惯应该是：

㉞ 中国的历史很长，人口很多。

㉟ 纽约的物价很贵。

㊱ 他的汉语很好。/他汉语说得很好。

㊲ 昨天的雪很大。

造成学生以上病句的原因是，印欧语的主语和谓语之间的关系与汉语主谓语的关系相差甚远，汉语主谓语不仅是"NP+VP"。此外，汉语是话题突出的语言，主谓语之间多表现为被陈述与陈述的关系。对主语的陈述包括叙述、评议、判断、说明、描写等等，所以在讲解四种谓语句时，要适当介绍一下汉语主谓之间的种种关系，对外国学生减少母语干扰，掌握汉语的造句方法是大有裨益的。

8.1.3 名词谓语句的教学

由名词或名词性词组充当谓语的句子叫做名词谓语句。名词谓语句

主要是说明与主语相关的年龄、籍贯、数量等,以及描写主语的特征。名词谓语句有以下几种:

  S—N   (单个名词做谓语)
  S—NP (名词性词组做谓语)
  S—MP (数量词组做谓语)

(1) 单个名词做谓语

这类句子出现的频率很低。例如:

① 今天六月十八号。
② 明天星期天。
③ 昨天清明节。
④ 周末阴天。

这类句子的谓语是对主语的判断,仅限于说明日期和天气的句子。

(2) 名词性词组做谓语

这种句子比较常见。例如:

⑤ 他湖南人。
⑥ 老王急脾气。
⑦ 姑娘高高的个子,大眼睛,圆圆的脸。

谓语部分由"名+名"或"形+名"词组构成,说明主语的籍贯,或描写主语的特征。

(3) 数量词组做谓语

这种句子出现频率很高。例如:

⑧ 我三十岁。
⑨ 身高一米六,体重55公斤。
⑩ 这台电脑一万三千元。
⑪ 一年三百六十五天。

数量词组做谓语主要是说明与主语相关的数量,如年龄、身高、体重、价钱等。当主语也是数量词语时,谓语则是对主语的解释,如"一星期七天"。

  名词谓语句是汉语中很有特色的一种句式,有很鲜明的口语色彩。

外国学生学习名词谓语句时很容易与"是"字句混淆,一则是因为名词谓语句的主谓语之间大多可以用"是"。例如:

⑫ 今天是星期天。
⑬ 我是北京人。
⑭ 弟弟是十岁。
⑮ 这件衣服是一百五十块。
⑯ 姑娘是大眼睛,高个子。

最主要的还是因为名词谓语句的否定式是用"是"字句的否定式。例如:

⑰ 今天星期天。——今天不是星期天。
⑱ 一年三百六十五天。——一年不是三百六十五天。
⑲ 老王急脾气。——老王不是急脾气。
⑳ 弟弟一米六五。——弟弟不是一米六五。

因此,外国学生常常以为名词谓语句是省略了"是"的句子,其实这两个句式在语义上是有差别的。请看下列两组句子:

A	B
一本书五块钱。	一本书是五块钱。
他上海人。	他是上海人。
弟弟六十公斤。	弟弟是六十公斤。
她高高的个子。	她是高高的个子。

A组的句子主要是对主语的说明或描写;B组的句子在对主语说明、描写之外还有解释、确认和申辩的意味。

名词谓语句虽和"是"字句的否定形式相同,都有辩驳的意味。例如:

㉑ 一本书不是五块钱。(有人认为是五块钱)
㉒ 她不是高高的个子。(对方的描写不实)

但在实际语言中,名词谓语句主要用肯定形式去说明、描写与主语相关的内容,一般不用否定形式。

8.1.4 主谓谓语句的教学

主谓词组做谓语的句子叫做主谓谓语句。谓语是对主语所表示的人或事物进行说明或描写。依据《语法等级大纲》(1996),按照大主语(即全句的主语)和小主语(即主谓词组的主语)的关系,主谓谓语句可分为如下 4 类：

其一，主谓词组的主语或宾语复指大主语。例如：

① 他俩谁也没见着谁。
② 这杯酒你喝了它吧。

其二，主谓词组的主语是大主语的一部分或隶属于大主语所代表的事物。例如：

③ 我身体很健康。
④ 他腰疼，我脚疼。
⑤ 任何文章题目总是要的。

其三，大主语在意义上是谓语的一个成分。例如：

⑥ 这件事我没听说。
⑦ 王教授我好像在哪儿见过。
⑧ 这个消息知道的人还不多。

其四，大主语钱包隐含着"对于""关于"或者"无论"的意思。例如：

⑨ 这个问题我心中有数。
⑩ 什么事情她都知道。

主谓谓语句的教学需要关注以下几点：

(1) 主谓谓语句与话题句

主谓谓语句是汉语中独具特点的一类句型，这类句型中很多句子都体现了汉语话题突出的特点。主谓之间表现出"话题－陈述"的关系。我们在本书第 5 讲 5.2.2 节中，提出了要引进话题、话题句，以消除外国学生受母语影响对汉语主谓谓语句在理解上产生的困惑。

主谓谓语句和话题句是从不同角度去观察和分析句子。前者是从句子的构成角度，由充当谓语的成分来确定的句型；后者是着眼于句子的模式，由"话题－陈述"体现的句子模式。

在汉语句型中，主谓谓语句最能体现汉语话题突出的特点。由于主谓谓语句中的大主语常常是受事或某个已知信息，而谓语部分的主谓词组则是对句首话题的陈述。例如：

⑪ 那种词典我买了一本。
⑫ 孩子腿摔断了。

⑬ 足球我不感兴趣。
⑭ 什么困难我们都不怕。
⑮ 自行车我借给小王了。
⑯ 降价毛衣十块一件。
⑰ 张先生思维敏捷。

在主谓谓语句的教学中，最适宜引进话题和话题句，使外国学生理解汉语话题突出的特点，正确掌握汉语句子的结构模式，从而进一步形成用汉语造句的思维模式。这也许是提高汉语句子教学效果的一条途径。

(2) 主谓谓语句不是省略了"的"

主谓谓语句中，当小主语是大主语的一部分或属于大主语所代表的事物时，大小主语之间也可以出现"的"，这很容易使学生误以为主谓谓语句是大小主语间省略了"的"。

首先，主谓谓语句的句首名词是主语而不是省略了"的"的定语。因为句首名词后面可以有停顿，可以加状语。例如：

⑱ 工作人员态度很和气。
　　工作人员，态度很和气。
　　工作人员的确态度很和气。
⑲ 我脚走疼了。
　　我（呢），脚走疼了。
　　我一路脚都走疼了。

其次，在大主语后加"的"与不加"的"在结构上和表达上都有差异。例如：

⑳-a 我头疼。
⑳-b 我的头疼。

二者的不同如下表所示：

例句	⑳-a	⑳-b
句子类型	主谓谓语句	动词谓语句
否定形式	我头不疼。 我不头疼。	我的头不疼。 *我的不头疼。
话题	我	我的头
表达的意义	1. 生理状况 2. 比喻遇到了麻烦事而感到讨厌	生理状况

(3) 主谓谓语句中的状语

主谓谓语句中的状语类型是有限制的，主要是时间、程度、频率、语气等；能充任状语的成分也是有限制的，具有描写性的形容词、动词、固定词组等都不能充任主谓谓语句的状语。

主谓谓语句中状语的位置，有的可出现在大主语前或大主语后和主谓谓语之前，也可以出现在小谓语之前。例如：

㉑ 最近他身体很虚弱。
他最近身体很虚弱。
他身体最近很虚弱。

㉒ 也许他肚子疼。
他也许肚子疼。
他肚子也许疼。

某些时间副词和语气副词做状语时位置较为灵活，可以出现在大谓语之前，也可以出现在小谓语之前。例如：

㉓ 新来的老师也年龄不大。
新来的老师年龄也不大。

㉔ 他一直工作有热情。
他工作一直有热情。

程度副词状语只出现在充任小谓语的形容词之前。例如：

㉕ 他头特别疼。
㉖ 这一带土地很肥沃。

影响状语位置的因素除了状语的类别外，还与上下文的语境、话题以及表达的焦点等有关。

主谓谓语句的否定形式是在小谓语前用否定副词"不"或"没"。例如：

㉗ 这种大衣颜色不好。
㉘ 那个孩子腿没断。
㉙ 我们班男同学不少。
㉚ 衣服扣子没掉。

如果谓语部分结合得很紧，否定词也可以用在大谓语前。例如：

㉛ 王大爷没肚子疼。
㉜ 我不牙疼，胃有点儿疼。

8.2 复句的教学

两个或两个以上在意义上有联系的单句构成的语言单位叫复句。复句中有些是用关联词语来标志或显示语义关系,有的则是靠语序的组合,不用关联词语,后者多见于口语。一般并列关系、承接关系的复句以不用关联词语为多,转折、让步、条件等复句以用关联词语为多。

《语法等级大纲》中,复句共出现12种类型,每种复句都列举了特定的关联词语:

◎ 并列复句:又……又…… 既……又…… 一边……一边……
◎ 承接复句:先……接着…… 然后 于是 接着
◎ 选择复句:或者 是……还是…… 要么……要么……
　　　　　　不是……就是……
◎ 转折复句:虽然……但是…… 否则 不然 不过 只是 而 却
◎ 因果复句:因为……所以…… 由于 因此 既然……就……
◎ 假设复句:要是……就…… 如果……就……
　　　　　　哪怕……也……
◎ 条件复句:只要……就…… 只有……才…… 一……就……
　　　　　　无论……都…… 不管……也……
◎ 递进复句:不但……而且…… 不仅……而…… 还 更
　　　　　　何况 不但不……反而……
◎ 让步复句:纵然……也…… 即使……也……
　　　　　　就算……那……
◎ 目的复句:免得…… 以便…… 省得…… 以…… 好……
◎ 紧缩复句:不……也…… 再……也……
　　　　　　没有……就没有…… 愈(是)……愈(是)……
　　　　　　非……不……
◎ 解说复句:一来……二来…… 一则……二则……
　　　　　　一是……二是…… 宁肯……也不……
　　　　　　宁愿……也要……

复句教学的关键是关联词语。外国学生是通过关联词语作为标志去理解或运用复句的。因为对外汉语教材中,关联词语是以语法项目的形式出现的,而复句常常是随关联词语出现,一般不把复句的小类作为语法点安排,特别在初、中级阶段。所以,从这个角度说,复句的教学也就是关联词语的教学。关联词语的正确运用，涉及形式和意义两个方面。就形式而言，主要是关联词语的用法（怎么用、使用条件）等。例如，关联词语在复句中的出现特点和位置等。

而意义主要是关联词语在复句中显示出分句间的不同语义关系，如条件、假设、让步、递进等等。由于有些教材注释不够通俗易懂，常常用以上的逻辑概念去注释，不少学生似懂非懂，并不能区别清楚让步和转折、条件和因果、递进和承接等究竟有什么区别，因此在选择关联词语时常常混淆、选错。此外同一语义关系的复句中，有多组关联词语，它们并非等义或随意可以换用。例如，表示转折的"不但""不过""却"有什么区别？"不但……而且……"和"不仅……却……"，"宁可……也不……"和"与其……不如……"等在表达意向上有哪些差异？学生常常并不清楚。

此外，关联词语在语体上也是不同的，有的用于口语，有的用于书面语，须加以区别。

因此，梳理好关联词语的使用条件，深入浅出地讲清关联词语的意义，区别开同类复句中关联词语在表达上的差异，是搞好复句教学的关键。

8.2.1 关联词语的使用条件

依据既有的研究成果以及对留学生在使用关联词语时容易出现的错误的观察分析，我们认为影响关联词语使用的条件主要有：单用和合用、位置及语体色彩等，个别关联词语的使用还有特殊条件。

(1) 单用和合用

关联词语在连接分句时，有的是单用；有的不能单用，而必须与呼应成分合用。例如：

① 他买了鱼肉蔬菜，还买了一些水果。（单用）
② 既然你怕黑，就点上灯吧。（合用）

有的可以合用的关联词语，也可以省略其中的一个。例如：

③ 他不是德国人，而是奥地利人。
④ 大家先读一遍课文，然后听录音。

"不是……而是……"必须合用，都不能单用；而"先……然后……"中，"先"可以和"然后"合用，"然后"也可以单用。例如：

⑤ 你们读一遍课文，然后听录音。

可以合用的关联词语,在语境明显的情况下,常可以省去其中的一个,如"(还是)……还是……""(虽然)……但是……""(就是)……也……""(除非)……才……""(不但)……而且……""(如果)……就……"等。

关联词语在前后分句中呼应、合用在复句中较为普遍。由于在某些外语(如英语)中不存在分句间关联成分呼应的现象,有些外国学生常常不习惯关联词语的合用,漏用、错用必须呼应的关联词语,都是很常见的。所以教学中对关联词语的合用应加大练习的力度,以加深学生的印象,教材里关联词语应尽量以前后呼应的形式出现为宜。

(2) 位置

一般说来,绝大多数关联词语中的连词用在前一分句中,用在后一分句的连词只有"但是""所以""因此""而且""并且""好""不如""为的是"等,副词则用在后一分句中。

李晓琪(1991)在《现代汉语复句中关联词语的位置》一文中,对116个关联词作了考察,只出现在前一分句的有59个,如"不但""不论""不管""宁可""哪怕""因为"等;只出现在后一分句的有46个,如"并且""不过""从而""还""都""所以"等;在两分句间重复出现的有5个,如"或者……或者……""要么……要么……";在两个分句中间出现的有6个,如"此外""另外""相反""总之"等。

出现在分句中的关联词语,有的只出现在主语前,有的只出现在主语后,这是"定位关联词语";有的既可出现在主语前,也可以出现在主语后,我们称其为"不定位并联词语"。后者又有两种情况:有的是受两个分句主语异同的影响,位置发生变化,而有的则与两个分句主语异同无关。例如:

⑥ 他因为病了,所以没来。
　　(主语相同,"因为"在主语后出现)
⑦ 因为他病了,所以比赛没有进行。
　　(主语不同,"因为"在主语前出现)

定位关联词语中只出现在主语前的有41个,如"而且""否则""但是""不过""可见""所以"等;只出现在主语后的有13个,主要是副词,如"才""还""却""也""又""就""宁可""尚且""虽"等。

不定位关联词语有41个,其中不受主语异同的影响,位置可以变化的有 27 个，如"虽然""即使""要是""由于""尽管""既然"等。受主语异同影响而位置发生变化的有 14 个，如："不但""不仅""除非""宁可""无论"等。

虚词的位置在教学中一直备受关注。由于不同语言的差异，学生常常在使用虚词的位置上发生错误。复句中的关联词语种类多、数量大、在句中的位置情况复杂，一定要注意。教学中并不需要逐个讲解关联词语的位置，但要在大量练习的基础上归纳所学的关联词语在位置上的特点，而且不宜在初学阶段出现不定位关联词语。

(3) 语体色彩

语体色彩对关联词语的选择有影响，如表示条件的关联词语中，"不管……都……"多用于口语，"无论……都……"多用于书面语；表示假设关系的关联词语中，"要是……"多用于口语，"假如……"则多用于书面语。此外"就是……"多用于口语，"即使"多用于书面语。多用于书面语的关联词语还有"由于""因此"等。

(4) 个别关联词语使用的特殊条件

有一些关联词语，在使用中有特殊条件，如"无论""不管""不论"后面一定有疑问代词或并列词组。例如：

⑧ 无论谁有病，她都去关心照顾。
⑨ 不管怎么忙，他都把房间整理得干干净净。
⑩ 不论刮风下雨，她都坚持跑步。

"不但"和"反而"合用时，"不但"后边必须是否定形式。例如：

⑪ 已经春天了，不但不暖和，反而更冷了。
⑫ 吃了药以后，她的咳嗽不但没止住，反而咳得更厉害了。

"越……越……"中，"越"后不能用表示程度的副词。例如：

⑬ 这种花天越冷开得越好。
＊这种花天越很冷开得越很好。

有特殊条件的关联词语，教学中要通过练习反复强调，否则外国学生常常因为不了解这些条件而做出错误的句子。

我们以《语法等级大纲》中列举的关联词语为范围，把常用的关联词语的使用条件列成表格，供大家参考。其中"语体"一项，只标出明显具有口语或书面语色彩的词，或有对应词时，在语体上有区别的词。

常用关联词语用法表

使用条件 关联词语	可在位置		前后主语相同		前后主语不同		呼应成分		语体		用法提示
	前一分句	后一分句	主语前	主语后	主语前	主语后	单用	合用	口语	书面语	
边…边…	+	+		+				+			1. "一边…一边…"的省略形式。 2. 两个分句的主语必须一样。 3. 后面跟单音节动词，中间不能有停顿，可视为紧缩句。
便		+		+	+	+				+	意义与用法基本上同"就"，区别主要在语体。
不但…	+		+	+				+			常用格式： 不但…而且… 不但…还…
不管…	+		+	+			+	+			1. 与"不论""无论"意义、用法同，但语体不同。 2. "不管"后面必须用疑问代词或者否定的并列式。 3. 常用格式： 不管…都… 不管…也… 不管怎样（谁、怎么…）
不过		+	+				+		+		一般不与"虽然""尽管"配合使用。
不仅…	+			+	+			+			常用格式： 不仅…而且… 不仅…甚至（于）…

续表

使用条件＼关联词语	可在位置		前后主语相同		前后主语不同		呼应成分		语体		用法提示
	前一分句	后一分句	主语前	主语后	主语前	主语后	单用	合用	口语	书面语	
不论	＋			＋	＋					＋	1. 与"不管""无论"意义、用法同，语体略有不同。 2. 常用格式： 不论…都… 不论…也… 不论怎样（谁、怎么…）
不然…		＋	＋		＋		＋	＋			1. "不然"后边可以有停顿。 2. 常用格式： 幸亏…不然（的话）…
不如…		＋	＋		＋		＋				常用格式： 与其…不如…（"不如"后直接跟分句的谓语）
不是…	＋			＋				＋			常用格式： 不是…而是…（可插入并列的名词、动词、小句） 不是…就是…（可插入名词、动词、小句） 不是…是…
才…		＋		＋	＋		＋				常用格式： 除非…才… 只有…才…
除非…	＋		＋		＋			＋			常用格式： 除非…才… 除非…否则（的话）… 要（想）…除非…

续表

使用条件\关联词语	可在位置		前后主语相同		前后主语不同		呼应成分		语体		用法提示
	前一分句	后一分句	主语前	主语后	主语前	主语后	单用	合用	口语	书面语	
但是		+	+		+		+	+			1. 连接词、词组、分句或句子。连接词或词组时，不能有停顿，连接句子时后面有较大停顿（用逗号表示）。 2. 常用格式： 尽管…但是… 虽然…但是…
而		+	+		+			+		+	1. 略带书面语色彩。 2. 常用格式： 不是…而是… 是…而不是…
而且		+	+	+	+			+	+		1. 连接并列的形容词、动词、副词，也可以连接分句。 2. 多重递进时，用在最后一项前面。 3. 常用格式： 不但…而且… 不仅…而且…
凡是	+		+		+		+			+	常用格式： 凡是…都…
反而		+		+		+		+			常用格式： 不但不…反而… 不仅不…反而…

续表

使用条件 关联词语	可在位置		前后主语相同		前后主语不同		呼应成分		语体		用法提示
	前一分句	后一分句	主语前	主语后	主语前	主语后	单用	合用	口语	书面语	
否则	+	+		+				+			1. "否则"后面可以有停顿（用逗号表示）。 2. 常用格式： 除非…否则（的话）… 幸亏…否则（的话）…
还是		+	+		+		+	+			常用格式： 是…还是…
好		+	+		+	+		+			
固然…	+		+		+			+		+	常用格式： 固然…但是/可是…（前后分句意思矛盾） 固然…也…（前后分句意思不矛盾）
或…或…	+	+	+		+			+			1. 可多于两项。 2. 后跟单音节动词或形容词时，后面无停顿，可视为紧缩句。
即便…	+		+				+	+			1. "即便"与"即使"意义和用法同，区别主要在语体。 2. 常用格式： 即便…也…

第8讲 关于句型的教学

续表

使用条件\关联词语	可在位置		前后主语相同		前后主语不同		呼应成分		语体		用法提示
	前一分句	后一分句	主语前	主语后	主语前	主语后	单用	合用	口语	书面语	
即使…	+		+					+		+	1. "即使"与"即便"意义和用法同，区别主要在语体。 2. 常用格式： 即使…也…
既…	+			+		+		+		+	常用格式： 既…也…（连接两个结构相同或相似的词组） 既…又…（主要连接形容词性或动词性词组）
既然	+	+	+	+				+			常用格式： 既然…就… 既然…只好…
假如…	+		+		+			+		+	1. 与"要是""假若"意义和用法同，但语体不同。 2. 常用格式： 假如…就…
假若…	+		+		+			+		+	1. 与"要是""假如"意义和用法同，但语体不同。 2. 常用格式： 假若…就…
尽管…	+		+	+	+			+			常用格式： 尽管…但是…

续表

使用条件\关联词语	可在位置		前后主语相同		前后主语不同		呼应成分		语体		用法提示
	前一分句	后一分句	主语前	主语后	主语前	主语后	单用	合用	口语	书面语	
就		+		+		+	+	+	+		1. 意义与用法基本上同"便"，区别主要在语体。 2. 常用格式： 既然…就… 假如…就… 假若…就… 如果…（那么）就… 要不是…就… 要是…就… 一…就… 只要…就…
就是…	+		+	+	+			+	+		常用格式： 就是…也…（在这个格式中，"就是"的意义与"即使"基本同，主要区别在语体。） 不是…就是…
可见		+	+		+		+				"可见"后面可以有停顿（用逗号表示）。
可是		+	+	+	+	+	+	+			常用格式： 虽然…可是…
况且…		+	+		+		+	+			常用格式： 况且…还… 况且…也… 况且…又…
免得		+	+		+		+			+	

续表

使用条件\关联词语	可在位置		前后主语相同		前后主语不同		呼应成分		语体		用法提示
	前一分句	后一分句	主语前	主语后	主语前	主语后	单用	合用	口语	书面语	
哪怕…	+	+	+		+		+	+	+		1. 用于前一分句，表示假设的让步，用于后一分句，突出前一分句表示的看法或结论。 2. 常用格式： 哪怕…也… 哪怕…呢
宁可…	+	+		+				+		+	常用格式： 宁可…也（不）… 与其…宁可…
其实		+	+	+		+					"其实"后面可以有停顿（用逗号表示）。
然后…		+	+		+		+	+			常用格式： 先…然后…
任…	+		+		+			+	+		常用格式： 任…都…
如果…	+	+	+	+	+		+	+			常用格式： 如果…（那么）就… 如果…的话（用于后一分句，表示补充。） 如果…呢？（单用）
甚至		+	+	+		+	+	+		+	1. 连接并列的词或词组，也可连接分句。 2. 书面上有时也用"甚至于""甚而至于"。 3. 常用格式： …甚至…都/也… 不仅…甚至（于）…

续表

使用条件 关联词语	可在位置		前后主语相同		前后主语不同		呼应成分		语体		用法提示
	前一分句	后一分句	主语前	主语后	主语前	主语后	单用	合用	口语	书面语	
省得		+	+	+		+				+	"省得"后面可以直接跟动词，也可以出现在后一分句的句首。
是…	+	+	+	+	+			+			常用格式： 是…不是… 是…而不是… 是…还是… 之所以…是因为…
虽	+		+	+	+			+		+	1. "虽"与"虽然"意义同，主要区别在语体不同，用法也略有不同。 2. 常用格式： 虽…却…
虽然	+	+	+	+			+	+	+	+	1. 用于后一分句时，前一分句不能用"但是""可是"等转折词语。 2. 常用格式： 虽然…但是… 虽然…可是…
所以		+	+			+	+	+			常用格式： 因为…所以… 由于…所以…
为的是		+				+					

续表

使用条件\关联词语	可在位置		前后主语相同		前后主语不同		呼应成分		语体		用法提示
	前一分句	后一分句	主语前	主语后	主语前	主语后	单用	合用	口语	书面语	
无论	+		+		+	+		+		+	1. 与"不管""不论"意义、用法同，带书面语色彩。 2. 常用格式： 无论…都… 无论…也… 无论如何（谁、怎样…）
先	+			+	+	+	+				常用格式： 先…然后… 先…再…
幸亏…	+		+	+	+			+			常用格式： 幸亏…不然（的话）… 幸亏…否则（的话）…
要	+		+		+		+				常用格式： 要（想）…除非…
要不		+	+	+		+			+		"要不"跟"不然"意义同，有一定的口语色彩。
要不是…	+		+	+	+			+			常用格式： 要不是…就…（后面假设的结果是没有发生的）
要是	+		+	+	+	+		+	+		1. 与"假如""假若"意义和用法同，但语体不同。 2. 常用格式： 要是…就…

续表

使用条件\关联词语	可在位置		前后主语相同		前后主语不同		呼应成分		语体		用法提示
	前一分句	后一分句	主语前	主语后	主语前	主语后	单用	合用	口语	书面语	
也		+		+		+	+	+	+		1. 两个分句的主语都出现，而且主语不同。 2. 常用格式： 不管…也… 不论…也… 固然…也… 即便…也… 既…也… 就是…也… 况且…也… 哪怕…也… 宁可…也（不）… 甚至…都/也… 再…也…
也…也…	+	+	+		+			+			两个分句的主语可能相同，也可能不同。
一…就…	+		+		+			+			常用格式： 一…就…（可用于紧缩句，中间无停顿）
一边…一边…	+	+	+						+	+	1. 与"一面…一面…"意义和用法同，语体不同。 2. 两个分句的主语必须一样。 3. 有时可省为"边…边…"。
一方面…（另）一方面…	+	+	+	+				+			两个分句的主语必须一样。

续表

使用条件 / 关联词语	可在位置		前后主语相同		前后主语不同		呼应成分		语体		用法提示
	前一分句	后一分句	主语前	主语后	主语前	主语后	单用	合用	口语	书面语	
一面…一面…	+	+			+			+		+	1. 与"一边…一边…"意义和用法同，语体不同。 2. 两个分句的主语必须一样。
一时…一时…	+	+	+	+				+			两个分句的主语必须一样。
以		+		+		+	+			+	用在两个动词词组之间。
以便		+	+		+		+			+	
以至		+	+		+		+			+	连接词或词组，也可以连接分句。
以致		+	+		+		+	+		+	常用格式： 由于…以致…（"以致"后面多是不好的情况）
因为	+	+	+	+	+	+		+			常用格式： 因为…所以…
因此		+	+		+		+			+	1. 可以用于复句中，也可用于句与句、段与段之间。 2. 常用格式： 由于…因此…
由于	+		+		+		+	+		+	常用格式： 由于…所以… 由于…以致… 由于…因此…

续表

使用条件 关联词语	可在位置		前后主语相同		前后主语不同		呼应成分		语体		用法提示
	前一分句	后一分句	主语前	主语后	主语前	主语后	单用	合用	口语	书面语	
又…又…	+	+		+		+		+			一般只出现一个主语
于是		+	+		+		+				
与其	+		+		+			+		+	常用格式： 与其…不如… 与其…宁可…
愈…愈…	+	+		+		+		+		+	1. 与"越…越…"意义和用法同，区别只是语体不同。 2. 后跟单音节词，中间无停顿，可视为紧缩句。
愈是… 愈是…	+	+		+		+		+		+	"愈是"与"越是"意义和用法同，区别只在语体不同。
越…越…	+	+		+		+	+	+	+		1. 与"愈…愈…"意义和用法同，区别只是语体不同。 2. 后跟单音节词，中间无停顿，可视为紧缩句。
越是… 越是…	+	+		+		+	+	+	+		"越是"与"愈是"意义和用法同，区别只在语体不同。
再…	+		+		+			+			常用格式： 再…也…

续表

使用条件\关联词语	可在位置		前后主语相同		前后主语不同		呼应成分		语体		用法提示
	前一分句	后一分句	主语前	主语后	主语前	主语后	单用	合用	口语	书面语	
之所以…		+		+		+		+		+	常用格式： …之所以…是因为… （"之所以"前必须有主语）
只好		+		+		+		+			常用格式： 既然…只好…
只要…	+		+	+	+			+			常用格式： 只要…就…
只有…	+		+		+			+			常用格式： 只有…才…

8.2.2 关联词语的意义

关联词语意义的教学比用法的教学要复杂得多，也难得多，因为关联词语是虚词，意义多比较空灵、抽象，难以把握。此外，关联词语的意义涉及语法意义、语用意义、语义背景，甚至说话人的心理因素等诸多方面，加上复句的种类繁多，不同的关联词语标示着不同复句中分句之间的逻辑语义关系，须加以区别，不可混用。同一类型的复句中，所使用的关联词语在标示同一种逻辑语义关系之下仍有差别。如同是转折，有轻转和重转之别；同是条件，有必要条件、唯一条件、无条件之分；同是选择，有两项选择、多项选择、先取后舍、先舍后取之异。这些都须在选择使用关联词语时注意区分。

（1）关联词语的语法意义

关联词语的语法意义主要是标示复句的各分句间的逻辑语义关系。一般词典或教科书中，在描写关联词语的语法意义时，有时比较抽象、虚灵，没有从学习者易懂易学的角度去释义，如说"不但……而且……"表示递进意义（杨寄洲主编，1999），"尽管"表示让步关系（张斌主编，2001）。"递进"是什么意思？"让步"又怎么理解？外国学生凭着英语注释是很难明白和掌握的。

我们对关联词语的语法意义不妨解释得通俗些、具体些，尽量让外国学生真正明白，能懂会用。如解释"不但……而且……"，可以不用"递进"这个概念，而代之以比较具体的解释，说"不但"指出一层意思，后面用"而且"引出更深一层的意思。解释"尽管"，也可以避免使用"让步"这个概念，而将其意义具体化："尽管"提出一个事实，下面出现相反的情况，或者不应该出现的结果，常与"但是""却"等配合使用。

关联词语的语法意义应细化，因为每一类复句有多个或者多套关联词语，它们表达着同一种语法意义，如转折、假设、条件、让步、选择等等，但并不是每一类复句中的关联词语之间都可以换用的，同一种复句的意义之下可以细分多个语义小类，而各自有其对应的关联词语。对复句语义类型再划分小类，就能使关联词语的语义进一步得到细化，有利于学习者的意念用和区别。

以递进复句为例，"不但……而且……""不但……反而……""尚且……何况……"等关联词语都表示递进，即后一分句在程度、数量、范围、时间等方面比前一分句更进一层。但以上三套关联词语在表达上并不相同。

不但……而且…… 用"不但"举出一个基本情况或谈话双方已知的情况，目的是引出后一分句要讲的在程度、数量、范围等方面更进一层的情况。后一分句必须有"而且"呼应，以突出后一分句的意思。例如：

① 他不但是我的老师，而且还是我的朋友。
② 不但中国学生参加了种树，而且外国学生也参加了。

尚且……何况…… 用"尚且"举出一个明显的事实，作为衬托，推出另一层意思，后一分句用反问句加强强调的语气，表示与前一分句相比，结论更合乎情理。例如：

③ 这么高的山，年轻人尚且爬起来很吃力，何况老年人？
④ 他一万米尚且跑得下来，何况五千米？

所以，"不但……而且……"的递进是从低向高，由浅入深；而"尚且……何况……"的递进是由高推及到低，由深衬托出浅。

不但……反而…… 它表达的是一种反向递进。"不但"后连用否定词"不"或"没有",引出某种应该出现而没有出现的情况,在否定的基础上用"反而"引出相反的更进一步的结果。例如:

⑤ 雪不但没有停,反而越来越大了。

⑥ 干了两年,他不但没提升,反而降了职。

因此,我们应在语法意义的通俗化和细化上下功夫,在研究或转化研究成果的教材上,使我们的教材中关联词语的解释更实用。

(2) 关联词语的语用意义

虚词不但有语法意义,还有语用语义。由于对词语的语用意义的研究起步较晚,所以我们的教科书中很少涉及关联词语的语用意义。其实对外国人来讲,语用意义的介绍更为必要,否则在使用中会造成误用。

举个例子,"以致"是表示因果关系的关联词语,表示由前一分句所说的原因,导致的结果。这是"以致"的语法意义,如果仅仅了解这层意思,学生会造出以下的句子:

⑦ *他复习得很好,以致考试得了100分。

我们必须进一步解释"以致"的语用意义,它所引出的结果是前面的原因造成的不好的,或说话人不希望出现的后果。例如:

⑧ 由于他贪小便宜,以致上了别人的当。

⑨ 他不爱学习,以致小学都没毕业。

⑩ 由于交通堵塞,以致没赶上火车。

再如,"与其……不如……"是表示选择关系的关联词语,语法意义是经过比较后做出舍前取后的选择。有的学生曾造出了以下的句子:

⑪ *与其嫁到上海,不如嫁到山沟里。

这个句子听上去很不合情理,因为"与其……不如……"一般是在不太如意或不甚情愿的选择中,权衡之后选一舍一。例如:

⑫ 与其在家里吃闲饭,不如去当保姆养活自己。

⑬ 与其吃方便面,不如煮点速冻饺子。

而"上海"显然与"山沟"悬殊甚远,并不存在不如意,这种选择不合情理。而这正是不了解"与其……不如……"的语用意义所致。

"宁可……(也)不……"在语法意义上与"与其……不如……"

有很多相似之处，都用于选择关系，都是在权衡利害之后取一舍一，只是"宁可……（也）不……"是取前舍后。但这两个格式在语用意义上有明显的差异。当我们解释"与其嫁到上海，不如嫁到山沟里"是不合情理的句子时，我们却可以用上"宁可……也不……"这个句式：

⑭ 宁可嫁到山沟里，也不嫁到上海。

因为"宁可……也不……"不仅仅是舍一取一，还常常表示说话人的强烈决心，因此在选择中有时可以不顾客观情理和孰利孰弊，更多的是说话人的主观意愿。当说话人对上海抱有一种强烈的反感时，可以选择在情理上与其反差极大的山沟，而舍弃各方面极其优越的上海。

由此可见，仅仅解释语法意义是不全面的，必须研究和展示关联词语的语用意义。这对于缺乏语感的外国人在使用复句时尤为至关重要。

(3) 关联词语的语义背景

什么叫虚词的语义背景呢？马真（2004）说："所谓虚词运用的语义背景，就是指某个虚词能在什么样的情况或上下文中出现，不能在什么样的情况或上下文中出现，或者说，某个虚词适合于什么场合或什么样的上下文中使用，不适宜于什么场合或什么样的上下文中使用。"

以"反而"为例，马真（2004）对"反而"的语义背景做了如下描述：

A. 甲现象或情况出现或发生了；
B. 按说（常情）/预想（预料）甲现象的出现或发生会引起乙现象或情况的出现或方式；
C. 事实上乙现象或情况并没有出现或发生；
D. 倒出现或发生了与乙现象或情况相悖的丙现象或情况。

典型例句是：

⑮ 今天午后下了一场雷阵雨［甲］，原以为天气可以凉快一些［乙］，可是并没有凉下来，反而更闷热了［丙］。

其中作为前提条件的甲现象以及"反而"所在句，不可省，而中间的乙现象可以省去：

⑯ 今天午后下了一场雷阵雨，反而更闷热了。

"反而"语义背景的研究使我们对"反而"的语法意义和出现的语言环境有了准确清晰的认识，也使我们找到了使学生正确理解和运用这个词的途径。

多年来，我们的教科书都是沿用《现代汉语八百词》（吕叔湘主编，1980）的说法来解释"反而"，即表示跟前文思想相反或出乎意料。学生照此说法，造出了这样的句子：

⑰ *我以为他去旅行了，他反而不去了。
⑱ *他不学汉语，反而学法语。
⑲ *他不好好学习，反而做了很多坏事。

按照教科书的注释，我们很难对以上病句做出确切的令人信服的解释，教师抓不住要领，学生无从理解和掌握。因此，开展对关联词语以及其他副词等语义背景的研究，并将语义背景研究的成果转化到我们教科书中，对我们的教学会有很大的促进作用。

我们看到，有的教材已经将相关的研究成果吸收进来，如把"反而"解释为"根据前文 A，下文应当出现情况 B，但是 B 没有出现，却出现了与 B 相反的情况 C，这时要用'反而'，表示 C 的出现不合常理或出乎意外"（杨寄洲主编，1999）。采用这样的解释显然比原来教科书中一贯的解释要科学、准确。但这样的解释是完全照搬了学界对"反而"语义背景分析的结论，而未经转化，显得不够简明、浅近，与其他语法点的解释在风格上也不一致。

随着语言学对虚词研究的深入，将会有越来越多的虚词的语义背景被揭示出来，对外汉语教学界应该敏锐地关注这方面的研究，及时地将相关成果吸收并转化到教学中来，以优化我们的语法教学。

8.2.3 关联词语的辨析

关联词语数量较多，《语法等级大纲》12 类复句中列举的关联词语共有 129 个。同一类复句中的关联词语基本上表达了相同的语义关系。这往往使学习者容易混淆，而影响外国人用错、混用的因素更多，教师在课堂教学中常会遇到"××跟××有什么不同"的疑问，所以区别近义的、易混淆的关联词语的意义和用法，是教师必备的基本功课。

（1）教学中关联词语辨析的范围

对外汉语教学中的关联词语辨析范围要比母语教学中大得多，学生对意义相同或相近的词易混淆，对词形构造相近或外文翻译相同的词也会混淆。

类型一：由词形构造引起的

有相同语素的词：

并且——而且　何况——况且　因此——因而　不论——无论
不管——尽管　假如——假使　以至——以致　不仅——不但
以至——甚至　况且——尚且

单双音节对应词：

但——但是　并——并且　然——然而　以——以便
因——因为　如——如果　宁——宁可　既——既然

类型二：由词义相近引起的

因为——由于　不管——不论——无论　但是——可是/却
即使——哪怕　如果——要是　　　　　省得——免得
所以——因此　只有——只要

类型三：由外文翻译相同引起的

和——并且　还是——或者　不管——不论——无论
如果——要是　假如——假使　不仅——不但

因此，对关联词语的辨析要多角度地进行。

（2）教学中关联词语辨析的角度

其一，把有相同语素而意义不同的关联词语区别开来。例如：

尽管——不管
① 尽管你比我大，可是我比你高。
② 不管什么工作，我都可以干。

"尽管"是表示让步关系，而"不管"是表示无条件关系。

以至——甚至
③ 她太激动了，以至一句话都说不出来。
④ 雨不但没有停，甚至比刚才更大了。

"以至"表示因果关系，"甚至"表示递进关系。

不是……就是……——不是……而是……
⑤ 他不是坐飞机来，就是坐火车来。（表示二者必居其一）
⑥ 他不是坐飞机来，而是坐火车来。（表示否定前者，肯定后者）

"不是……就是……"表示选择关系,"不是……而是……"表示并列关系。

这些例子说明,有些词尽管有相同语素,但在意义和用法上完全不同,不可换用。

其二,说明单双音节对应词的差异。

单音节词多用于书面语,双音节词则口语书面语中都用。例如:

既——既然　如——如果

⑦ 既来之,则安之。
⑧ 既然你不同意,我就不说什么了。
⑨ 如有不妥,请不吝指正。
⑩ 如果产品质量有问题,可以退货。

单音节词除连接小句外,还可以连接词、词组。例如:

以——以便

⑪ 多穿点衣服,以防感冒。
⑫ 请留下电话号码,以便今后联系。

"以"还可以连接词、动词词组如"拭目以待""以表祝贺";"以便"只能连接小句,不能连接词或词组。

有的双音节词后可以有停顿,单音节词后一般不能有停顿。例如:

但——但是　并——并且

⑬ 那些孩子都很调皮,但是,小明还比较听话。
⑭ 爸爸出国后,妈妈要管两个孩子,并且,还要照顾爷爷和奶奶。

"但是""并且"后面可以有停顿,而"但""并"后面一般不能有停顿。例如:

⑮ 走路上班虽说费点时间,但对身体有益。

单音节词一般不能用在主语前(如"如""既"),而与其相对的双音节词有的可以用在主语前(如"如果""既然")。例如:

如——如果　既——既然

⑯ 如果他不同意呢?
　*如他不同意呢?
⑰ 既然你已经决定了,那就这么办吧。

＊既你已经决定了，那就这么办吧。

其三，说明语义相近的关联词语的差异。我们可以从语义、用法、语体色彩三个方面进行分析。

语义上有差异的 例如：

并且——而且

⑱ 我家里有这方面的书，并且数量不少。

⑲ 你去接接他吧，天色晚了，而且还下着雨。

"并且"和"而且"都表示递进关系，但语义上二者侧重点不同："并且"侧重于补充，"而且"侧重于转折。

但是——不过——可是

⑳ 这间屋子不大，但是租金很贵。

㉑ 这间屋子不大，不过光线很好。

㉒ 这间屋子不大，可是布置得很雅致。

"但是""不过""可是"都表示转折关系，"但是"的转折语气重，"不过"和"可是"的转折语气轻。

虽然——尽管

㉓ 虽然他有错误，但本质上还是好的。（让步的语气较轻）

㉔ 尽管他有错误，但本质上还是好的。（让步的语气较重）

"尽管"和"虽然"都与"但是"配合，表示让步，但"尽管"的转折语气要比"虽然"重。

以至——以致

㉕ 他戴着耳机听音乐，以至有人敲门都没听见。

㉖ 他从墙上跳下来，以致摔断了腿。

"以至"和"以致"都表示结果，但语用意义不同，"以至"表示一般结果，而"以致"表示不好的、不希望得到的结果。

只要——只有

㉗ 只要报名就能参加辅导班。

㉘ 只有缺课的同学才能参加辅导班。

"只要"和"只有"都表示条件关系，"只要"表示一般条件，"只有"表示唯一条件。

既然——因为
㉙ 他既然答应了，肯定能帮你的忙。
㉚ 他因为身体不好，提前退休了。

"既然"和"因为"都表示因果关系，"既然"是从主观上去推论因果，而"因为"是从客观上去陈述因果，二者不能换用。

用法上有不同的 有的是呼应成分不同，有的是连接的句子不同，有的是对主语的要求不同。下面分别举例说明。

▲ 呼应成分不同的，例如：

因为——由于
㉛ 因为他注意观察，所以他的文章写得好。
㉜ 由于他坚持锻炼，因此身体越来越好了。
㉝ 足球比赛由于天气的原因而改期了。

"因为"和"由于"都表示原因，但前后搭配有别，"因为"多与"所以"搭配，"由于"多与"因此""而"搭配。

▲ 连接的句子不同的，例如：

况且——何况
㉞ 他是外国人，况且是第一次来中国，最好去机场接他一下。
㉟ 很多北京人都不认识这个地方，何况外地人？

"况且"和"何况"都表示递进关系，"况且"用于陈述句前，而"何况"用于反问句前。

或者——还是
㊱ 去泰山或者黄山都行，我都没去过。
㊲ 你去泰山还是去黄山？

"或者"和"还是"都表示选择关系，"或者"用于陈述句，"还是"用于疑问句。

▲ 对主语的要求不同的，例如：

又——也
㊳ 他上午在图书馆，下午又去了图书馆。
㊴ 哥哥考上了北大，妹妹也考上了北大。

"又"和"也"都表示并列关系，"又……又……"一般只有一个主语，而"也……也……"一般要求两个主语。

并——并且
㊵ 大夫给他包扎了伤口,并安排他住了院。
㊶ 他受了伤,并且孩子也病了。

"并"和"并且"意义相同,但"并"的前后主语必须相同,"并且"句的前后主语可以不同。

所以——因此
㊷ 他因为怕你,所以迟迟不来见你。
　　他所以迟迟不来见你,是因为怕你。
㊸ 由于天气干旱,因此小麦都减了产。
　＊因此小麦都减了产,由于天气干旱。

"所以"和"因此"都常用在后一分句表示结果,但"所以"还可以用在前一分句,"因此"不能。

语体色彩上不同的　例如:"因而"比"因此"的书面语色彩要浓些;"然而"用于书面语,而一般不用于口语;"就是"比"即使"更口语化;"要是"用于口语,"假如""假使"用于书面语;"省得"多用于口语,"免得"多用于书面语;一般单双音节词对应时,单音节词多用于书面语,双音节词口语书面语都可用。

以上辨析是举例性的,主要提出辨析的范围要扩大、辨析的角度要多样。复句因其关联词语数量大,用法复杂,语义较虚灵,在教学中会遇到很多困难,需要我们加强研究,积累经验,有所创新,有所突破。

第9讲

关于句类的教学

本讲在陈述句的教学提示中,重点突出肯定句和否定句;在疑问句教学中,重点提示提问的方法并对不同的疑问方式进行比较;对祈使句和感叹句,主要讨论如何正确有效地表达请求、禁止等功能,如何使用感叹词表达自己的强烈感情等。

9.0 概述

人们说话时有不同的目的，为了达到不同的目的，就会使用不同用途的句子，表达不同的语气。汉语中，按照不同用途、不同语气划分出的句子类型就叫"句类"。句类包括陈述句、疑问句、祈使句、感叹句四种，这四种句子的主要区别是：语调不同、使用的语气助词不同，在书面上表现为使用的标点符号不同。例如：

① 下雨了。（陈述的语气和语调，把下雨的事实告诉对方）
② 下雨了？（疑问的语气和语调，询问是不是下雨了）
③ 下雨了！（感叹的语气和语调，流露出久旱逢甘雨的喜悦感情）

以上三个句子所用的词相同，句子的结构相同，语序也相同，但表达的意思有明显的区别，主要是在口语中语调不同，在书面上，所使用的标点符号也不同。再如：

④ 回去吗？（疑问句，向对方询问）
⑤ 回去吧！（祈使句，请求或命令对方）
⑥ 回去了。（陈述句，告诉对方）

以上三个句子语调不同，所以使用的语气助词也不一样，表达了不同的语气和不同的说话目的。

使用语气助词来表达句子的不同语气和用途，是汉语的特点。在汉语里，同一个句子，用不用语气助词或者用上不同的语气助词，句子的语气都有差别，这对于缺乏汉语语感的外国人来讲是需要通过一定的训练才能体会到的。

汉语中同一种语气常常可以用多个语气助词表达，在语气上有细微的差别。例如，陈述语气可用不同的语气助词表达肯定、确认、显然如此、不过如此，以及夸张、提醒等意思。同一个语气助词也可以用在不同类型的语气中。例如"吧"，既可以用于陈述句，也可以用于疑问句，又可以用于祈使句。因此句类教学中语气助词是教学的重点。

本讲的教学提示将对四种语气句各使用什么语气助词、分别表达什么语气，做具体的阐述。语气词的范围依据《语法等级大纲》和《教学大纲》中列举的，包括"吗""呢""吧""啊""了""的""嘛""而已""罢了""着呢"等。

句类教学在对外汉语教学中的重点，除了语气助词教学外，疑问句和陈述句中的肯定句、否定句，作为句型教学中三个基本句，在课堂的教学操练时也缺一不可。因此本讲将在陈述句的教学提示中，重点突出肯定句和否定句；在疑问句教学中，重点提示提问的方法并对不同的疑问方式进行比较。祈使句、感叹句多出现在口语对话中，是课堂上进行对话练习、交际活动练习等常常使用的句子，如何正确有效地表达请求、禁止等功能，如何使用感叹词表达自己的强烈感情，是实践语言教学中值得关注的内容。

9.1 陈述句的教学参考

告诉别人一件事，目的是传递信息；语调平匀，句尾略降；书面上在句末用句号表示停顿的句子叫陈述句。

陈述句是使用最广泛的一种语气句，表示对人或事件的叙述、判断、说明或论述。有的肯定某一事实，有的否定某一事实，因此陈述句包括肯定句和否定句，这两种句子在课堂教学中是最基本的句子。

9.1.1 肯定句和否定句

肯定和否定反映了人们对客观事物的认识或判断。人们在陈述一件事实时，除了疑问和否定，就都是肯定。汉语中肯定句并不需要用专门的词语来表示，而否定句则一般要用上表示否定的词语如"不""没（有）"等。

句型中，无论是主谓句还是非主谓句，凡没有使用否定词语或表示疑问语气的都是肯定句。否定句需要使用否定词语，那么常见的否定词语"不"和"没（有）"如何使用？是不是在肯定句的基础上加上"不"和"没（有）"就成为否定句了？例如：

① 他赞成。　　他不赞成。
② 苹果熟了。　苹果没有熟。

例①②肯定句和否定句，形式和意义看上去很对称。但是：

③ 他吃了饭。　他没吃饭。　　*他没吃了饭。
④ 他上海人。　他不是上海人。　*他不上海人。
⑤ 要下雨了。　*不要下雨了。　不会下雨了。

例③－⑤肯定和否定是不对称的，③在否定时减少了"了"，④在否定时增添了"是"，⑤在否定时用"会"替换了"要"。这是否定句教学中学生难于把握的地方，值得分析和辨别。

(1) 关于"不"和"没(有)"

"不"和"没(有)"是现代汉语中表示否定的最常用的两个副词,由于"不"和"没(有)"在否定动词、形容词时各自的否定对象不同,表义功能有别,所以外国学生在否定时常常将二者混用,造成许多病句。例如:

⑥ *天空没有云,现在没可能下雨。
⑦ *这几天我没有忙,可以看那本小说。
⑧ *我们那里到了冬天也没下雪,没结冰。
⑨ *他不看见大家回来吃饭,就饿。
⑩ *老师问她的问题,她一个也不回答对。
⑪ *教室的窗户不开着。①

因此首先要区别"不"和"没(有)"。两者对动词、形容词的要求和否定的对象不同,所表达的功能也是有区别的。

"不"和"没(有)"对动词的要求 "不+动作动词/行为动词"表示意愿;"没+动作动词/行为动词"否定行为、动作的发生。例如:

不去　不参观展览　不吃馒头
没去　没参观展览　没吃馒头

"不+经常性、反复发生的动作";"没+一次性、暂时发生的动作"。例如:

不锻炼身体　不用电脑　不开汽车(从来不进行这种动作)
没锻炼身体　没用电脑(因为开了一天会)　没开车(因为没油了)

"不+某些非动作动词";"没"不能与非动作动词连用。例如:

不是我　不在公司　不姓张　不像妈妈(关系动词)
不会来　不应该迟到　不可能下雪(估计动词)
不认得路　不知道这个人　不认识字(认知动词)

"不+主观的、未然的动作";"没+客观的、已然的动作"。例如:

不去了　不休息了　不学游泳了　(主观、未然)
没去　　没休息　　没学游泳　　(客观、已然)

---

① 引自佟慧君(1986),《外国人学汉语病句分析》,北京:北京语言学院出版社。

⑫ 我不发言。

（主观意愿，指说话之后"发言"动作不会发生，表未然）

我没发言。（客观事实，指到说话时为止没"发言"，表已然）

"不"和"没（有）"对形容词的要求 "不＋形容词"否定性质、状态。"没＋形容词"否定性质、状态的变化。例如：

不老　不熟　不红

没老　没熟　没红

"不"和"没（有）"的教学提示 "没"可以直接出现在名词前，如"没钱""没汽车""没事"，这里的"没"是对动词"有"的否定，是"没有"的意思。"不"则不能出现在名词前，所以不能说"＊不钱""＊不汽车"。

"不"和"没"与表示已然、未然有关，与过去、将来无关。由于"没"否定动作的发生，所以外国学生常常误以为"没"只表示过去的动作和事件，不能表示"将来"；而"不"是否定意愿，所以外国学生误以为"不"只表示"将来"，不能表示"过去"。其实，"不"有时也可以表示"过去"，"没"也可以表示"将来"。例如：

⑬ 昨晚的联欢晚会，就玛丽一个人不参加。

⑭ 要是明天没收到我们的汇款，请给我打个电话。

"没"否定动作的发生，是动态的。借此可引导学生理解：要否定动作持续（V着）、动作完成（V了）、动作产生了结果（V＋结果补语），或者过去的经历（V过）等时，都只能用"没"，而不能用"不"。

(2) 关于肯定和否定的不对称

如前所述，在句型教学中，肯定句和否定句是绝不可少的两种基本式。在教学中一般以肯定句的谓词前加"不""没"构成否定句作为规律教给学生。但在实际语言中，肯定和否定并不总是对称的。吉田泰谦（2000）在其硕士论文中，以北京语言学院句型研究小组统计的《现代汉语基本句型》中212个陈述句为考察对象，发现其中有75个句型存在着肯定句和否定句不对称的现象，几乎占212个句型的三分之一。这种现象必须在教学中予以重视。留学生产生语法偏误的主要因素就是过度泛化，以偏概全。他们以否定句的一般规律去组词造句，就会频频出现病句。例如：

⑮ *没刮着风。（否定：刮着风。）
⑯ *你不必须填这张表。（否定：你必须填这张表。）
⑰ *昨天不晴天。（否定：昨天晴天。）
⑱ *今天不冷得很。（否定：今天冷得很。）

肯定句和否定句的不对称，主要表现在形式和意义两个方面。我们参照吉田泰谦（2000）的考察，下面分别列举。

其一，**形式上的不对称**有以下几种：

否定时增加成分。例如：

⑲ 他中文系的，我物理系的。
　　他不是中文系的，我不是物理系的。
⑳ 一号线地铁全长250公里。
　　一号线地铁全长不是250公里。

否定时减少成分。例如：

㉑ 小王病了。　小王没病。
㉒ 她举着一把雨伞。　她没举着雨伞。
㉓ 楼前停着几辆汽车。　楼前没停着汽车。
㉔ 他家的生活比过去好得多。　他家的生活没有过去好。

否定时替换某个成分。例如：

㉕ 这本书可以看看。　这本书不值得看。
㉖ 星期天我得回家。　星期天我不必回家。
㉗ 你必须办这个手续。　你不必办这个手续。
㉘ 暑假他要回国。　暑假他不想回国。

有肯定无否定或有否定无肯定。例如：

㉙ 风刮着。　*风没刮着。
㉚ 他激动得很。　*他不激动得很。／*他激动得不很。
㉛ 我才不看足球比赛呢。　*我才看足球比赛呢。
㉜ 一句话都不说。　*一句话都说。
㉝ 老师还没来。　*老师还来。

其二，**意义上的不对称**有以下几种句子：

㉞ 他休息了一星期。（确定的量：一星期）
　　他没休息一星期。（不确定的量：不到一星期）

㉟ 他会说话。　　（"会"：善于）
　　他不会说话。（"不会"：不善于；没有能力）
㊱ 我就回去。　　（"就"：表示动作马上发生）
　　我就不回去。（"就"：表示强调）
㊲ 骑车带人。　　（两个动作）
　　没骑车带人。（歧义：否定两个动作；否定其中一个动作
　　　　　　　　——骑车了，但没带人）
㊳ 他发音还行。　（"还行"：勉强可以）
　　他发音还不行。（"还"：仍然）

　　影响肯定和否定的不对称的因素是很复杂的，有语义因素、认知因素，以及否定的辖域和范围等。外国学生容易从形式上去模仿或类推一些句型模式，对不合常规的形式，由于缺乏语感的制约，很难把握，而这正是我们教学的重点。因此在教学中对于肯定与否定不对称的现象应给予足够的重视。对形式上或语义上与肯定句不对称的否定句要进行提示和讲解。

9.1.2 陈述句中的语气助词

　　陈述句带有陈述的语气，多数陈述句可不带语气助词，有时为了把思想感情表达得更加明朗、确切，也可以用上语气助词。陈述句中常用的语气助词有"的""了""嘛""啊""呢""吧"等，"而已""罢了""着呢"等也可以表达陈述语气。

　　陈述句带上语气助词后，可以表达确认、显而易见、夸张、提醒等语气，因此用与不用语气助词，以及用不同的语气助词，句子表达的感情和语气是不一样的。例如：

　　　① 他的病很重。

这句话只是陈述一个事实，告诉别人一件事，是一般陈述语气，并没有反映出说话人在传达这一信息时所带有的感情和态度。如果带上了语气助词，就不一样了：

　　　② 他的病很重的。

"的"带有确认的语气，对传达的信息进行确认、肯定，有"本来如此"的意思。

　　　③ 他的病很重了。

"了"表示变化,隐含着"原来病得没这么重,现在恶化了"的意思。

④ 他的病很重啊!

"啊"有肯定、解释的意味,起缓和语气的作用。

⑤ 他的病很重呢。

"呢"有提请注意的意味,提醒听话人别掉以轻心,有夸张的语气。

⑥ 他的病很重吧?

"吧"表示猜测、估计。

⑦ 他的病很重嘛!

"嘛"显而易见的意思,有时表示说话人不耐烦的情绪。

⑧ 他的病重着呢!

"着呢"常用于口语中,表示夸张的语气。

"而已"和"罢了"也常用于陈述句,表示"就是这样,没什么",把事情往小处说。"罢了"比"而已"更具口语色彩。

以上我们依据大纲列举的 9 个语气助词都可以用于陈述句。但这些语气助词也可以用于表示其他语气的句子中。在不同语气的句子中,表达的意义、感情、语气也有区别。因此,语气助词是外国人学习的难点,应逐步地、分阶段地出现在教学中。

9.2 疑问句的教学参考

用疑问的语气或语调向别人提出疑问的句子就是疑问句。疑问句的结构形式是用疑问语气助词(如"吗""吧""呢")、疑问语调(如"你等车?")、疑问代词(如"谁""什么""哪儿"等)、关联词语(如"还是"),或并列谓词的肯定和否定形式(如"去不去?")等构成。

在以培养学生交际能力为目标的对外汉语教学中,疑问句的出现频率和受到关注的程度之高是不容置疑的。对外汉语教材一般在初级阶段就会教到多种疑问形式。《语法等级大纲》中就列举了 11 种提问的方法。

无论是早期的还是现在正在使用的对外汉语教材中,对疑问句的介绍主要在形式的构成上。例如:"疑问助词'呢'加在陈述句的句尾构成疑问句","疑问代词'谁''什么''哪儿'放在提问部分的位置上构成疑问句"(鲁健骥主编,1986);"把谓语主要成分的肯定式与否定式并列起来即构成正反疑问句","陈述句只要带上疑问语气就构成了一个疑问句"(杨寄洲主编,1999)。

其实在实际语言中,疑问句的使用除了受句法规则的制约外,还要受到语义、语境、语用、功能等诸多因素的影响。这在教学中更有意义。

上世纪80年代之后,汉语语法学界对疑问句无论是宏观的研究还是微观的研究,理论的探讨还是句式的描写,都取得了可观的成果,比较突出的是结合三个平面的理论,对疑问句在语法结构形式的基础上进行语义分析,并联系语境进行语用功能的探讨。这些成果都应吸收过来,转化为教学语法,指导学生更准确、得当地选择和运用疑问句。

目前对外汉语教材中疑问句的教学主要在初级阶段,从结构形式入手,教学生怎么提问,这是必要的。但到了中高级阶段,学生要会针对不同对象,在具体的语境中选择恰当、得体的提问方式,并且正确地表达自己的情感、情绪,这些都不是仅仅掌握了提问的方式所能解决的。

本书在吸收本体研究中相关成果的基础上,针对疑问句教学中的不足,试图解决如何指导学生正确选择和运用疑问句的问题。

9.2.1 教学中疑问句的类型及名称

语言学界一般将疑问句分为四种类型:是非问、特指问、选择问、正反问。对外汉语教学的早期教材中主要教五种疑问句,但名称上为了便于教学,各有千秋。如《汉语教科书》(邓懿主编,1958)将五种疑问句分别称为:用"吗"的(疑问句)、选择式(疑问句)、用疑问代词的(疑问句)、用"(还是)……还是……"的(疑问句)、用"是不是"的(疑问句)。《基础汉语课本》(李培元主编,1980)教四种疑问句,分别称之为:疑问句(一)(他现在忙吗?)、疑问句(二)(这个新来的同志会几种外语?)、疑问句(三)(邮局离我们这儿远不远?)、疑问句(四)(你参加赛跑还是参加体操表演?)。

上世纪90年代以后,教材中的提问方式较前丰富,如《汉语教程》(杨寄洲主编,1999)设置了"怎么问(1)—(6)",包括:"……吗?"、疑问代词、正反问句、选择问句(……还是……?)、省略问句(……呢?)、疑问语调。

教材中的疑问句除了以语法项目的形式出现外,还在注释中有所补充。以《汉语教程》为例,在注释中出现的提问方式有:

第19课　注释(一)　你跟我一起去,好吗?

第 20 课　注释（一）　怎么去呢？
第 23 课　注释（二）　是吗？
第 31 课　注释（三）　是不是？
第 35 课　注释（一）　对这儿的生活习惯吗？

课文会话中，还冒出了如"寒假你有什么打算吗？"（第 58 课）这种疑问代词和"吗"同现的疑问句，在语法和注释中都未予解释。

《语法等级大纲》在甲级语法等级大纲中列举了 11 种提问方式：

◎ 用语气助词"吗"提问；
◎ 用"好吗？""行吗？""对吗？""可以吗？"等提问；
◎ 用语气助词"吧"提问；
◎ 用疑问语调表示提问；
◎ 用疑问代词"谁""什么""哪儿""多事""几""怎么""怎么样"提问；
◎ 用"用疑问代词的问句＋呢"提问；
◎ 用肯定形式与否定形式相叠提问；
◎ 用"肯定形式＋没有"提问；
◎ 用疑问副词"多"提问；
◎ 用语气助词"呢"提问；
◎ 用"（是）……还是……"提问。

《教学大纲》在一年级语法项目表中，列举了 4 类疑问句共包含 8 种提问方式：

是非问	◎ 陈述句＋吗？
	◎ 陈述句＋吧？
	◎ 陈述句后有停顿，然后用"好吗？""行吗？""成吗？""对吗？""可以吗？"
特指问	◎ 用疑问代词表示疑问点
	◎ 用"多＋形容词"问长度、高度、面积、距离等
	◎ 用语气助词"呢"（我的帽子呢？我不想去，你呢？）
正反问	◎ 他买不买电脑？你上网了没有？
选择问	◎ 用"（是）……还是……"

《教学大纲》比《语法等级大纲》少列举了两种疑问句，即用疑问语调构成的疑问句和用"疑问代词的问句＋呢"。而在教材中，《语法等级大纲》所列举的提问方式基本上都以不同的形式出现了。

在疑问句的名称上，无论是大纲还是教材，主要采用标志词来标示的方式，如：用"吗"的、用"吧"的、用"（是）……还是……"的、用疑问代词的，等等。这比用"是非问""特指问"等更有利于学生联想造句。

据黄南松（1992）统计，疑问句的出现频率依次为：特指疑问句（占36.3%）——是非疑问句（占25%）——特指疑问句＋"呢"（占12%）——S＋疑问语调（占10%）——正反疑问句（占3%）——选择疑问句（占2.4%）——用"是不是"提问（占1.7%）——用"呢"的省略问（占1.2%）。

各类疑问句出现的频率可作为我们选择疑问句和教材中排序的参考。此外，汉语中的疑问句除了句尾用语气词构成的以外，其余的疑问句在英语中都有对应形式。（李英哲等，1990）

9.2.2 疑问句式的选择

教学中列举的疑问方式有十余种，怎样指导学生正确地选择疑问句式呢？据现有的研究成果来看，影响疑问句选择的因素有疑问焦点、疑问程度、疑问语气、语法结构等。

（1）疑问焦点

疑问句就是向别人提问，以求得回答。提问之点所在，就是疑问焦点。提问时疑问焦点不同，选择的疑问方式也有异。要问什么，就选择有相应的疑问焦点的疑问句，可见，疑问焦点是选择疑问句的决定性因素。当疑问焦点是某个事件时，要用"S＋吗？"；而疑问焦点是某个事件的一个部分，如原因、数量、程度、方位、方式、某个人等时，则用疑问代词构成疑问句。根据疑问焦点选择疑问句式的情况见下表：

疑问焦点	疑问句式	例句
某个事件	S＋吗？	你向老师请假了吗？ 他今年没回上海吗？
问人	谁？	谁拿走了我的词典？
问物	什么？	你喝点什么？
问地方	哪儿？	你去哪儿休假？
问原因	为什么？	妹妹为什么不理我？

续表

疑问焦点	疑问句式	例句
问数量	几?多少?	你订了几份杂志? 有多少人参加了他的婚礼?
问方式	怎么?	怎么搬走这块石头?
问情况	怎么样?	上海的天气怎么样?
问程度	多?	长城有多长?
在某个动作或状态的肯定或否定中有其一	V不V? A不A?	明天去不去颐和园? 这双皮鞋贵不贵?
在两种或两种以上的可能中有其一	……还是……?	你走着去还是坐车去? 他喝咖啡、茶,还是矿泉水?

以上只是四种基本疑问句及其疑问焦点的对应情况。虽然教学中列举的疑问句式多达十余种,但按疑问焦点和应答来判断,可分别归入以上四种基本疑问句中。

疑问焦点同句式"S+吗?"的还有"S+吧?""S+疑问语调""S+行吗?/对吗?/可以吗?"等句式。

疑问焦点同句式"用疑问代词提问"的,还有用"呢"的省略问句。

疑问焦点同正反问句式的还有用"是不是?""对不对?""行不行?""好不好?"等的句式。

(2) 疑问程度

疑问句内部的类型较多,在疑问程度上是有高低强弱之分的,向来就存在着有疑而问、猜测、无疑而问,或高疑、低疑、无疑之分等说法。

疑问程度也是影响问话人选择疑问句式的主要因素之一。例如,当疑问焦点在某个事件时,可以用以下的提问方式:

① 你在写汉字吗?
② 你在写汉字吧?
③ 你在写汉字?

至于到底用哪一个句式合适,则要参照问话人对疑问点的疑问程度而定。当问话人的疑惑(简称为"疑")大于心目中的既有答案时(简称为"信"),选择①;"信"大于"疑"时则用②;而③有时是无疑而问，如打招呼之类。可见疑问程度对句式选择的影响是极其明显的。

例①－③主要显示了句式的语气词和语调对疑问程度的影响，句式类型也是影响疑问程度的主要原因。例如：

④ 你在写作业吗？
⑤ 你在写什么？
⑥ 你写作业不写（作业）？
⑦ 你写作业还是写信？

例④－⑦的这些句式中，⑤的疑问度最强，是全疑；④次之，疑大于信；⑥⑦再次之，信疑参半，二者都是在两项中选择其一。

我们试着按疑问程度由强及弱的顺序，将各种疑问句式排列如下：

用疑问代词的＞用"吗"的＞用"V不V"的/用"……还是……"的＞
　[全疑]　　 [疑大于信]　　　　　　　　 [信疑参半]
└──────────────────有疑而问──────────────────┘
用"是不是"的/用"吧"的＞用疑问语调的
　[信大于疑]　　　　　 [低疑或无疑]
└────────有疑弱问────────┘

说明：

《语法等级大纲》中列举的11种提问方式，这里的序列列举了7种，其他4种中，"肯定形式＋没有"同"V不V"仅在动作的态上有区别，可视为一类；"用语气助词'呢'提问"（即省略问）与"用疑问代词的问句＋呢"在疑问程度上基本上与"用疑问代词的问句"相同；"用'好吗？''行吗？''对吗？''可以吗？'的问句"，其疑问程度类同于"是不是"问句，主要是求得证实，信大于疑。

用疑问语调的问句，对语境的依赖较大，在一定的上下文中有时表示求证，有时仅是打招呼，并不求有答案，所以是疑问程度最弱的一类。

用"吗"的问句，由于对答案有倾向性，在不同的情境下，倾向性也有高有低，所以信和疑的比例会互有消长，所以在疑问程度上有人认为比正反问高，有人认为比正反问低。由于在教材中带"吗"的问句出现频率很高，又主要是有疑而问，所以上面的序列中，其在疑问程度上列于正反问之前。

影响疑问程度的因素主要是疑问类型和语气语调，其他如语境、副词、能愿动词等也会影响疑问程度，须结合具体句子和句子所在的上下文做具体分析。

(3) 疑问语气

教学中常常遇到学生这样问我们:"你吃饭了吗?"和"你吃饭了没有?""谁骑走了你的车?"和"谁骑走了你的车呢?"是不是一样?如果不一样,有什么区别?什么时候用这个问句,什么时候用那个问句?

我们前面提到了疑问焦点和疑问程度对句式的选择有影响,疑问的语气也影响着人们时疑问句式的选择。汉语疑问句中,有"吗""吧""呢"等三个语气词经常在句尾出现,它们除能构成疑问句外,也表达了一定的语气。用"吗"的句子常常使疑问句的语气显得比较舒缓,用"吧"和"呢"的句子常常使提问显得比较委婉。试比较:

⑧ 你写不写作业? 你写作业吗?
⑨ 你听明白了没有? 你听明白了吗?

很明显,用"V不V"或"V了没有"提问,语气比较生硬,有追问、逼问的意味,甚至有威胁的口气,而用"吗"提问,显然语气比较缓和,有点商量的口气。

⑩ 你找什么? 你找什么呢?

用疑问代词是直截了当地询问,而用疑问代词的句子后带语气词"呢",就使语气显得委婉,不那么突兀。

⑪ 你是日本人? 你是日本人吧?

两者都是为了求得证实,但用"吧"的句子,在语气上委婉、亲切。

如果我们按疑问句语气的轻重,把疑问句分为急问、逼问、直接询问、缓和询问、委婉询问,那么各类问句与及对应的语气可归纳如下:

◎ 用"V不V""……还是……"的:急问、逼问
◎ 用疑问代词的:直接询问
◎ 用"吗"的:缓和询问
◎ 用"呢""吧"的:委婉询问

(4) 语法结构

语法学界论及语法结构对疑问句式的影响,主要是正反问句和是非问句方面的(刘月华,1989)。

谓语动词前有"都""又""真""很""也"以及"还是""这么"等时，一般用带"吗"的问句，不用正反问句。由于在正反问句中若动词前带有修饰词，修饰语与动词都要反复，会使句子难以上口。例如：

⑫ 孩子们都睡着了吗？
　*孩子们都睡着没睡着？
⑬ 你这么坚持自己的意见吗？
　*你这么坚持不这么坚持自己的意见？

此外，当动作未发生时和动作已经发生时，选择的正反问句不同。例如：

⑭ 你写不写作业？　　（动作未发生时）
⑮ 你看不看京剧？　　（动作未发生时）
⑯ 你写没写作业？　　（动作已发生时）
⑰ 你看京剧了没有？　（动作已发生时）

9.2.3 疑问句中的语气助词

疑问句除了用疑问代词、疑问结构构成外，还可以用语气助词构成，如由陈述句加上"吗""吧"，以及省略问句中的"呢"等。

带语气助词的疑问句，各自具有独特的表达功能和语气。由于语气助词构成疑问句在英语中并无对应形式，所以在对外国人的教学中，尤其要通过练习使学生理解这类疑问句的语法意义、语用功能和所表达的语气。

(1) 用"吗"的疑问句

用"吗"的疑问句，是对"吗"之前陈述句的内容进行提问，问话人对陈述的内容有一定的倾向性，但又不能确定，希望得到一个肯定的或否定的明确答案，回答往往用"是"或"不是"。例如：

① 你还记得来过这个地方吗？（倾向于肯定）
② 你以为他们都听你的吗？（倾向于否定）

以上是肯定的陈述句带上"吗"，答案既可能是肯定的，也可能是否定的；问话人由于不能确定，希望得到明确的答案。

如果是否定的陈述句带上"吗"，则是问话人先说出的是一个否定的事实，由于对此事实不能确定，所以用"吗"构成疑问。问话人实际上倾向肯定，认为"应该是……"。例如：

③ 大家都在忙，你没看见吗？（你应该看见）
④ 你不清楚家里有困难吗？（你应该清楚）
⑤ 你没吃过烤鸭吗？（你应该吃过）

语气词"吗"在表达上有舒缓语气的功能，试比较：

⑥ 谁欺负过你？（没人）　谁欺负过你吗？（没人）

前者的语气比较生硬，显得突兀，而后者用了语气词"吗"，则比较缓和。通常在不了解事实真相的情况下，应该先用"吗"提问，使回答者在"是"和"非"中有一个余地，在确定了"是"之后，才进一步提问："谁？""怎么？""为什么？"等。

（2）用"吧"的疑问句

用"吧"的疑问句也是对"吧"之前陈述句的内容进行提问，问话人对陈述内容已经比较清楚，希望得到证实。与用"吗"的疑问句相比，用"吧"的疑问句疑问程度比较低。例如：

⑦ 你今天有空儿吗？　你今天有空儿吧？

前者对答话人是否有空儿没有把握，答案可能是"有空儿"，也可能是"没空儿"，所以疑问程度较高；后者是问话人推断或确定答话人"有空儿"，只不过希望答话人以肯定的回答来证实自己的推断。再如：

⑧ 你今天没空儿吗？　你今天没空儿吧？

当语气词前的陈述句是否定时，前一句表示的是怀疑，对陈述的内容倾向于肯定，有"应该有空儿"的意思；而后一句则是问话人对陈述内容比较确定，所以推测对方"没空儿"，希望得到证实。如前所述，用"吧"比不用"吧"提问语气会更委婉些。

（3）用"呢"的疑问句

语气助词"呢"可以用在省略问句和不带"吗"的其他疑问句中。

用"呢"的省略问句　这类句子有两种形式：一种是名词、代词后用"呢"（NP呢？），一种是谓词性成分或主谓词组后用"呢"（VP呢？）。例如：

⑨ 字典呢？（字典在哪儿？）

⑩ 别人都回去，你呢？（你回去不回去？）
⑪ 他要是跑了呢？（他要是跑了怎么办？）

"NP 呢？"（如例⑨）一般用在始发句中，询问人或物之所在；同是"NP 呢？"，"你呢？"（如例⑩）却有上文（别人都回去），询问对方"回去不回去"，希望对方表态；"VP 呢？"（如例⑪）可以出现在始发句，也可以出现在后续句中，一般有假设的意思，询问"如果 VP，怎么办呢？"。这些问句都省略了谓语成分，问的是"哪儿""怎么样""怎么办"，因此这类问句和用疑问代词的问句可看成一类。这类疑问句疑问程度高，形式短小、简洁，所问的内容丰富，特别在口语中广泛运用，使用频率很高。

"呢"用在不带"吗"的其他疑问句中 带疑问代词的、用"V 不 V"的、用"……还是……"的疑问句，后面都可以用"呢"，其中以用疑问代词的问句后带"呢"的使用频率最高。在这三种疑问句中，既可用"呢"，也可不用"呢"，但用"呢"询问后，一般都使语气显得委婉，不那么急切、突然、直截了当。例如：

⑫ 你说什么？ 你说什么呢？
⑬ 为什么迟到？ 为什么迟到呢？
⑭ 你去不去？ 你去不去呢？
⑮ 你离开还是留下来？ 你离开还是留下来呢？

"呢"在用疑问代词的疑问句中，还有其独有的表义功能，一般带有奇怪、疑惑不解的意味。例如：

⑯ 谁打破了窗玻璃？ 谁打破了窗玻璃呢？

前一句是询问，要问出打破玻璃的肇事者，常常是问话人发现某一事件（玻璃被打破了）后，马上就可以提出询问；后一句则会有一定的前提，在事件发生后，经过一番推测，仍然不能确定肇事者是哪个人，这时就有一种疑惑不解的情绪，有"究竟是谁呢"、希望进一步追究下去的意思，既可向他人询问，也可用于发话人自己在琢磨。因此，"用疑问代词的问句＋呢"这类句子需要具备一定的语言环境和前提才能使用。

"呢"在用"V 不 V"和"……还是……"的问句后的使用频率不及在用疑问代词的问句后高。这两个问句用"呢"主要有缓和语气的作用，使问句在询问之外，带有商量、征求意见等意味。试比较：

⑰ 明天去机场接人是你去还是我去?(询问,要求表态)
明天去机场接人是你去呢,还是我去呢?(商量)
⑱ 公司的调动你接受不接受?(询问,要求表态)
公司的调动你接受不接受呢?(征求意见)

无论是带"呢"的省略问句,还是某些疑问句后带"呢"的句子,都要求具备一定的上文或语言背景,对语境的依赖性较强。在疑问句中,用疑问语调提问的句子对语境的依赖性也较强。

疑问句的教学历来仅集中在初级阶段,且只介绍语法结构,这是远远不够的。在课堂教学中,教师应该拓宽和加强教学内容,除了教给学生不同的问句形式外,还要让学生掌握不同的问句在表达功能、疑问焦点、疑问程度和疑问语气上的差异,知道在什么情况下使用哪种疑问句,这些才是至关重要的。

疑问句的教学还应该包括应答,即不同的疑问句应该怎样应答,整句应答还是简式应答,肯定的应答或否定的应答等。一问一答是对外汉语课堂教学中实现交际化和师生互动的重要手段,因此这是教学中应当予以关注的。

9.3 祈使句的教学参考

请求、命令或禁止别人做某事的句子是祈使句。祈使句一般结构简单、短小,主要用于口语对话中。

作为按语气划分的句类中的一种类型,祈使句在《语法等级大纲》和《教学大纲》中都没有出现,但在教材中却难以回避。在早期教材如《汉语教科书》、《基础汉语课本》的语法大纲中,都列出了按语气划分的4种句子,前者在第55课将祈使句统称为"命令句",后者则在第37课解释了祈使句。当代教材如《汉语教程》在语法、注释等项目中出现了如陈述句(肯定句、否定句)、疑问句、祈使句、感叹句等,其配套的《对外汉语教学初级阶段教学大纲》(杨寄洲主编,1999)中也列举了4种语气句。

祈使句主要用于口语对话中,主要用途是表达请求、建议、命令及劝阻、禁止等使令功能。以交际为目标的课堂教学中,结合情景进行交际功能训练占有很重要的地位。祈使句以其特有的结构形式、语气、语调等所表达的使令功能在交际活动中是不可或缺的,而不同的结构形式、有无语气助词等都影响着使令语气的强弱,影响着交际活动中表达的准确和得体。不同的语境、不同的对象、不同的心情时选择的祈使句是不同的。这正是教学中所要关注的问题。

9.3.1 祈使句语气的强和弱

命令或要求听话人做某事，使用肯定的祈使句；禁止或阻止听话人做某事，使用否定的祈使句。要别人或不让别人做某事时，可以直截了当，言辞坚决，也可以态度客气，语气缓和，这就是祈使句在语气上的强弱之分。

肯定的祈使句的语气从强到弱依次为：

　　命令——建议——请求

否定的祈使句的语气从强到弱依次为：

　　禁止——劝阻——祈免

命令和禁止语气强硬、坚决，直截了当；建议和劝阻语气比较缓和、委婉，而请求和祈免则显得恳切、谦卑。影响祈使句语气强弱的因素主要有：主语的有无、语气词的有无、某些词语、某些表达方式等。

(1) 命令、禁止

一般是词或短语独用，无主语，不用语气助词，使用强硬的否定词语如"不许""不准"等。例如：

　　① 出去！
　　② 走！
　　③ 滚开！
　　④ 少废话！
　　⑤ 不许动！
　　⑥ 不准说话！

当动词前加上不具有具体意义的"给我"时，也是语气强硬的表达方式。例如：

　　⑦ 给我跪下！
　　⑧ 给我闭嘴！
　　⑨ 给我出去！
　　⑩ 给我停下！

(2) 建议、劝阻

句尾常用语气助词"吧""啊",有主语。例如:

⑪ 走吧!
⑫ 说话啊!
⑬ 咱们走!
⑭ 你说下去!

否定词主要用"别""不要""不用""不必"等,句尾有时有"了"。例如:

⑮ 别闹!
⑯ 不要吵了!
⑰ 不用管!
⑱ 不必来了!

使用某些能愿动词或用反问句可使语气变得缓和。例如:

⑲ 该上班了!
⑳ 可以走了!
㉑ 你还不走?
㉒ 还不快说?

(3) 请求、祈免

使用表敬意的词语表达请求时态度的谦卑。例如:

㉓ 请您指教!
㉔ 您老帮个忙!

用重叠式动词或带"一点儿""一会儿"等表示短时、少量的词语。例如:

㉕ 行行好!
㉖ 您等等!
㉗ 吃一点儿!
㉘ 睡一会儿!

请求、祈求别人不做某事时,常用"别"加语气助词"了"。例如:

㉙ 别哭了!

㉚ 别闹了!
㉛ 别走了,行吗?
㉜ 求你别说了!

9.3.2 祈使句的尊卑色彩

在交际中,由于情境、场合的不同,交际双方年龄、身份、地位、亲疏等的差异,以及说话人的交际目的、交谈时的气氛和心情等的影响,祈使句会表现出明显的尊卑色彩。尊卑色彩是由语句中的词语或表达方式体现出来的。

(1) 主语的有无及主语使用的词语

一般用主语的句子比不用主语的句子有尊重对方的意味,而使用主语时,用"您""诸位""各位"等谦敬称呼语比直呼其名或用一般的人称代词更有敬意。试比较:

① 您坐下! 你坐下! 坐下!
② 各位坐下! 你们坐下! 坐下!

以上例句中,有主语的比没有主语的带有尊重对方的意味;有主语的例句中,用"您""各位"的更带有敬意。

(2) 敬辞与非敬辞的使用

祈使句中表示尊敬时,使用最多的是"请"。例如:

③ 请进,请坐!
④ 里边请!
⑤ 您请用茶!
⑥ 吃点儿水果,请!

一般对下级、晚辈或熟悉的人,不必用敬辞,多用"叫"。例如:

⑦ 叫小张开车!
⑧ 叫他进来!
⑨ 叫秘书来!

如果用"滚""滚开""给我+动词或动词词组"等,则有鄙视对方的意味。例如:

⑩ 滚!

⑪ 滚开!
⑫ 给我出去!

表示尊卑的色彩与语气的强弱是相关的,一般语气缓和、谦卑时,比语气强硬、坚决时,表达出明显的敬意。

9.4 感叹句的教学参考

表示赞美、惊讶、憎恶等感情,并用感叹语调的句子是感叹句。

与祈使句的情形一样,《语法等级大纲》和《教学大纲》中也未提及感叹句,但无论在早期教材如《汉语教科书》《基础汉语课本》等,或者当代教材《汉语教程》中,都将感叹句列入教学内容。以《汉语教科书》为例,在第 37 课的语法中,对感叹句做了解释。

感叹句表示感叹,不用于客观描写。感叹句有两种形式:
◎ 太/真+形容词!
◎ 好/多+形容词/动词+名词/名词词组(+啊)! (句末常用"啊")

可见,按语气分类的句子,除了陈述句和疑问句常见、常用外,祈使句和感叹句在教学中也是难以回避的。

感叹句的类型,除了用副词"真""太""好"以及代词"多(么)""这么"等表示强烈的程度外,名词带上感叹语调(如"火!""汽车!"),祝愿词、口号等都可构成感叹句。而其中最重要的就是使用感叹词。

由于汉语的感叹词数量较多,表达的感情丰富多样,加上感叹词比较特殊,在句中很自由、灵活,可以用于句首,也可以独立于句外,又可以用于句中、句尾,而且同一个感叹词会因出现在不同的语境中而表达出不同的感情,因此,区别不同的感叹词表达的不同的细微的感情,以及同一感叹句在不同语境中表达时语义的变化,是教学中必须强调的内容。例如:

① 啊,太了不起了!(赞美)
② 咦!你们先到了!(惊讶)
③ 哼,太不像话了!(不满)
④ 哦,想起来了!(醒悟)
⑤ 喂,过来!(呼唤)
⑥ 哎,来了!(应答)

⑦ 哎呀,是你啊!(惊喜)

《实用现代汉语语法》(刘月华等,2001)中列举感叹词表达的感情有:得意、高兴、欢乐、懊恼、叹息、哀伤、赞叹、羡慕、不拖延、埋怨、申斥、轻蔑、不满、气愤、醒悟、领会、呼唤、应答、追问、出乎意外等。

同一个感叹词在不同的语境中,又可以表达不同的感情。例如:

⑧ 哈哈,我中奖了!(喜悦)
⑨ 哈哈,你太幼稚了!(讥笑)
⑩ 哎呀,钥匙在这儿!(惊喜)
⑪ 哎呀,疼死了!(呻吟)
⑫ 哎呀,怎么弄得这么乱?(埋怨)

以上独具特点的丰富的感情表达方式,需要在教学中通过具体例句大量练习,使外国学生去体会、掌握,并能在表达中正确恰当地运用。

第10讲

关于句式的教学

动词谓语句中有一些比较复杂或特殊的句式，如"把"字句、"被"字句等，共8类。这8种动词谓语句一直作为教学中的基本句式出现在对外汉语教材中。本讲对这8类句式的难点所在、语义语用特征、语法项目的选择和教学排序等逐一进行教学提示。

10.0 概述

《汉语教科书》(邓懿主编,1958)的语法大纲曾归纳了动词谓语句中6种比较复杂或特殊的句式:兼语句,连动句,处置式,被动式,表示存在、出现或消失的句式,强调动作的时间、地点、方式的句式。

《基础汉语课本》(李培元主编,1980)的语法大纲在《汉语教科书》归纳的6种之外,又增加了两种,共8种,即:"是"字句,"有"字句,"把"字句,"被"字句,用"是……的"强调动作的时间、地点、方式的句子,存现句,连动句,兼语句。这8种动词谓语句一直作为教学中的基本句式出现在此后的教材中。

这8类句式之所以特殊,有的是因为结构复杂,如连动句和兼语句都是两个以上动作做谓语;有的是因为充任谓语的动词特殊,如"是"字句和"有"字句。"是"和"有"都不是动作、行为动词,它们和一般动作既有相同的语法特征,也有不同的语法特征。"是"字句由于"是"联系的主语和宾语关系多种多样,而表示出多种语义关系,"有"字句也表示了多种语义,这两种句式使用频率很高。"把"字句则是在结构和语义表达上都比较特殊的句式,由于它在外语中没有对应形式,一直是对外汉语教学中的难点。"被"字句是主语为受事的句子,在结构和表达上都有一些特殊的要求。由于汉语中除了"被"字句之外还有其他表示被动的方式,因此表示被动时用"被"与否是外国人普遍感到困惑的问题。存现句是汉语中一种结构比较特殊的句子,它的句首是处所或时间词语,而表示存在、出现或消失的人或物则是出现在动词的后边。"是……的"句是表示强调的句式,它的谓语部分是由"是……的"格式构成的。

尽管对外汉语教材年年推新,层出不穷,但这8类句式一直纳入教学中,有些句式如"把"字句、"被"字句等还是教学和研究的重点。本讲主要对这8类句式进行教学提示。[①]

10.1 "是"字句的教学参考

"是"字句是一种有很强的可容性和开放性的句子,汉语中几乎所

[①] 《语法等级大纲》《教学大纲》中所列举的句式为9种,第9种为"比较句"。

有的实词和实词性词组都能充任"是"字句的主语和宾语,因此它的使用频率很高。"是"字句的教学应关注以下要点:"是"字句类型繁多,语义多样;"是"字的有无;"是"表示存在。

10.1.1 "是"字句类型繁多,语义多样

由于"是"字句联系的主语和宾语是多种多样的,所以其表达的语义也多种多样。《语法等级大纲》《教学大纲》以及对外汉语教学语法的主要参考书,在谈及"是"字句时,也都主要按照"是"字句中主语和宾语的关系列举该句式的类型。《实用现代汉语语法》(刘月华等,2001)共列举了9个大类24个小类,以下我们引述其列举的9个大类,用例句显示其小类。

◎ 表示等同和归类。例如:

① 这篇文章的作者是王中。
② 这棵树是桃树。

◎ 宾语说明人的性格、担任的角色、时间、处所、所具有的物品、衣着、工具、情况等。例如:

③ 老王是个慢性子,你可得常催着他点儿。
④ 这次排练,罗拉是东郭先生,丁力是狼。
⑤ 明天从学校出发是早上六点半。
⑥ 这次实习分两个地方,一班是上海,二班是杭州。
⑦ 我们俩买的书不一样,他是英文课本,我是科技词典。
⑧ 别人都是T恤牛仔,就他是西装革履。
⑨ 他总是这么一辆破车。
⑩ 看来,张女士是既事业有成,又家庭美满。

◎ 用于说明、解释原因等,有时有申辩的意味。例如:

⑪ 我来中国是学习汉语,不是旅游。
⑫ 他们最后一次聚会是在北大。
⑬ 他不是买不起,是不想买。
⑭ 是风把门吹开了。

◎ 表示存在。例如:

⑮ 宿舍前是一个网球场。

◎ 表示肯定。例如：

⑯ 孩子们是又唱又跳，高兴得不得了。
⑰ A：发生这件事不是偶然的，是我们平时不重视思想教育的结果。
　　B：是，是这样。
⑱ A：那个电影怎么样？不错吧？
　　B：是不错。

◎ 用"A 是 A"表示确认、让步，或界限分明。例如：

⑲ 事实总是事实。
⑳ 这孩子聪明是聪明，就是不知道用功。
㉑ 咱们应该公是公，私是私，清清楚楚。

◎ 表示无例外。例如：

㉒ 这点事是个人都会做。

◎ 用来应答。例如：

㉓ 她快活地应了一声"是"，便迈着轻快的脚步走到外面去了。

◎ 用在"时候""地方"等名词前，表示"合适""正好"的意思。例如：

㉔ 你来得是时候，我们正想给你打电话，叫你来开会呢。

可见，"是"字句类型繁多，所表达的语义多种多样，我们在教学中一般需要分级处理。初级阶段主要介绍"是"字句的基本用法，如表示等同、归类、存在、说明等。中级阶段一般不再出现"是"字句的语法项目，有的以词语结构出现，如"A 是 A"；有的随课文出现，教师在串讲课文中进行讲练，不特意把"是"字句的各种类型都安排进教学中。

10.1.2 "是"字的有无

外国人学习"是"字句时，最明显的问题是"是"字的滥用，在一些不该用"是"字的句子中用了"是"字。究其原因，主要是其母语或媒介语的影响。比如英语中，相当于"是"的"to be"是系词，可以联系名词、代词、数量、形容词等成为谓语组成句子，但汉语中名词、代词、数量词、形容词等可以直接做谓语，这是汉语和英语在谓语构成上存在着明显差异的地方。李英哲等（1990）在《实用汉语参考语法》中开篇讲汉语语法的特点，其中特点之二是"特殊谓语"，指的就是"是"做谓语。他说，"动词'是'的有无是值得学生特别注意的汉语语法问题"，"学生由于受英语语法的影响往往在状态动词①前滥用'是'"。

所以在初级阶段要反复强调汉语形容词、名词、数量词等直接做谓语，不需要用"是"字去联系。虽然汉语中存在着形容词前用"是"字表示强调的现象，但两个"是"字词性不同。动词"是"在句中联系主语和宾语，是不可缺少的，如果去掉，句子结构和语义都不完整；而表示强调的"是"是副词，去掉后，语义不变。例如：

① 虎是猛兽。（"是"：动词）
　＊虎猛兽。
② 这个学生是挺聪明。（"是"：副词）
　这个学生挺聪明。

在初级阶段的教学中，为了不使学生产生困惑，防止学生滥用"是"字，我们甚至可以明确指出：形容词做谓语时，不能用动词"是"，否则就是病句。到了中级阶段，出现副词"是"时再进一步解释。

10.1.3 "是"表示存在

"是"表示存在时，出现在句子中，说明某物体是某个空间的唯一存在。例如：

① 公路两旁各是一片树林。
② 箱子里是书。

"箱子里是书"表示箱子里只有书，没有别的。

10.2 "有"字句的教学参考

"有"字句与"是"字句有很多类似的情况。二者都是非动作动词做谓语，都表示主语和宾语之间的各种语义关系等。由于受母语（如英语）的影响，某些外国学生在说汉语时，存在着"有"字句泛用的现象，这种情况也发生在一些使用闽粤方言的华裔外籍学生身上。另外，

---

① 这里说的状态动词实际指的是形容词。

"有"也可以表示存在。以下我们分别就这几个问题进行分析。

10.2.1 "有"字句的语义类型

在对外汉语教材、大纲以及一些对外汉语教学语法著作中,对"有"字句语义类型的归纳比较类似,一般有以下 5 种:

◎ 表示领有、具有。例如:

① 我有一台新电脑。
② 新经理很有眼光。

◎ 表示包含、列举。例如:

③ 一个星期有七天。
④ 院子里种了很多花儿,有月季,有郁金香,有牡丹。

◎ 表示存在。例如:

⑤ 地上有个大坑。

◎ 表示达到某个标准。例如:

⑥ 他有一米八高。

◎ 表示变化。例如:

⑦ 家乡的生活有了很大改善。

与"是"字句相比,"有"字句的语义虽然不繁多,但也不算单纯,以上几种类型基本上都在初级阶段教材中就会出现,而且出现频率都很高。

10.2.2 "有"字句的泛用

外国学生使用"有"字句的病句,主要是受母语或媒介语的干扰,在不该用"有"字的句子中用上了"有"字。例如:

① *现在我有我的钥匙。(Now I have my key.)
② *姐姐,你有我的兔子你那儿。 (Sister, you have my rabbit with you.)[①]

这是把英语中用"to have"表达的句子,直译成了汉语的句子。事实

---

① 这两个病句引自第二届国际对外汉语语法研讨会(2002)上孟琮、刘月华提交的论文。

上，汉语正确说法分别为：

  ③ 我的钥匙找到了。

  ④ 姐姐，我的兔子在你那儿。

再如：

  ⑤ *今天我们班有开会。

  ⑥ *我有买了一些丝绸。

  ⑦ *今天你有锻炼吗？

这类病句很普遍，有的是受英语助动词的影响，而更多的是一些华裔外籍学生受他们使用的汉语方言（如闽粤方言）的影响所致。

  有一位新加坡的汉语教师提出问题：为什么在否定时可以说"今天我没有午睡""我们班没有开会"，而肯定时不能说"今天我有午睡""我们班有开会"？

  我们说，这是汉语中肯定与否定不对称的一种表现。当我们用否定式"今天我没有午睡"时，是回答"你今天午睡了没有？"这样的问题，所以肯定式应该是"我今天午睡了"，而不是"我今天有午睡"。

  在现代汉语中，"没有"是多义词：当表示"不具有""不存在"时，"没有"是动词，动词"有"的否定式，如"有笔——没有笔""桌上有书——桌上没（有）书"；当"没有"是副词，用在动词性或形容词性词语前，是表示对动作行为完成或经历的否定，这时"没有"的肯定句中动词后带"了""过"。这是教学中必须要讲清楚的。

  另外，前面我们归纳了"有"字句的5种类型，其中第1—4类的句子中，动词"有"的宾语是名词、数量词，也可以是代词等。只有第5类动词"有"的宾语是动词，但充当"有"的宾语的动词是有限制的：一定是双音节的，必须是表示出现、发展、变化等语义特征的动词。一般动词的前边是不应出现动词"有"的。

10.2.3 "有"表示存在

  "有"表示存在时，出现在句子中，说明某一空间/时间存在着某一或某些物体。其句型为"处所词/时段时间词＋有＋存在的人或事物"。例如：

  ① 桌子上有水，注意点儿。

  ② 今晚有雷阵雨。

有字句表示的是某处存在某人或某物，是字句表示的是某人或某物在某处是唯一的存在。例如：

③ 箱子里有书。　（表示箱子里有书，也可能有别的。）
④ 箱子里是书。　（表示箱子里只是书，没有别的。）

10.3 连动句的教学参考

连动句是两个或两个以上动词或动词词组共用一个主语的句子，是一种复杂的动词谓语句，所以被列入到特殊句式中。

句式结构：主语＋V_1＋V_2

连动句在教学中并不困难，但也不是完全没有问题。外国学生运用连动句时，主要有两方面的问题。

第一，两个动词的前后次序有误，外国学生常把表示方式的动词或动词词组用在后面。例如：

① ＊现在我们可以跟中国朋友谈话用中文。
② ＊从附近的城市来了很多旅游者开着汽车。
③ ＊我们照相坐在山顶上。

或者把表示目的的动词用在了前面。例如：

④ ＊去商店他给我买了一支钢笔。
⑤ ＊沈老师和程老师找我们到宿舍来了。
⑥ ＊我昨天特地去买一本字典到新华书店去了。[①]

因此教学中要指出连动句中两个谓语动词之间的意义关系，并着重指出连动句中两个谓语动词的次序是不能改变的。

◎ V_1表示V_2的方式或手段。例如：

⑦ 我们骑自行车去颐和园。
⑧ 妈妈笑着对姐姐说："你长大了。"
⑨ 你会用毛笔写字吗？

◎ V_2是V_1动作的目的。例如：

⑩ 他去北大看朋友了。

---

① 例①—⑥引自佟慧君（1986），《外国人学汉语病句分析》，北京：北京语言学院出版社。

⑪ 我要到火车站接妈妈。
⑫ 咱们去饭馆吃饭吧！

◎ V_1和V_2表示先后或连续发生的动作或情况。例如：

⑬ 我下了课去看你。
⑭ 妹妹听完故事大笑起来。
⑮ 他吃完饭回宿舍去了。

第二，由于连动句有两个或两个以上谓语动词，当表示动作完成时，"了"的位置容易出错。动态助词"了"应该用在V_1后、用在V_2后，还是用在句尾，要区别对待。

当V_1表示V_2的方式或手段、V_2表示V_1动作的目的时，"了"一般用于句尾或V_2后，不能用在V_1后。例如：

⑯ 他们都去电影院看电影了。
　 他们都去电影院看了一场电影。
　＊他们都去了电影院看电影。
⑰ 厂长坐飞机去上海了。
　 厂长坐飞机去了一趟上海。
　＊厂长坐了飞机去上海。

当V_1和V_2表示先后或连续动作时，"了"用在V_1之后。例如：

⑱ 我下了课去找王老师。
⑲ 他进了屋打开电脑立刻工作起来。

10.4 兼语句的教学参考

兼语句也属于复杂的动词谓语句，被列入到特殊句式中，主要特点是第一个动词的宾语兼做第二个动词的主语。

句式结构：主语＋V_1＋兼语＋V_2

教学中兼语句虽然也不是的难点，但还需要提示以下两点：

第一，在V_1与兼语之间不能插入时间名词、时间副词等其他成分。例如：

① ＊他让下午我们去开会。
② ＊我祝明年大家一切顺利。

③ *这次参观使也孩子们增长了很多知识。
④ *我求都你们离开这儿。

V_1后一般也不能用"了""着""过",只有在一定条件下才能使用。下面各句中的"了""着""过"都是误用。例如:

⑤ *老师请了我们去他家吃饭。
⑥ *小王叫过我去开会。

第二,关于兼语句中的一类——"使"字句的教学。"使"字句在兼语句中使用频率较高,学生的偏误率也较高。教"使"字句时,必须要求学生掌握其句型和语义模式。

句型:主语——使——兼语——动词(形容词)
语义模式:条件、原因——致使——人或事物——产生结果

例如:

⑦ 虚心使人进步
⑧ 暴雨使河水涨了几十厘米。

"使"字句的偏误多半是在语义上不符合以上条件。例如:

⑨ *下雨的时候,使我们不能去操场锻炼。
⑩ *考试的时候,使他吃不下饭,也睡不着觉。
⑪ *在中国的生活环境使我学习了汉语。
⑫ *经理使小王去上海。

例⑨⑩中的"……的时候"是表示某个时间,它们不构成下面事件的条件或原因,因此不能充当"使"字句的主语。而例⑪不含有结果意义,例⑫则不含有致使意义,是与表示使令的"叫""让"等混淆所致。

10.5 "把"字句的教学参考

10.5.0 概述

"把"字句是对外汉语教学中公认的难点,也是业内最关注的研究课题之一。其原因是,"'把'字句是汉语中特有的句式,其特点主要是'把'引出的论元似可算成汉语特有的'额外论元',这不是人类语言普遍具有的论元成分","所以'把'字句成为那么多论著的研究对象,至

今还有很多问题没有完全搞清"（刘丹青，2005）。

"把"字句的结构复杂，而且对句式中的成分都有特别的要求。"把"字句中的谓语动词必须是能支配和影响"把"后宾语的动词；动词后必须有其他成分；"把"字句前的其他状语的位置或前或后、孰前孰后，也都有区别；"把"的宾语必须有定等等。

"把"字句语义复杂。"把"字句究竟表达了什么语法意义，是多年来汉语语法学界孜孜以求却又难以解开的难题。王力（1985）最先提出"把"字句是"处置式"，薛凤生（1994）将"把"字句的意义归结为表示"致使"，张伯江（2000）认为是"完全受影响"，沈家煊（2002）认为表示"主观处置"。这样的探讨还会继续下去。

"把"字句的句法语义特征复杂。"把"字句的主语是动作变化的责任者、致使者；其宾语是"话题"，一般是有定的；"把"字句的谓语必须是表示动作变化或结果的复杂形式；"把"字句是和因果关系、目的关系相关联的。

归根结底，"把"字句的结构形式之所以如此复杂，是由其语义和功能决定的。但历来"把"字句的教学偏重在结构形式的描写上，是以"把"字句的形式特征和结构条件为核心来组织教学内容，而很少体现其意义以及句法语义特征，或者虽然提到"把"字句的意义，但并没有将其结构条件和其语义特征联系起来。而且教材中归纳的"把"字句的意义涵盖不了所列举的"把"字句的多种结构形式。由于缺乏对"把"字句表达的意义的整体理解和把握，学生常常孤立地去死记"把"字句的一个又一个条件，这是造成"把"字句难的另一方面的原因。学生或则不知道为什么要用"把"字句而回避不用，或则一用就错。"把"字句的教学走入了脱离语义、语用的误区。

《语法等级大纲》和教材中对"把"字句教学的安排很明显地反映了这一状况。《语法等级大纲》在基础阶段的甲级和乙级大纲中，出现的"把"字句项目有以下几种：

甲级："把"字句（1）

◎ 主＋把＋宾＋动＋一/了＋动
① 你把你的意见说一说。
②（请）你把这儿的情况介绍介绍吧。
③ 他今天把过去的信件又看了看。

◎ 主＋把＋宾＋动＋补语 (1)①
    ④ 我把信寄走了。
    ⑤ 她把衣服洗得很干净。
    ⑥ 你把今天的报拿来。

乙级:"把"字句（2）

◎ 主＋把＋宾$_1$＋动（在/到/给）＋宾$_2$
    ⑦ 他把那件上衣放在床上了。
    ⑧ 我们把病人送到医院去了。
    ⑨ 我把我的地址留给他了。

◎ 主＋把＋宾＋动＋了/着
    ⑩ 他把大衣丢了。
    ⑪ 你把介绍信带着。

《汉语教程》（第二册）（杨寄洲主编，1999）第50课"把"字句（1）中，作为替换练习的句型共出现了以下几种形式：

◎ 把＋宾$_1$＋动＋宾$_2$
    ⑫ 我把那个盒子给空姐了。

◎ 把＋宾＋动＋补
    ⑬ 请大家把安全带系好。（结果补语）
    ⑭ 我没有把照相机拿出来。（趋向补语）
    ⑮ 你把卡子按一下儿。（动量补语）

◎ 把＋宾＋动＋了
    ⑯ 你把这杯咖啡喝了吧。

◎ 把＋宾＋动动
    ⑰ 请你把桌子擦擦。

第51课"把"字句（2）中，主要出现了动词后带"在""到""给""成"及其宾语的4种必须用"把"的句子。

《汉语教程》是在《语法等级大纲》公布后编写的教材，其"把"字句教学中选择的语法形式，基本上与《语法等级大纲》相类似。《汉语教程》在"把"字句（1）的语法中逐一地详细介绍了使用"把"的

---

① 补语（1）指结果补语、程度补语、趋向补语。

四点要求,其中第 3 点是"动词后面一定要有其他成分,说明动作产生的结果或影响。所谓'其他成分',是指'了''着'、重叠形式、动词的宾语和补语等"。与此相呼应的,在该课中,把"其他成分"都出全了。但自相矛盾的是,当动词后的其他成分是"了""着"、动词重叠、数量补语时,并不能说明"动作产生的结果或影响"。

不难看出,教学中这种脱离语义分析,以结构形式为核心,不加筛选地列举多种类型"把"字句的做法,必然加大教学的难度,而且也使教材中的语法解释不够严密和科学。要走出只重结构形式,脱离语义、语用的教学误区,必须把结构形式、语义、语用结合的教学理念体现在教材中对"把"字句教学内容的选择和课堂教学方法上。

10.5.1 "把"字句教学内容的选择

"把"字句是一个复杂的句式,是因其语义结构复杂所致,应从语义入手对其进行分类,并归纳出与之呼应的结构类型,在此基础上进行优化筛选。

吕文华(1994)曾把收集到的 1094 个"把"字句归纳为 6 个语义类别,而与之相应的结构形式有 17 种。这么复杂的类别显然不能一下子都纳入教学中。作为培养外国人语言能力和语言交际能力的对外汉语教学,由于受教学时间和教学目标的制约,不需要也不可能让学生学习和掌握汉语中所有的句式或结构。应从交际需要出发,严格、科学地选择那些常用的、典型的语法项目,并且根据需要分级分段、由浅入深、循序渐进地展开教学。

首先我们要选择"把"字句的基本式、典型式,在基础阶段教给学生。入门阶段是学习的关键时期,在语法项目的选择上尤其要遵循简明、实用、易学好教的原则。"把"字句既特殊又复杂,我们一定要在语料考察的基础上筛选出典型形式,在满足学生交际需要的同时,又能使学生比较顺利地接受、理解和运用这个句式。

什么是典型的"把"字句呢?我们见到有三处论述明确将"把——B——VP"[①] 确定为"把"字句的典型形式。

一是崔希亮(1995)认为"把——B——VP"这种句式包括以下四种形式:

◎ VP=(AD)+VR(AD 是状语,VR 是动补结构,R 是结果补语)

[①] B 是"把"的宾语,VP 是述补结构或包含述补结构的谓词性结构。

① 把钱藏好，路上别丢了。
② 她把台布仔细地洗干净。

◎ VP=(AD)+VR（R 是趋向补语）
③ 我把他拉上来。
④ 我使劲地把我的精神拉回来。

◎ VP=VR（R 是由介词短语构成的述补结构）
⑤ 她把水递到我面前。
⑥ 把眼睛转向别处。
⑦ 我把烟叼在嘴上。
⑧ 我把马鞭教给他。

◎ VP=VR+VP（VP 是包括述补结构的连谓结构）
⑨ 我把手表摘下来交给他。
⑩ 他们把松树挖出来，移植到院子里。

崔希亮确定这四种形式是"把"字句的典型形式，理由是它们出现的频率高，在结构形式多样的"把"字句中，数量上占有绝对优势（86%以上）。这四种形式的"把"字句中，VP 是述补结构或者包含述补结构的谓词性结构，VP 是句子的语义焦点，说明了"把"后的 B 在某行动的作用下所发生的变化或将要发生的变化（包括位移、结果、产生的影响及状态发生变化等）。

二是吕文华（1994）指出，有两种类型的"把"字句约占"把"字句的 80%，是"把"字句的基本常用式，代表了"把"字句所表达的最基本的意义和用法，能够满足初学入门者交际的基本需要。这两种类型的"把"字句是：

◎ S+把+N_1+V+在/到/给+N_2
（N_2 为位置移动的处所或关系转移的对象）
语义：表示某确定的事物因动作而发生位置的移动或关系的转移

◎ S+把+N+V+其他
（其他包括结果补语、趋向补语、状态补语、动词的另一宾语）
语义：表示某确定的事物因动作而发生某种变化，产生了某种结果

三是刘颂浩（2003）指出，典型的"把"字句是吕文华（1994）所说的语义类型Ⅰ（表示某确定的事物因动作而发生位置的移动或关系的转移）和语义类型Ⅱ（表示某确定的事物因动作而发生某种变化，产生

了某种结果）。

  在对"把"字句典型形式的确定上，以上三处论述的观点基本一致，可互相印证。可见，尽管"把"字句的结构形式繁多，表达的意义复杂，但通过考察、分析、研究，我们是可以确定它的典型形式的。刘颂浩（2003）通过对留学生习得的调查指出，典型的"把"字句习得难度不大。我们完全应该选择"把"字句的典型形式作为外国人入门阶段的学习内容。

  在教学中，我们认为"把"字句的典型形式包括以下几种[①]：

◎ 把＋N_1＋V＋在/到/给＋N_2
◎ 把＋N＋VR（R 为结果补语）
◎ 把＋N＋VR（R 为趋向补语）
◎ 把＋N＋VR（R 为状态补语）
◎ 把＋N＋V（R）＋O

在以上句型中，N（N_1）为"把"的宾语，V 是谓语动词，R 是补语，O 是动词或动补词组的宾语，N_2 是表示处所或对象的词语。

  这样的选择，基本上符合"把"字句的客观情况，也切合教学语法简明、实用的基本原则，大大地简化了教学内容，使"把"字句的结构形式简单化，明显地降低了教学难度。

  长期以来，基础阶段教学中出现的"把"字句的结构形式，虽然包括了我们列举的典型形式，但还出现了动词重叠、动词带"了"、动词带"着"，以及动词后带数量补语等四种形式。这四种形式都不是常见的基本形式。它们在语料中出现的频率都较低，崔希亮（1995）、吕文华（1994）分别对此做过统计，数据结果列表如下：

句式	出现频率（崔）[②]	出现频率（吕）
把＋N＋V（一/了）V	1.6%	2.7%
把＋N＋V＋了	——	3.6%
把＋N＋V＋着	——	0.2%
把＋N＋VC（C＝动词补语）	5.9%	1.1%

---

  ① 崔希亮列举的 4 种典型形式中，第 4 种是连谓结构，相对较为复杂，不列入基础阶段"把"字句典型形式的范围。
  ② 崔希亮在归纳"把"字句的结构类型时，并没有把动词后带"了"或"着"的包括在内。

更重要的是，我们无法把以上四种句式与"把"字句的基本语义联系起来。它们都不含"把"的宾语因动作而受到影响、发生变化、出现某种结果等。"把"字句中谓语动词重叠是表示动作的尝试态，动词后带"了"表达一种丧失义，有不如意的含义，动词后带"着"表示动作的状态，而动词后带数量补语是表示动作的量。这些都是合格的"把"字句，但都不是典型的"把"字句，或者说，都不是"把"字句的基本形式。在基础阶段就出现这四种形式，我们觉得这是教学中只关注结构形式，以"把"字句的句法条件为核心组织教学而产生的结果。

10.5.2 "把"字句的教学对策

我们必须突破几十年来以结构为中心的"把"字句教学思路，而代之以句法、语义、语用相结合。

如前所述，"把"字句的结构复杂，是由其语义表达多样、语义关系复杂导致的。脱离语义，只突出结构形式，必然导致学生知其然而不知其所以然，弄不清楚"把"字句究竟表达了什么、为什么要采用这个句式。

我们主张在初级阶段，只教给学生占"把"字句绝大多数的基本形式及其表达的基本语义，以满足外国学生的基本表达需要。"把"字句的典型式，结构形式单一，表达的语义一致，降低了教学的难度，可以让学生较为轻松地学会"把"字句。

"把"字句的教学必须使结构形式和其表达的语义相结合，这样学生就能明白"把"字句究竟表达了什么意义，而句子中各个成分的条件又能与"把"字句的语义结构联系起来，使学生自然地在理解的状况下记住"把"字句的条件。

"把"字句的教学必须结合情境。无论是教材中的解释、例句以及课堂教学中的引入、操练和归纳等各个步骤，都要显示"把"字句出现的情境，使学生真正了解"把"字句在什么情况下运用。唯有如此，才是解决"把"字句教学难的正确途径。

"把"字句的教学应贯穿在教学的全过程中，不言而喻，关键是初级阶段。在初级阶段扎实的基础上，到中级、高级阶段，可以拓宽、深化"把"字句的教学内容。以下我们将就"把"字句教学的等级分布和课堂教学的方法进行讨论。

(1) "把"字句教学的等级分布

初级阶段教学内容应是"把"字句的基本句、典型句，中级阶段再扩展到"把"字句的一部分非典型句，高级阶段可以出现"把"字句的其他非典型句以及复杂的"把"字句。

▲ 初级阶段的教学内容

句型Ⅰ：S＋把＋N_1＋V＋在/到/给＋N_2
① 老师把中国地图挂在教室的墙上。
② 我把妹妹送到火车站。
③ 请把盐递给我。

句型Ⅱ：S＋把＋N＋VR
④ 我已经把电脑修好了。
⑤ 请把椅子搬过来。
⑥ 他把黑板擦得很干净。

句型Ⅲ：S＋把＋N＋V（R）＋O
⑦ 请把字典给我。
⑧ 我把她送回宿舍了。

以上句型表达了"把"字句的基本语义："把"后的人或事物，因动作而发生变化或产生某种结果。值得一提的是，以上句型中只有句型Ⅰ是结构上必须要使用的"把"字句，而其他两种句型都可以变换成主谓宾句。因此句型Ⅰ在结构上具有强制性，是唯一选择"把"字句的句型。在语义上，句型Ⅰ表达的是"把"字句的位移义（"把"后的成分因动作发生的位置或关系的变化），这是"把"字句最基本、最具处置性的功能，因此我们认定句型Ⅰ的"把"字句最典型。

此外，句型Ⅰ更容易结合情境，开展任务型教学，学生在动中学、用中学的过程中，能较顺利地体会"把"的功能，熟练掌握"把"字句的句型模式，并逐渐形成一种语言习惯，使"把"字句不再是让学生望而生畏、避而不用的句式。例如：

⑨ 把生词写在黑板上。　⑩ 把地图挂在墙上。
⑪ 把课本翻到第25页。　⑫ 把书包放到后边去。
⑬ 把练习交给老师。　　⑭ 把笔递给我。

这些都是课堂上常用的教学指令，学生耳熟能详，不感到陌生。老师更可以结合情景让学生用这个句型完成老师的指令，组织多种多样生动活泼并富有交际价值的活动。以"怎样布置教室"为例：

⑮ 把桌布铺在桌子上。　⑯ 把这瓶鲜花放在桌子中间。
⑰ 把椅子搬到外面去。　⑱ 把不用的东西放到墙边。

⑲ 把拖把递给我。　　　　⑳ 把话筒交给主持人。

当前的"把"字句教学，一般初级阶段会安排"把"字句（1）和"把"字句（2）两项内容，分两次进行教学活动。而作为初次展示这一句式的"把"字句（1），我们认为应该安排结构和语义相对更典型、教学上更容易结合情境、容易理解和运用的"把"字句句型，即句型Ⅰ。

事实上，目前不少教材以及《语法等级大纲》都把句型Ⅰ的教学内容放在"把"字句（2）中，而在"把"字句（1）中则安排了一些看似结构简单，实则语义表达很不一致的句型，如 VP 是"V＋了""V＋着""VV""VC"等，给"把"字句的教学徒增了一层障碍，加大了教学难度。如果初次展示"把"字句教句型Ⅰ，其语义一致、结构相同，适合开展生动活泼的交际活动，又便于结合清晰、鲜明的情景，学生习得就不会太感到困难。万事开头难，"把"字句（1）的顺利通过也将会给此后"把"字句（2）以至高级阶段的非典型"把"字句的习得打下了良好的基础。

▲ **中级阶段的教学内容**

句型Ⅳ：S＋把＋N＋AD＋V

㉑ 别把东西乱扔。

㉒ 两人急忙把马车往回赶。

句型Ⅴ：S＋把＋N＋一＋V

㉓ 他把大衣一穿，帽子一戴，走了出去。

㉔ 班长把手一挥，"出发！"

句型Ⅵ：S＋把＋N＋V（一／了）＋V

㉕ 请你把这个句子分析分析。

㉖ 我把了解的情况跟你们说一说。

㉗ 他把钱数了数才放进口袋。

句型Ⅶ：S＋把＋N＋V＋F（F＝动作的频率）

㉘ 他把这道题研究了好几遍。

㉙ 他把钱又数了一遍，交给了来人。

句型Ⅷ：S＋把＋N_1＋V 成＋N_2

㉚ 老师把我们当成自己的孩子。

㉛ 他把"找"写成了"我"。

这些句型都是"把"字句中的合法句式，但出现频率不高，都不含有"把"字句基本式中表示"位移"或"结果"等语义的成分。句型

Ⅵ－Ⅶ，谓语动词或者其前有表示动作方式的状语，动词后不再需要出现其他成分（句型Ⅳ），或者动词前出现"一"，表示动作的突发性（句型Ⅴ），或者动词重叠，表示动作的时短或量少（句型Ⅵ），或者动词后出现动量词表示动作的频率（句型Ⅶ）。这4种句型可概括为以下语义：表示动作对某确定的事物产生影响的方式或量。句型Ⅷ表示把某确定的事物认同为另一事物，或通过动作使某事物变化为在性质、特征上有等同关系的另一事物。

▲ **高级阶段的教学内容**

  句型Ⅸ：S＋把＋N＋V＋了
    ㉜ 我把以前学过的词都忘了。
  句型Ⅹ：S＋把＋N＋给＋V＋其他
    ㉝ 她把她母亲给气死了。
  句型Ⅺ：S＋把＋N（施事）＋V＋其他
    ㉞ 她在母亲去世后的第二年，又把丈夫死掉了。
  句型Ⅻ：S＋把＋N（施事）＋V＋其他
    ㉟ 快去把你的手下人排好队。
  句型ⅩⅢ：S（非生物体）＋把＋N＋V＋其他
    ㊱ 照明弹把地面的一切都赤裸裸地暴露出来了。

句型Ⅸ－Ⅺ在语义上是一致的，都表示不如意的意义。

句型Ⅸ是动词后带"了"，"了"前的动词基本上都有违愿或丧失义。例如：

把钱包丢了	＊把钱包捡了
把生词忘了	＊把生词记了
把工作辞了	＊把工作找了
把工厂关了	＊把工厂开了
把房子拆了	＊把房子盖了
把粮食卖了	＊把粮食买了

这类"把"字句是说话人主观上认定"把"的宾语是受损者（与违愿、丧失义的动词相关），所以整个句子有不如意的色彩。目前大纲和教材都将这个句型放在初级阶段"把"字句（1）的教学中，这是以"把"字句的结构为核心安排教学的又一表现。如果单纯从结构去衡量，"把"字句中谓语部分仅仅是"光杆动词"和"了"，非常简单。实际上，这个句型在语义上却与"把"字句的基本表达功能相距甚远，外国人较难

理解。何况，这个句型对动词又有特殊要求，出现频率也不高。所以这个句型只宜出现在高级阶段。

句型Ⅹ中出现了介词"给"，"给"主要用于表示损害意义的动词前以加重语气，句子有不如意的色彩。

句型Ⅺ中"把"的宾语是谓语动词的施事，"把"的宾语前有时出现"个"。整个句子有出人意料、不如意的意思。例如：

㊲ 偏偏把个凤丫头病了。
㊳ 她离婚不久又把个孩子死了。
㊴ 怎么会把个特务跑了？

句型Ⅻ中N是施事，"把"有"让""使"的意思，而句型ⅩⅢ中S是非生物体，一般是某个事件、自然现象或机械动力等，是构成"把"的宾语发生变化的致因。这两种"把"字句句型都表示致使义。

在实际语言中，表示不如意、致使义的"把"字句比较少见，两类合起来出现频率仅占"把"字句的6.6%。高级阶段的汉语综合课中出现的课文一般题材广泛，写作年代跨度大，书面语色彩强，如出现以上两类语义的"把"字句时应适当给予解释使学生理解，若课文中没有出现，并不需要刻意安排，而在初、中级阶段课文中则应尽量避免这两类语义的"把"字句。

此外，在中高级阶段，随着教材中课文长度的加大，难度的增加，会出现一些复杂的"把"字句。例如：

㊵ 她含着泪把她嫁到我们家来做媳妇所受的气——告诉了我。
㊶ 都是我不好，让家务把你拖垮了，都怪我。
㊷ 秦波把陆文婷让到小沙发上坐下。
㊸ 结果被一群少年小贩把他包围起来。

例㊵－㊸从结构到形式都是"把"字句的扩展。例㊵中"把"的宾语是复杂的名词性成分，例㊶是兼语句中含"把"字结构，例㊷是连动句中含"把"字结构，例㊸是"把""被"套叠的句子。在教学中遇到这样的句子时，应通过讲解、分析使学生理解。

(2)"把"字句的课堂教学方法

这里介绍的教学方法主要是指基础阶段汉语综合课的课堂教学中教"把"字句的典型形式时，如何将结构、语义、语用结合起来应采用的方法。

先听法 由于"把"字句是教学中的难点，结构比较复杂，必须在学会各类补语之后教，所以"把"字句的教学往往靠后。对于教学难点，不妨采取先分散后集中的办法，在"把"字句作为语法点出现之前，先"冒"出一些"把"字句。尤其是在课堂用语、教学指令中，教师可以有意识地用一些"把"字句，使学生在日复一日听到的课堂用语中，对"把"字句有所耳闻，似懂非懂，渐渐地不感陌生，甚至耳熟能详，也能模仿着跟着说出这些句子。例如：

㊹ 把课本打开。
㊺ 把书翻到第××页。
㊻ ××同学，请你把生词写在黑板上。
㊼ 请把本子交给我。
㊽ 请把手机关上。
㊾ 下课以后，请把黑板擦干净。
㊿ 请把门关上。
㈤ 请把窗户打开。

语言常常要借助于重复地听、反复地练，逐渐形成熟巧，成为习惯。先听是学习之前的输入、浸润，不求学生熟练掌握，只求他们对这一形式理解、不感到陌生，就算达到了目的。

情景法 提倡利用多媒体、图片、实物、动作或语言环境创造出适合展示"把"字句的情景。例如先准备一瓶花、一个苹果、一张地图等作为教具，教师边做动作边说以下的句子：

㈤ 我买了一瓶花。今天这儿开晚会，我把这瓶花放在桌子中间。
㈢ 这是一张地图。我要给你们介绍中国的情况，我把地图挂在墙上。
㈣ 尼娜喜欢花，我要把这瓶花送给她。
㈤ 这是我买的几个苹果，我要把这几个苹果送给吉田。

板书：S＋把＋N_1＋V＋在＋N_2
　　　我　把这瓶花放　在桌子中间

说明：这瓶花原来在我手里，这是它在的地方。我现在要让它换一个地方，比如让它在这张桌子中间，或尼娜的桌子上，那么汉语怎么表达呢？应该说"我把这瓶花放在桌子中间"。注意，"把"后边的"这瓶花"，就是你要让它换地方的东西。同样，地图在桌子上，我要让它在墙上，就说"我把地图挂在墙上"；苹果在我这儿，我要让它们变成吉田的，就说"我把苹果送给吉田"。

让学生在老师创造的情景中初步认识"把"字句的形式和所表达的

意义，不必过多地讲解"把"字句的条件。

语境法　"把"字句教学的关键之一是要让学生了解在什么情况下使用"把"字句。为了解决这一问题，近年来不少教师把注意力投向了"把"字句语境教学的设计上。

语境教学的设计，就是要改变只操练单句的惯常做法，将"把"字句放在上下文中，创造出使用"把"字句的真实自然的语言环境，以凸显"把"字句的使用背景。

受研究的局限，我们目前还难以认识必须使用"把"字句的语境条件，仅能采用现有的研究成果，围绕"把"字句中"把"的宾语是话题，"把"字句常常出现在与原因和目的相关的上下文中等设计"把"字句的练习。

"把"字句语境教学的设计可以贯穿在课堂教学的复习、语法项目的引入及操练、课后作业等各个环节中。例如：

▲用于引入

　　56 她发烧了，把她送到医院去。
　　57 妹妹喜欢花，我把这束花送给她。
　　58 屋子里人太多了，快把窗户打开。
　　59 今天有客人来，要把屋子打扫干净。

语境背景："把"字句表达了因某种原因而产生的结果。

▲用于操练

a. 完成句子

　　示例：弟弟很快把作业做完了，然后打开电视看足球赛。
　　　　　这是王大夫的电话号码，别忘了，_____。（把、记在）
　　　　　_____，送病人去医院。（把、开到）
　　　　　_____，让大家看看。（把、拿出来）

语境背景："把"字句表达了为实现某个目的而采用的手段。

b. 回答问题

　　示例：你的自行车呢？我把它借给小王了。
　　　　　你的词典呢？_____
　　　　　我的大衣在哪儿？_____
　　　　　你出差了，孩子怎么办？_____
　　　　　这么多报纸怎么收拾？_____

语境背景："把"字句中"把"后的宾语是话题。

▲用于作业（复习时检查）

(60) 你的房间东西又多又乱，你怎么收拾？

(61) 你回国的时候，你的电视、电冰箱、书怎么办？

(62) 你要办一个生日晚会，怎么布置你的房间？

(63) 吃西餐的时候，刀叉和盘子怎么放？

这类问题学生需要成段表达，适合综合练习"把"字句。

对比法 对比法主要是将"把"字句与主谓宾句进行对比，使学生把两个语义相似的句式区别开来，不发生混淆。同时，在对比中理解不同句式各自表达的特点，以及相互之间的不可替代性，防止回避使用"把"字句。"把"字句与主谓宾句的对比可用在引入环节，也可用于语法点的归纳环节中。

有些"把"字句与主谓宾句是可以互相变换的。例如：

(64) 我们打扫干净了房间。　我们把房间打扫干净了。

(65) 他吃完饺子了。　他把饺子吃完了。

虽然如此，但两个句式在表达上和出现的语境背景是不同的。例如：

(66) 他在桌子上铺了台布。　他把台布铺在桌子上了。

二者表达的重点不同，前者的重点主要是叙述他做什么，后者的重点主要是叙述对台布的处理（对台布做了什么）：

问：他做什么？

答：a. 他在桌子上铺台布。（恰当）

b. 他把台布铺在桌子上。（所答非所问）

同样：

问：这儿有块台布，怎么办？

答：a. 把它铺在桌子上。（恰当）

b. 在桌子上铺它。（所答非所问）

在连贯表达的上下文中，主谓宾句多出现在连续的动作的叙述中，而"把"字句则多出现在表示原因、目的的语境中。例如：

(67) 新年前，他打扫了房间，在桌子上铺了台布，还摆上了一瓶花。

(68) 台布晾干了，他把台布铺在桌子上。

⑥⑨ 他把台布铺在桌子上，让女儿摆上碗筷。

再如：

⑦⓪ 他不但在桌子上铺了台布，在茶几上也铺了台布。

这是一个递进复句，都用了主谓宾句。假如我们换用"把"字句：

⑦① 他不但把台布铺在桌子上，也把台布铺在茶几上。

按照句意，好像是把同一块台布又铺在桌子上，又铺在茶几上，就不合逻辑了。可见，在成段表达中，这两个句式是出现在不同的上下文中的。

正句法 由于"把"字句的语义和结构复杂，所以因句法、语义、语用等的限制所出现的偏误较多，将"把"字句正句和病句进行对比，分析病句产生的原因，加深学生的印象，会取得较好的教学效果。

▲"把"的宾语限制

⑦② *我把一本词典带来了。
我把词典带来了。

说明："把"的宾语必须是说话人和听话人都确知的，所以名词前应用表示定指的"这本""那本"或"我的"，或不用定语，但不能用不确指的"一本""几个"等。

⑦③ *我把妈妈告诉了学校的情况。
我把学校的情况告诉了妈妈。

说明：这是动词带双宾语的句子，"把"字句表示某确定的事物通过动作发生关系转移，所以动词后应该是表示对象的宾语"妈妈"，而"把"的宾语是"告诉"的内容。

▲谓语动词的限制

⑦④ *小猫把花瓶碎了。
小猫把花瓶打碎了。
⑦⑤ *约翰把美国回去了。
约翰回美国去了。
⑦⑥ *我们把这个故事懂了。
我们听懂这个故事了。
⑦⑦ *我已经把汉英词典有了。
我已经有汉英词典了。

说明："把"字句中的谓语动词要能使某事物发生变化、产生结果，因此，动词必须是及物的、有支配性的。以上病句中的谓语动词都不能支配"把"的宾语，所以不能用在"把"字句中。

▲ 某些状语位置的限制

⑱ *我把汉字可以写完。
　　我可以把汉字写完。
⑲ *她把孩子没照顾好。
　　她没把孩子照顾好。
⑳ *我把这本词典下星期还给你。
　　我下星期把这本词典还给你。

说明：当"把"字句中出现否定副词、能愿动词或时间词语做状语时，要放在"把"字前边。①

▲ 谓语动词后的限制

㉑ *班长生气地把我们批评。
　　班长生气地把我们批评了一顿。
㉒ *我把这些生词记不住，怎么办？
　　我记不住这些生词，怎么办？

说明：由于"把"字句表示动作对某确定事物的影响、产生的结果或变化，所以动词后边必须出现表示结果或变化的成分，不能是光杆动词，也不能是表示可能性的补语。

▲ 语境的限制

㉓ *第一次见到安娜时，她穿着T恤衫，戴着草帽，手里拿了架照相机，把包背在肩上，完全是个旅行者的样子。
　　第一次见到安娜时，她穿着T恤衫，戴着草帽，手里拿了架照相机，肩上背了个包，完全是个旅行者的样子。

说明：这是一段对人物的描述，描述了安娜穿什么、戴什么、拿什么、背着什么，都适合用主谓宾句。但原文第5个分句改用"把"字句，既看不出是出于什么原因或为了实现什么目的，显得很突然，也很不连贯协调。因此，当"把"字句出现在语段中，一定要符合其出现的语境背景。如果是以下的语境：

㉔ 第一次见到安娜时，她穿着T恤衫，戴着草帽，手里拿了

---

① 为简化起见，初级阶段只讲这几种状语即可。"把"字句其他状语的位置较复杂。

架照相机，右手提了个包，完全是个旅行者的样子。见到我，她把包背在肩上，热情地跟我握手。

用"把"字句"把包背在肩上"是实现（腾出右手）"跟我握手"的手段。这时"把"字句在上下文中就很自然、流畅，符合情景。

归纳法 在充分操练、反复实践的基础上，归纳规则，从感性认识上升到理性认识，这是使学习者巩固概念并能举一反三的重要方法。归纳尽量要涉及结构、语义、语用三个层面。

▲ 归纳"把"字句的句法条件

可以利用引入时板书的句型，例如：

$$S + 把 + N_1 + V + 在 + N_2$$

我 把 这瓶花 放 在桌子中间。

发出动作的人 ｜ 及物动词 ｜

（说话人和听话人）确知的　　（Vt）　　补语（"这瓶花"移动后的位置）

▲ 总结"把"字句表达的语义

"把"字句表示某人通过动作使某个确定的事物发生位置的移动，所以动词一定是能支配这个事物的及物的动作动词。

"把"后的宾语事物是确定的，所以"把"后的名词前不能用不定指的定语。

由于这个事物经过动作要发生位置的移动，所以动词后一定要有表示移动后的位置的补语等成分。

▲ 总结"把"字句的语境背景

"把"字句是由于某个原因而产生的结果。例如：

㉟ 为了新年晚会，大家布置教室。安娜带来了一瓶花，她把花放在桌子中间。

"把"字句是为了实现某个目的而采取的手段。例如：

㊱ 老师把地图挂在墙上，给我们介绍中国地理。

10.6 "被"字句的教学参考

10.6.0 概述

"被"字句是汉语中被动句的一种，除了"被"字句，汉语其他被动句都不用"被",其中使用频率高的是意义上的被动句。

被动句并不是汉语特有的句式,其他语言中也有被动句,英、俄、韩等语言中的被动句都有表示被动的标志。汉语的"被"字句由于有介词"被"标示被动,常常被外国学生误认为就是被动句的标志,因而造成"被"字句的泛用。据统计,韩国留学生使用"被"字句的正确率仅为39.07%,偏误率为60.93%。在所有的偏误中,不该用"被"字句而误用的(即学生把凡是主语是受事的句子一律加上"被")占57%。(金善熙,2005)

因此,在教学中明确指出"被"字句使用的条件、把"被"字句和其他被动句区别开来,这些是解决"被"字句难学的关键。"被"字句使用的条件不仅仅是指结构上的,也应该从句法、语义、语用、语篇等多个层面去解释,才能使外国学生正确掌握"被"字句的用法。

因此,在教学中必须围绕"被"字句的使用条件进行有目的、有针对性的操练,在教材的编排上要科学合理,尽量降低难度。本节将围绕"被"字句的使用条件及"被"字句的教学设想两个方面进行讨论。

10.6.1 "被"字句的使用条件(1)

"被"字句的使用条件涉及句法限制、语义表达、语用选择以及篇章功能等各个层面。

(1) "被"字句的句法限制

"被"字句可表示为"N_1+被+(N_2)+V+C"。其句法限制包含两层含义:

其一是"被"字句应具有的结构特点。N_1一般是谓语动词的受事(人或物),N_2一般是谓语动词的施事,可以省略,也可以是泛指的人,V一般是能够影响或支配句中受事主语的,C是表示动作、影响或结果的其他成分,如补语(除可能补语外)、宾语、"了""过"等。否定副词必须用在介词"被"的前边。口语中常用介词"叫""让""给"表示被动。等等。

其二是必须用"被"字句的句法限制。其目的是要解决外国留学生发生的偏误中普遍存在的不该用"被"字句的句子都用上了"被"的问题。根据吕文华(1994)的考察和研究,必须用"被"的句子在句法结构上有以下限制:

▲ 当N_1是生命体(包括由人组成的机构、组织、单位等),而且和

句中的谓语动词既存在着受动关系，又存在着施动关系时，用"被"或不用"被"则分别是"被"字句和主动句，语义关系完全颠倒。因此必须使用"被"来表示被动。例如：

① 小张被骂了几句，就走了。
② 小张骂了几句，就走了。
③ 她被剪去了辫子，头发蓬乱。
④ 她剪去了辫子，头发蓬乱。

以上句子都是口语中合格的句子。例①③有"被"，是被动句，"小张"和"她"均为受事；例②④没有"被"，是主动句，"小张"和"她"均为施事。

与生命体的 N_1 既能构成施动关系，又能构成受动关系的谓语动词，有如下几类：

◎ 某些动作动词：打　骂　捆　绑　踢　开除　抛弃　欺骗
　　　　　　　　折合　利用　杀害　唾弃　镇压
◎ 某些评价动词：珍爱　原谅　信任　怀疑　宽恕　辜负　羡慕
◎ 某些使令动词：请　命　叫　禁止　催　逼迫

▲ V 为单音节动词。例如：

⑤ 江姐不幸被捕。　　＊江姐不幸捕。
⑥ 暴徒当场被获。　　＊暴徒当场获。

▲ N_2 是非生命体。例如：

⑦ 老人被香蕉皮滑倒了。　　＊老人香蕉皮滑倒了。
⑧ 她被臭袜子熏得吃不下饭。　　＊她臭袜子熏得吃不下饭。

▲ "被……所……"格式。例如：

⑨ 决不被敌人所屈服。
　＊决不敌人所屈服。
⑩ 它的价值正逐渐被人们所认识。
　＊它的价值正逐渐人们所认识。

(2) "被"字句的语义特征

"被"字句主要表示受事者受到某种行为或动作的影响而出现了某种变化或结果，有遭受义。多数"被"字句还用"被"引出使受事者遭受影响的责任者（施事）。

"被"字句的受事者是定指的或特指的。"被"字句的谓语动词是可以支配或影响受事者的动作或行为的，谓语动词后应有表示受事者受动作影响而发生的变化或出现的结果的词语，或谓语动词本身含有结果义。例如：

⑪ 他一进门就被推了出去。
⑫ 那人被打断了腿。
⑬ 你不说清楚，很容易被误解。

"被"字句中谓语动词后的词语在语义上是和受事者发生联系的，语义指向受事者。例如：

⑭ 落水的人被渔夫救活了。

⑮ 孩子被骂哭了。

(3)"被"字句的语用特征

"被"字句的语用特征是表示不愉快、不如意的感情色彩，这是选择"被"字句还是选择意义上被动句的一个重要因素。但长期以来在对外汉语"被"字句的教学中却对此避而不谈，究其原因，主要是这一提法受到不断出现的、语言事实中存在的中性或褒义"被"字句的挑战。诸多论著依据不同的语料统计结果，结论都是"被"字句以表示不愉快、不如意等贬义色彩为多，表示中性或褒义的"被"字句，除了认为其是欧化影响的结果外，长期以来没有一个合理的解释。因此教材采取不介入争议的回避策略。

如何看待"被"字句表示不愉快、不如意的感情色彩呢？王还（1984）认为，所谓不愉快、不如意指的是后面的动词所代表的动作是这样的。王力（1985）认为，"被"字句表达的不如意是"对主语而言"。李临定（1980）则认为不是针对主语的，也不是针对句子里其他成分的，而是对说话人（未进入句子的人）说来是这样的。

杉村博文（1998）还提出有一类"难事实现"的"被"字句，"被"字句中的一些很不容易实现的难事出乎意料地做成了……带来了自豪感和庆幸感。

"被"字句表示不如意的感情色彩究竟应站在什么立场，以怎样的视角去看待呢？沈家煊（2002）曾谈及"移情"现象，即说话人将自己认同于他所描写的事件或状态的一个参与者,并说"张洪明从历时的角度证明汉语的'被'字是'移情'过程的产物。"就"被"字句而言,说话人移情于一个被动事件的参与者,在说话人心目中,施事是责任者,受事是受损者。

沈家煊还指出,移情的对象主要是说话人"同情"的对象。此外,还可以是"钟情"的对象、"厌恶"的对象。"同情""钟情""厌恶"这三种情感都跟处置对象"受损"有关:"同情于×"是说话人认为×已经受损;"钟情于×"是说话人不愿意×受损;"厌恶×"是说话人愿意×受损。

因此可以认为"被"字句是以说话人的立场和视角来感受的。"被"字句是叙述一件被动的、不由自主的任意发生的事件,所以其核心语义是"遭受",其结果是负面的、不如意的、受损的。而对"受损""不如意"的理解,也可以如沈家煊所论述的,是宽泛的、多角度的。例如:

⑯ 六妹被一块石头砸伤了脑袋。
⑰ 孩子被人绑架了。

例⑯⑰显然有受损的、不如意的感情色彩。

⑱ 好的(姑娘)都让人挑完了。①
⑲ 哥哥说的那些话都被嫂子听见了。

例⑱⑲都隐含着不愉快的情绪。

⑳ 那面鲜艳的卫生流动红旗终于被我们夺回来了。
㉑ 主意到底被她想出来了。②

例⑳㉑都是杉村博文所说的表示"难事实现"的"被"字句。这类句子是说话人希望发生的情况,由于难事实现而产生一种自豪感、庆幸感。尽管如此,作者在文章的结论中这样分析:"难事实现会有语义特征〔偶然〕或〔例外〕,'偶然''意外'是'被动'义的主要组成部分之一。"沈家煊也指出,"出乎意外"和"不如意"经常是联系在一起的。

可见,"被"字句表达的负面的、受损的、不如意的感情色彩是由其被动行为所产生的感情、情绪所决定的,即使一些看似中性或积极正

---

① 例句⑱引自李临定(1980),"被"字句,《中国语文》第6期。
② 例⑳㉑引自〔日〕杉村博文(1998),论现代汉语表"难事实现"的被动句,《世界汉语教学》第4期。

面意义的"被"字句,换一种立场和视角,也可以发现它由"被动""遭受"所产生的负面感情。

"被"的语用意义在目前流行的"被××"的用法中反映得尤为鲜明。据《北京晚报》(2009年12月9日)报道:新华社记者搜集的2009年度流行的关键热词中,"被××"入选其中,"被增长""被就业""被捐款""被代言"等等被字词屡屡出现,表现出的是公众对个体权利的无奈诉求,应当引起有关部门的高度关注。

"被"字词的流行及其表达的不由自主、被动无奈的情绪是"被"字句所表达的不如意、不愉快的感情色彩非常有力的佐证。

邢福义(2009)还举出一类基本表义趋向为称心的承赐型"被"字句,即S被(X)授予Y,等。他认为这是"被"字句中相对独立的一个类型,承赐型"被"字句与古代用法存在渊源关系……跟现代翻译印欧语言没有必然关系。他还指出,除了承赐型,在一般"被"字句中,表示称心的为数已经很少。但不是绝对没有。

(4)"被"字句的篇章功能

"被"字句是受事者充当主语,而且是已知的信息,因此在篇章中常常作为话题起连贯作用,这也是选择使用"被"字句的因素之一。例如:

㉒ 这次他栽了,他被人骗了,但他并没倒下。
㉓ 阿Q在形式上打败了,被人揪住了黄辫子,在壁上碰了四五个响头。
㉔ 家里全乱了,大哥被捆起来了,大嫂被打了,妈妈瘫倒在椅子上昏了过去。

在语篇中,常常前后话题一致,使叙述很清晰流畅,如例㉒中"他被人骗了"是承接前一小句中的话题"他",采用了"被"字句。如果用主动句"有人骗了他",虽然语意未变,但却不能表达出不愉快的感情色彩,影响了表达的效果,而且"他栽了""他被人骗了""他并没倒下"前后连贯,话题一致,显得很顺畅。例㉓中的"被人揪住了黄辫子",主语承前省略,因与前一小句话题一致选择了"被"字句,若换用主动句"有人揪住了他的黄辫子……"与例㉒一样,影响表达效果。例㉔中四个小句用了不同的主语"家里""大哥""大嫂""妈妈",因此话题并不相同,但其中的两个"被"字句:"大哥被捆了起来了""大嫂被打了"还是运用得合理恰当的。因为四个小句都是说话人目睹的景象，看到了"家里""大哥""大嫂""妈妈"被劫后的状况，因此话题虽不是一个，但都是一类，仍然有着内在的条理性。如果不采用"被"字句，说"家里全乱了，有人捆了大哥，打了大嫂，妈妈瘫倒在椅子上昏了过去。"由于话题变化，文脉不顺，显然不如例㉔原句流畅。

10.6.2 "被"字句的使用条件（2）

汉语中还存在着一些被动句，有的不能用"被"，有的既可用"被"也可不用"被"。这两类句子有什么特征？它们与"被"字句在表达上有什么差异？了解这些问题，把"被"字句和意义上的被动句区别开来，将有助于我们从另一个角度进一步理解"被"字句的使用条件。下面分别展开论述。

（1）不能用"被"的句子

不能用"被"的句子主要指的是意义上的被动句，即主语是受事的句子。以下具体分析其句法、语义、语用三个方面的特征。

句法特征 N_1 是非生命体，N_2 不出现，与 V 只有受动关系。例如：

① 信写好了。

② 房子买贵了。

③ 游泳馆也建起来了。

这是出现频率最高的一类意义上的被动句，也是外国学生容易误用"被"的句子。除了以上句法限制外，与"被"字句相比，还有语义、语用上的差异值得注意。

N_1 不限，N_2 可出现也可不出现，但谓语动词为：（1）某些非行为动词，如"同情""喜欢""赞成""遇到""领受""见""知道"等；（2）"V得"类动词，如"吃得""记得""认得""穿得"等；（3）"加以""进行""给予""予以"等动词后加双音节动词。例如：

④ 这样的情况我没有遇到过。

⑤ 王家的人你不认得？

⑥ 这种不合理的规定应该予以改革。

语义、语用特征 如前文所说，不能用"被"的句子主要指意义上的被动句，即主语是受事的句子。这类句子中的绝大多数是说话人对某个事物的变化有兴趣，选择了某个事物作为话题，而对其产生变化的由来或责任者并无兴趣。由于处于主语位置的绝大多数是事物，它们不能发出动作，因此谓语动词就带有被动的意思。作为被动句，其被动的意味很弱，且谓语动词并不带有遭遇或受损义，在语气上是一种中性的、平和的叙述，不带负面色彩。

(2) 可用可不用"被"的句子

汉语中还存在着一些既可用"被"也可不用"被"的句子。首先要掌握这一类语言现象的句法特征，把握在意义上的被动句中哪些句子一定不能用"被"，哪些句子也可以用"被"；其次是把握用"被"是和不用"被"时表达上的差异，以正确选择被动句形式。

句法特征 N_1 是生命体，不会被误认为是施事者。例如：

⑦ 逃犯被抓住了。　逃犯抓住了。
⑧ 肇事者当场被烧死。　肇事者当场烧死。

N_1 是非生命体。N_2 可以出现，若出现则必须是生命体。"V＋C"是以下几种类型：(1) V 有减损义；(2) C 为"了"或补语，充当结果补语的多为贬义的形容词；(3) V 是带后缀"化"的动词；(4) V 是第二成分为"作""为""成"的动词。例如：

⑨ 王海的营业执照被吊销了。
　王海的营业执照吊销了。
⑩ 那张画在他手下被撕得粉碎。
　那张画在他手下撕得粉碎。
⑪ 好好的事儿被弄糟了。
　好好的事儿弄糟了。
⑫ 日常应用的六七千个汉字被简化了。
　日常应用的六七千个汉字简化了。
⑬ 《半夜鸡叫》还被改编成戏剧上演。
　《半夜鸡叫》还改编成戏剧上演。

表达上的差异　试比较下列的句子：

⑭-a 围墙推倒了。
⑭-b 围墙被推倒了。

例⑭-a 句是叙述事件的本身，说话人语气平和，不带感情色彩，是中性句，句子的被动意味也较弱。例⑭-b 用了"被"，句子的被动性较强，含有不情愿、不愉快的色彩。

例⑭-a 一般不需要出现施事者，当需要指出事件的责任者时，也常常用"被"。施事者是确定的，也可以是不确定的。例如：

⑭-c 围墙被张家推倒了。

⑭-d 围墙被人推倒了。

例⑭-b 不出现施事者时，是施事者不知是谁，或者不言而喻，或者有意回避。

10.6.3 "被"字句的教学设想

"被"字句在教学和教材中的处理主要存在两个问题：一是重形式轻功能，二是没有把意义上的被动句和"被"字句鲜明有效地区别开来。学生只会模仿造句，而并不理解汉语中的"被"字句在什么情况下运用，后果是"被"字句的泛用，偏误率很高。

长期以来被动句的教学变化不大。我们以《汉语教程》为例考察了被动句的教学情况。

教材在第52课出现"被"字句，其语法解释包括以下内容：

◎ 什么是"被"字句；
◎ "被"字句的结构形式：主语＋被（叫、让）＋宾语＋动词＋其他成分；
◎ "被"字句的宾语可省略；
◎ 可用"叫""让""给"替代"被"；
◎ 否定副词或能愿动词在"被"的前面。

显然，教材的解释完全是"被"字句形式结构方面的，尽管该教材的例句和课文都注意到反映"被"字句是叙述不如意的事件，但在解释中并没有明确地指出这一语用功能。

我们还发现，教材中的例句没有表现出"被"字句的典型特征。如前所述，当"被"字句中的 N_1 是某人，动词对其有支配作用时，这种句子中的"被"必须出现，是典型的"被"字句；如果 N_1 是事物，"被"常常是可用可不用或不能用的。

教材的语法解释中所举的 4 个例句，N_1 都不是指人的。这 4 个例句不用"被"也都能成立，这无疑给学生在区别意义上的被动句和"被"字句上埋下了隐患：

① 我的钱包被小偷偷走了。　　我的钱包小偷偷走了。

② 我的自行车叫麦克骑走了。　　我的自行车麦克骑走了。
③ 我的照相机让弟弟摔坏了。　　我的照相机弟弟摔坏了。
④ 她的骨头没有被撞伤。　　　　她的骨头没有撞伤。

教材在第 45 课介绍了意义上的被动句，其语法解释包括以下两点：

◎ 什么是被动句；
◎ 被动句的结构形式：受事主语＋动词＋其他成分。

从教材中不难看出，无论是"被"字句还是意义上的被动句，教学完全局限在形式结构方面，而两种句式的句法条件和语用功能则完全没有涉及。因此学生只能从形式上寻找两种句式的区别，发现只是"被"字的有无，而完全不知道什么情况下该用"被"字句、什么情况下该用意义上的被动句。

被动概念是语言中存在的普遍现象，由于许多语言中如英语、俄语、韩语等被动句都有一定的形式标志，汉语"被"字句就很容易被接受，学生会感到表达被动时用上"被"则更踏实、更有依据，造成了"被"字句泛用的局面。而我们没有针对这一情况在教学中把两种句式在使用条件、表达功能等方面区别开来，只着重结构形式的教学，结果强化了学生泛用"被"字句的倾向，酿成了出现大量偏误的不良后果，这是被动句教学中不容回避、亟待解决的问题。下面针对上述问题，就两种句式的教学提出以下几点构想。

(1) 选择典型的句式

汉语是缺乏严格意义形态标志的语言，所以汉语中的形态标志并不具有强制性。"被"作为被动句的标志也不具有强制性，在实际语言中，有的被动句必须用"被"、有的可用可不用"被"、有的不能用"被"。其中可用可不用"被"都能成立的被动句，学生难以区别、容易混淆。被动句是历来初级阶段必学的主要句式。对入门的初学者，教学内容的选择至关重要，必须简明、易学、难度不大，利于接受、便于运用，所以我们要精心筛选典型句式，而被动句的教学尤其要选择能区别开"被"字句和意义上的被动句的典型形式。我们认为适合初级阶段教学的被动句的典型句式如下：

▲"被"字句典型句式（简称句式Ⅰ）

句式Ⅰ：N_1＋被（叫、让）＋N_2＋V＋C
⑤ 小王被汽车撞伤了。

⑥ 我被老师批评了一顿。
⑦ 他已经被人忘记了。

在语法解释中应指出：（1）用介词"被""叫""让"等表示被动关系的句子叫"被"字句。（2）"被"字句的结构形式中，N_1 一般是能发出动作的生命体，须用"被"（"叫""让"）标示是动作的对象；N_2 是动作的发出者；V+C 表示动作产生的结果。（3）句子有遭受义，常有不如意、不愉快的色彩。（4）介词"被"可以直接用在动词前（"叫""让"不可以）。

▲ 意义上的被动句典型句式（简称句式Ⅱ）

句式Ⅱ：N_1+V+C

⑧ 钱都用完了。
⑨ 他的愿望实现了。
⑩ 房子只盖了一半。

在语法解释中应指出：（1）主语是动作的对象，是没有被动标志的被动句。（2）N_1 一般是非生命体，N_2 一般不出现。（3）句子叙述某个事物发生的变化，没有不如意的色彩，句子的被动意味较弱。

以上两种被动句的典型形式都是不可替代的，"被"字句的典型句式是必须用"被"的句式，而意义上的被动句的典型形式是不能用"被"的句式。两种句式在句法条件和表达上有明显区别：

其一，在句法条件上，句式Ⅰ的主语是能发出动作的人，必须用"被"标志，和动词是受动关系（不用"被"就成了主动句），而且用"被"引出施事者，所以 N_2 出现。句式Ⅱ的主语是不能发出动作的事物，施事不出现，由于主语是受事，自然构成被动句，不必也不能用"被"。因此在句法条件上，句式Ⅰ和句式Ⅱ能鲜明地区别开来。

其二，句式Ⅰ有遭受义，有不如意的负面色彩，而句式Ⅱ则是中性的，没有遭受义和不如意的色彩，这样在语义和语用上也把两种句式区别开来了。

如前所述，在实际语言中，被动句的语义和形式是复杂而多样的。有的"被"字句的主语也可以是非生命体，有的"被"字句中的"被"可不用，仍然表示被动，有的"被"字句没有负面色彩，甚至是褒义的；有的意义上的被动句的主语是生命体，有的意义上的被动句用"被"后也是合法的等等。这些我们认为都不是典型的，可以在中高级阶段教学中再出现。而作为入门阶段，我们经过筛选的典型句式（句式Ⅰ、Ⅱ）是汉语被动句中最基本、最常见的形式，完全可以满足外国人在初级阶段交际表达的需要。这两种句式在形式上和表达功能上显示出了明显的差异，学生能初步把握什么时候使用"被"字句，什么时候使用意义上的被动句，不会产生混淆，从而为正确运用"被"字句打下良好的基础。

(2) 凸显"被"字句的遭受义和不如意的色彩

"被"字句所表示的基本义是遭受义，绝大多数的"被"字句具有不如意的色彩，虽然有些"被"字句从字面上是中性的或称心的，我们完全可以把它们看作是"被"字句中的一个小类，而且是为数不多的一类。正如历来对外汉语教材中确定了"把"字句的基本义是处置义（表示动作对"把"的宾语产生影响或发生结果），而"把"字句在实际语言中也存在不表示处置义的若干个小类。我们在初级阶段只应选择基本的、主要的、典型的句式，以先满足学生基本表达的需要，从而提高学习效率，并避繁就简以降低教学难度。更何况凸显"被"字句的遭受义和不如意的色彩，可以使"被"字句和意义上的被动句在表达上泾渭分明、不会发生混淆，这是改进被动句教学的关键，值得我们去尝试。

对此我们设想，在初级阶段教材中除了语法解释、例句设置应明确"被"字句的遭受义和不如意的色彩外，在句型训练、课文以及练习中也可体现。

句型训练的关键是选择带有遭遇性质和贬损意义的动词，并连带练习动词后表结果的成分。我们可以遵循下面的操练步骤：

操练"被＋V"以使学生记忆、掌握用于"被"字句的表贬义的动词。例如：

被欺骗　被抛弃　被开除　被批评　被消灭
被打败　被折磨　被杀害　被逮捕

操练"被＋VP"，帮助学生熟悉、积累用于"被"字句中谓语词组，并在熟巧的基础上形成整体记忆，避免动词与其后带成分的搭配失当而产生的偏误。例如：

被关进监狱　被剪去了头发　被偷了钱包
被骂了一顿　被打伤了鼻子　被撕得粉碎

操练"被"字句，通过大量带负面色彩"被"字句的练习，使学生对"被"字句表达的负面色彩印象深刻。例如：

⑪ 他被汽车撞伤了。

⑫ 小王被他吓得发抖。
⑬ 我被雨淋湿了。
⑭ 他被人推倒了。

通过大量的词组和单句替换的熟巧练习，使学生对"被"字句表达不如意、不愉快的色彩建立起深刻印象，同时有意识地让学生熟悉、理解和储备可用的动词、动词词组和句子，为自由表达和交际打下基础。

课文的编写或题材的选择应与"被"字句的语用功能协调一致。会话、复述的练习应选择有遭遇性的话题，如"钱包被偷了""车祸""一次不愉快的经历""邻居打架"等。由老师编写带有负面色彩、被动遭遇的会话或小短文组织学生练习、复述，也可布置学生自己组织会话或叙述，使学生充分体会"被"字句的使用的必要情境。

(3) 开展被动句的语篇教学

语篇教学是对外汉语教学有待开发的新领域。当我们苦苦思索怎样让外国学生理解为什么要用"把"字句或"被"字句而不得要领时，却忽略了"把"字句、"被"字句的使用常常是语篇连接的需要。话题是篇章连接的手段，处于句首的话题常常把前后句子连接起来，使前后句的表达顺畅、连贯。一般来说，在同一个句群的几个句子之间，各个句子的话题应该保持一致，不然句群之间就会不连贯。当话题是受事时，使用被动句可以因话题一致将前后句子连接起来。例如：

⑮ 她运气不好，去了不到一年，就出了事故，被公司解雇了。

在这个句群中，四个句子都是以"她"作为话题；前三句都是主动句，第四句只有"她"作为受事主语，才能前后一致，因此用了"被"字句，如果用主动句"公司解雇了她。"显然句意不顺畅。"被"字句的选择在上下文中常常是保持话题一致的需要。

邢福义（2009）曾指出承赐型"被"字句的使用受到"主语规约"句法机制的管束。"所谓主语规约，是说：作为起词的主语，管控着后续语句的配置。表述者针对表述主脑进行叙写，形成顺势而下的语流"。他举例如下：

⑯ 阎达五1929年1月14日生于山东祁县。1949年3月肄业于……1954年毕业于……1990年被吸收为日本国际会计研究会荣誉会员。

解释说，编者介绍阎达五教授，从出生时间写起，顺叙下来，最后用了一个"被"字句。这一句,如果不用"被",说成"1990年吸收为日本国际会计研究会荣誉会员",意思不怎么完整;如果改用主动句,说成"1990年日本国际会计研究会吸收他为荣誉会员",又好像拐了一个弯子,不那么顺畅。

可见"被"字句的使用在语篇或语流中,是话题连接的需要或是受到主语规约的管束,这也是在语言表达中选择被动句的主要原因。我们应该在教学中对此有所体现,在适当的教学阶段开展被动句的语篇教学,以提高被动句的教学质量。

"被"字句的语篇教学可以体现在语法解释、课文情景的利用和练习设计等方面。在教材中应设立此项语法条目,指出选择主语是受事常常是在语篇中保持话题一致的需要。在课堂教学中,教师应结合串讲课文利用情景,指出受事主语在语篇中的连接作用。练习设计,可以给几个句子,要求用同一个话题连贯起来;或者在一段话中要求选择恰当的句式完成句子;又或者用指定的被动句说一段话等。

"被"字句的语篇教学不宜安排在初级阶段,可在中高级阶段进行。

(4)"被"字句教学的阶段分布

"被"字句的教学要涉及许多元素:句法结构和条件,语义、语用特征,语篇功能等。仅句法结构就包括典型的和非典型的结构、简单的和复杂的结构、口语和书面语结构等。因此,被动句教学应安排在初中高级各个阶段。

虽然《语法等级大纲》和《教学大纲》在语法项目中已分别将"被"字句的教学安排到丁级和三、四年级,但仅限于结构形式的复杂化以及书面语的介绍。我们拟在参照两部大纲的同时,结合被动句的语义、语用和篇章功能的教学,分别就初级、中级、高级各阶段被动句在教材中的教学要点提出建议。

▲ 初级阶段的教学要点

初学被动句要安排下列典型形式:

◎ 意义上的被动句的典型形式:$N_1 + V + C$

(N_1是非生命体、动作的对象;$V+C$是叙述或描写N_1发生的变化或结果,有贬损义)

◎ "被"字句的典型形式:$N_1 + 被(叫、让) + N_2 + V + C$

(N_1是生命体,用"被"标示是动作的对象;N_2是动作的施事;$V+C$是动作及其结果,有贬损义)

在初级阶段的短文教学时，再安排下列非典型的常见形式：

◎ 意义上的被动句的常见形式：N_1+V+C

（N_1是生命体，但不会被认为是动作的发出者；$V+C$是叙述或描写N_1发生的变化或结果）

⑰ 病人救活了。

⑱ 姐姐分配到山区当教师。

◎ "被"字句的常见形式：N_1+被$+V+C$

（N_2不出现；N_1既可是生命体也可是非生命体；$V+C$是动作及其结果，有贬损义）

⑲ 钱包被偷了。

⑳ 他被开除了。

教学中还要注意凸显"被"字句的遭受义和不如意的色彩，指出意义上的被动句是中性的，没有遭受义和不如意的色彩。

两种被动句的教学次序，长期以来是意义上的被动句先于"被"字句。其实从习得上考察，意义上的被动句难度大于"被"字句（吴门吉、周小兵，2005），因此应先教"被"字句再教意义上的被动句。

▲ 中级阶段的教学要点

中级阶段主要是"被"字句教学的延伸阶段，结构形式上由简及繁，由典型句式延伸到非典型句式。由于中级阶段的课文由初级阶段的对话体为主，转为以叙述体为主，篇幅也加大了，适合开展由篇章功能的需要选择"被"字句的教学内容。

这个阶段的教学内容包括：

◎ "被……给……"和"被……把……"

口语中常见"被"字与"给"或"把"连用。例如：

㉑ 他被狗给咬了。

㉒ 我深深地被他的感人事迹给打动了。

㉓ 他一下车就被一群记者把他包围起来。

㉔ 那孩子让人把腿打断了。

结构助词"给"并无意义，只是增添了句子的口语色彩。"被"与"把"字句连用的句子，以"被"前"把"后为多见，其中"被"的宾语必须出现，否则句子不能成立。

◎ 不含负面色彩的"被"字句

㉕ 老王被派到国外工作了。
㉖ 明明被姥姥接走了。
㉗ 她被大家评为先进工作者。

　　"被"字句中有一小类动词不含贬损义，整个句子没有明显的表示不如意、不愉快的感情色彩。这类句子不是典型的"被"字句，它们或许表示事件的偶然及出乎意外，或许为了引出施事者，或许是在上下文中选择话题的需要，让受事处于句首，句子没有负面色彩。

　　教学中还要注意介绍"被"字句在语篇中的连接功能，指出"被"字句的使用常常是语篇连接的需要。话题是篇章连接的手段，处于句首的话题常常把前后句子连接起来，使前后句的表达顺畅、连贯。如果话题主语是受事时，就往往选择被动句。

▲ **高级阶段的教学要点**

　　高级阶段的教学应培养学生的书面语能力及表达的准确性和得体性。此时被动句的教学应安排带有书面语色彩的"被"字句，及"被"字句中施事有无的表达意向，以指导学生准确运用"被"字句。

　　这个阶段的教学内容包括：

◎ "被……所……"或"被……为……"

㉘ 任何敌人也不能压倒我们，而只会被我们所压倒。
㉙ 他从不为名利所动。

　　这类"被"字句出现在书面语中，"被"后宾语必须出现，动词后一般不带其他成分。

　　教学中还要注意介绍"被"字宾语有无的表达意向。"被"字宾语是施事者，典型的"被"字句中施事是出现的，但受说话人表达意向的影响，"被"字的宾语（以下简称 N_2）也可不出现。

　　当需要指明事件的责任者或致因时，当施事是特定的人或事物时，N_2 必须出现。例如：

㉚ 李凤卿是在小时候被叔父拐卖到四川的。
㉛ 这件事要是吵嚷开，被刘四知道呢？

　　例㉚中"叔父"是责任者，是说话人要引出的 N_2，必须出现；例㉛中"刘四"是特定的人，也必须出现。

　　从事理上可以推知的施事或致因，N_2 不必出现。例如：

㉜ 她的全身都被淋湿了。

㉝ 违章吸烟，一青工当场被烧死。
㉞ 他的话立刻就翻成了维语。

例㉜－㉞中的 N_2 分别为"雨水""火""翻译"，都是不言而喻的，不必说出。

当说话人需要隐讳或不愿说出施事者时，N_2 不出现。例如：

㉟ 她被欺骗了，痛不欲生。
㊱ 一梅曾经被诱拐、被侮辱，受尽折磨。

当说话人并不知道施事者是谁时，N_2 也就无从说起。例如：

㊲ 他被检举受过贿，正在接受调查。
㊳ 他爸爸被害那年，他才三岁。

当施事者为某人时，也可以用"人""人家"等泛指，表示不愿意说出或无从说出的具体人。例如：

㊴ 她被人欺骗了。（不愿说出的 N_2）
㊵ 他被人家检举受过贿。（无从说出的 N_2）
㊶ 他的话立刻被人翻译成了维语。（不必说出的 N_2）

在高级阶段，这种表达意向上的细微之处，可向学生介绍，以使他们在理解和表达上更加准确、到位。

对外汉语语法教学和教材中长期存在的重结构轻语义、语用的倾向至今还在影响着我们，如何在语法教学中将句法、语义和语用结合起来，并走出单句训练的固有模式，结合语篇开展句式教学，是语法教学研究中值得探索的课题。

10.7 存现句的教学参考

10.7.0 概述

汉语中表达人或事物存在、出现、消失的句子叫存现句。由于说话人的视角是从场景出发，再描写或叙述该场景的目的物（人或事物）的存在、出现、消失，所以句首出现的是处所，而人或事物是在动词后出现，这就构成了一种语序很特殊的句式。

在存现句教学中，存在着这样的困惑：如何分析这个句式？教材中要不要以及如何交待句首的处所词是什么成分？

对外汉语教学的参考书中,《外国人实用汉语语法》(程美珍、李德津,1988)把处所词分析为状语;《对外汉语教学语法大纲》(王还主编,1995)和《实用现代汉语语法》则将处所词分析为主语。综观几十年对外汉语教材,从《汉语教科书》(邓懿主编,1958)开始至今,对此句式一律采用按语序展示的方式,回避了主语或状语之争,不失为明智之举。而且汉语的存现句在外语中有对应形式,所以不是教学难点,只需点明用法,不必纠缠句式的分析。

近年来,陆俭明(2009)提出用"构式-语块"教学法去解读存现句,据说在教学中取得了较好的效果。他指出,作为存在,一定包含三部分内容——存在物、存在处所和二者之间的链接。他建议存现句的教学可以通过大量例句和练习,最终归结为:存在句由三部分组成,即(1)存在的处所,居于句首,通常由方位词组充任;(2)存在物,居于句尾,是个名词性词组,往往含有表示数量的成分;(3)存在物和存在处所之间的链接,居于句子中间,通常是动词"有"或"动词-着"。整个句子表示存在,表静态。

留学生在学习存现句时,对这一句式的特殊语序,通过模仿、操练,基本上能接受和掌握。实际运用中,偏误多出现在构成存现句的三个部分的形式特征或条件中。我们将就此做出教学提示。

10.7.1 存现句的选择

存现句包括存在句、出现句、消失句。

(1) 存在句

存在句是存现句中使用频率最高的一种。在实际语言中,存在句有以下几种类型,其中标注☆的是典型句式:

◎ 处所词+有+名词 ☆
　① 墙上有一幅画。

◎ 处所词+是+名词
　② 大楼前边是一片绿地。

◎ 处所词+动词+着+名词 ☆
　③ 门口站着几个人。

◎ 处所词+动词+了/满+名词
　④ 黑板上写了几个大字。

⑤ 书架上摆满了各种书。

◎ 处所词＋名词

⑥ 眼前一片光明。

"有"字句式是表示某个处所存在着某个人或事物，是存在句中最基本的句式，也是与其他语言中表示存在概念的最对应的形式。

"动词＋着"式则除了表示某处存在着某人或某事物之外，还进一步说明了其存在的形式，因此在描写场景中存在人或物时，用这个句式最为常见。

在对外汉语基础阶段教材中，不必罗列全部形式，只选择"有"字句式和"动词＋着"式这两种，既典型又鲜明，教学内容单纯而一致。

(2) 出现句、消失句

出现句和消失句主要有以下几种类型：

◎ 处所词＋动词＋了＋名词

⑦ 天空中出现了一片乌云。
⑧ 二楼丢了一辆自行车。

◎ 处所词＋动词＋补语＋名词

（补语为趋向动词或"趋向动词＋来/去"等）

⑨ 前边跑来一个人。
⑩ 空中飞过来一群大雁。
⑪ 车上掉下来一包东西。

◎ 时间词＋动词＋名词

⑫ 昨天来了几个客人。
⑬ 刚才死了一只猫。

由于时间词只出现在出现句和消失句中，为了简单划一，在基础阶段可以不出句首为时间词的句子。这样，存现句的句型可以概括为：

处所词＋动词＋名词

10.7.2 存现句的句法条件及偏误分析

留学生在学习存现句时，主要问题出现在构成存现句的三个组成部分的句法条件上。

(1) 处所词部分

存现句句首是处所词，与处所词有关的偏误主要有以下三种，例如：

① *一些中文书放着书架上。
② *在床上放着一只熊猫玩具。
③ *草地躺着一些游人。

病句①是留学生受母语负迁移的影响，把处所词当作地点状语放在句尾，造成语序的偏误；病句②虽然语序没错，但将母语句子中处于句尾的地点状语直接翻译出来，加上了介词"在"；病句③主要是对处所词的构成掌握得不好，不了解普通名词必须加上方位词才能构成处所词。这些偏误都可以通过提示和练习解决。

(2) 动词部分

动词部分的偏误主要是动词后的助词使用上有误。例如：

④ *门口站一个人。
⑤ *操场上飘了许多彩旗。
⑥ *公司里裁着两个人。

病句④是存在句，"站"表示存在的方式，是一种持续状态，应该在动词后用"着"；病句⑤也是存在句，"飘"是动态的存在方式，要用"着"来表示动作的持续状态；病句⑥是消失句，动词后要用"了"，表示动作的完结。

一般教材是整体教存现句，不区分存在、出现和消失三种句子的结构特点，在归纳存现句的结构时，多用以下公式：

处所词＋动词＋着/了＋数量名词词组

学生会误以为动词后可以用"着"，也可以用"了"，再加上"着"和"了"本身也是学习难点，所以他们并不明白什么时候用"着"，什么时候用"了"。

对此，解决的办法是，把存在句、出现句、消失句区分开，先教存在句，并且只教"动词＋着"的基本式。虽然存在句的动词后也可以用"了"，但仅限于静态的句子，而且用了"了"的句子都可以换用"着"，表示动态存在的句子则不能用"了"，只能用"着"。例如：

⑦ 屋子里摆着一张圆桌。→屋子里摆了一张圆桌。

⑧ 天上飞着一群大雁。→ *天上飞了一群大雁。

为简明起见，基础阶段只教存在句中的"动词+着"式，可降低教学难度，并避免与用"了"的混淆。

另外，还要把结构形式和表达的语义结合起来解释：存在句主要表达人或事物以某种姿态、方式持续存在的状态，所以动词后要加表示持续状态的助词"着"。而表示出现和消失的句子，动词后只出现"了"或补语。当表达出现或消失时，不能用"着"。这样，"了"和"着"的混淆也许就迎刃而解了。

(3) 名词部分

存现句的名词部分是表示存现的人或事物，出现在动词后。外国学生常对此感到困惑："一个人在门口站着"和"门口站着一个人"究竟有什么不同？

我们的解释是，二者是两种不同的句子。前者是叙述某个人在某个地方做什么，所以用动词谓语句；后者是描写某个场景中，某人以什么方式存在着，所以用存现句。

存现句表示人或事物的名词前必须有表示不确定的数量词语，如"一个""一些""十多辆""几百根"等，不能是表示确定的定语。下面两个句子都是不对的：

⑨ *前面来了那个警察。
⑩ *桌子上放着那本本子。

在汉语中，一般将已知的、确定的信息放在句首，新信息放在动词后，而新信息一般是不确定的，所以主语前一般带表示确定信息的定语，而宾语前一般带表示不确定信息的定语。

10.7.3 存现句的表达功能

存在句是说话人的视角从场景、环境出发的，表示场景、环境的处所词是话题，居于句首，继而描写该场景、环境中人或事物存在的方式、状态，因而存在句是一种具有描写功能的句式。

在言语交际活动中、文学作品中，当我们描述某个场景、环境或空间中人物的姿态、物件的摆设时，都必须用存在句。在存在句的教学中，应引导学生围绕校园、宿舍、教室、朋友的家等进行描述，使学生掌握存在句的表达功能。

表示出现和消失的句子，主要是用来叙述在某个场景（或时间）中出现或消失了的人或事物，也是以场景为视点，以处所词为话题展开叙述的句子。这两种句子的使用频率都不如存在句式。

10.8 "是……的"句的教学参考

10.8.0 概述

"是……的"句是外国人学汉语的一个难点。1983年中美汉语教师代表团确定的合作项目中，合作释疑的难点中就包括"是……的"句，原因是它"是汉语用以表示时态的语法点，……出现频率高，用法比较复杂，外国人误用率很高"。（郑懿德等，1986）

"是……的"句用法复杂表现在哪些方面？为什么外国人使用这个句式时会误用率很高呢？主要有以下几点：

其一，"是……的"作为一个格式，在汉语中可以出现在动词谓语句中，也可以出现在形容词谓语句中；可以用在状语部分，也可以用在主语部分；可以用在施事上，也可以用在受事上，可见其用法之复杂。"是……的"用的部位不同，所表达的功能也不同，因此首先要区分不同的"是……的"句。

其二，"是……的"句中的"的"有表示谓语动词所表示的动作已在过去实现或完成的功能，外国人很难区别汉语中表示实现或完成的"了"和"的"有什么不同，常常混淆。

其三，当"是……的"句中谓语动词带宾语时，"的"有时出现在宾语前，有时出现在宾语后，诸如此类的既可以这样，又可以那样，是最让外国人无所适从之处，因此在这一点上，误用率也很高。

我们将围绕这三个问题展开讨论。

10.8.1 "是……的"句（一）和"是……的"句（二）

汉语中在谓语部分能用上"是……的"的有两种句式，我们称之为"是……的"句（一）和"是……的"句（二）。这两种句式各有不同的表达功能。一般把"是……的"句（一）称为表示强调的"是……的"句，把"是……的"句（二）称为表示语气的"是……的"句。

对"是……的"句（一）表达功能的表述，《汉语语法难点释疑》（郑懿德等，1992）认为是"说明句子意义的重点"；《实用现代汉语语法》

认为是"突出对比焦点"。这两种提法是很接近的，可以概括为"突出焦点"。我们认同这种提法，因为已经有学者指出，说"是……的"句表示强调的提法并不科学，更主要的是，"强调"是一个较为模糊、宽泛的概念。汉语中表示强调的形式多种多样，加上教学中有时对某个语法现象的功能难以作出恰当的表述时，往往会用表示强调来应付。因此外国学生对"强调"的理解是模糊的，感到茫然的。指出"是……的"句（一）的表达功能是"突出焦点"，就显得具体、鲜明、到位。

一般认为"是……的"（二）表示肯定、确认的语气。

两个句式由于表达功能的不同，因而在许多方面有着明显的区别。

"是……的"句（一）是突出焦点，因此"是……的"主要用在以已发生的动作的时间、处所、方式等为焦点的句子中。一般的动词谓语句是叙述某人发生了某事，如：

① 吉田来了。

当我们进一步关心"他什么时候来的？""从哪儿来的？""怎么来的？""为什么来的？"等等，那么动作发生的时间、处所、方式、原因等就成了焦点。为了突出焦点，汉语采用"是……的"句。即：

② 吉田是从日本来的。（焦点是处所）
③ 他是2005年来的。（焦点是时间）
④ 他是乘飞机来的。（焦点是方式）
⑤ 他是为学中文来的。（焦点是目的）

例②一⑤，"是……的"所突出的是谓语动词前的状语部分。"是……的"也可以用来突出动作的发出者或接受者。例如：

⑥ 这些字是阿里写的。
⑦ 是王老师让他写的。

"是……的"句（一）都是动词谓语句；"是……的"句（二）由于是表示语气，所以不受此限，可以用于动词谓语句，也可以用于形容词谓语句等。例如：

⑧ 我是学中文的。
⑨ 这么多东西，你是拿不动的。
⑩ 他是清白的，不要冤枉他。
⑪ 老师的要求是非常严格的。
⑫ 你去求他，倒是可以的。

两种"是……的"句由于表达功能不同，所以否定形式也是不同的。前者否定的是焦点部分。例如：

⑬ 他不是在上海出生的。
⑭ 我不是跟吉田一起去的。
⑮ 不是老师让我写的。

后者表示的是全句的语气，所以否定的是谓语部分。例如：

⑯ 我是不开车的。
⑰ 这样干是不明智的。
⑱ 上课迟到是不应该的。

"是……的"句（一）是在动作已经完成的前提下，突出与完成动作相关的某个焦点，所以标志动作完成的"的"必须出现，否则句子的意义会发生变化。而"是"则可以省略。例如：

A	B
他骑车去北京大学的。	他骑车去北京大学。
我跟阿里一起来的。	我跟阿里一起来。

A组句有"的"表示动作的完成，B组句动作并未完成。

"是……的"句（二）表示语气，用不用"是……的"，句子的语气会不同，但基本句意不变。例如：

A	B
他的态度是很鲜明的。	他的态度很鲜明。
你的心情是可以理解的。	你的心情可以理解。

A组句有肯定、确认的语气，B组句则是一般的陈述。

区别"是……的"句（一）和"是……的"句（二）的决定性因素是它们表达的意义和功能不同，因此在结构形式、否定形式、"是"可不可以省略等方面才表现出明显的差异。

在对外汉语教学中，一般在基础阶段教"是……的"句（一），而且只教以状语部分为焦点的"是……的"句。有的教材把"是……的"句（二）安排在基础阶段的短文教学中，有的教材则略迟一点，安排在中级阶段。这种分阶段地、有间隔地分别教两种"是……的"句的做法，有利于学生吸收和消化。

10.8.2 "是……的"和"了"

和"了"发生混淆的主要是"是……的"句（一），外国人学习

"是……的"句时在这一点上偏误率最高。据我们对收集到的有关病句分析,产生偏误主要有以下几种类型:

◎ 用"了"代替"的"

① ＊联欢会是七点半开始了。

② ＊正确思想是从社会实践中来了。

◎ 误加"了"

③ ＊我们是去年九月到了北京的。

④ ＊我是跟谢利一起念了课文的。

◎ 该用"是……的"而用了"了"

⑤ ＊你从哪儿来了这儿?

⑥ ＊孩子在北京生了。

产生以上偏误的主要原因,一方面是外国学生不能区别表示完成的"了"和"的"究竟有什么不同,另一方面是对"是……的"表示强调这一宽泛笼统的概念难以把握,而对"了"表示完成已先入为主,印象深刻,所以当表达某个已完成或实现的事件时,不由自主地要用上"了",上面列举的三种类型偏误,莫不如此。

解决这个难题的关键是要让外国学生具体、准确地理解"了"和"的"表达功能的差异,以及它们出现的不同情境。试比较一下两个句子:

⑦ 玛丽昨天回美国了。

⑧ 玛丽是昨天回美国的。

两个句子都表示了一个过去已经实现的事件。例⑦是说话人在传达一个听话人全然不知的新信息;例⑧则是在听话人已经知道"玛丽回美国"这一信息之后,说话人突出了与此有关的某个方面的新信息——"昨天"(动作完成的时间)。

"了"和"是……的"出现的情境也有差别。前者常常出现在客观叙述某个事件、某种情况的情境中;后者主要出现在对话中,前提是说话人与听话人有一个共知的事件,一方关注与此共知事件相关的某个方面的信息,如事件发生的时间、地点、方式、原因等,向对方询问,这时就要用"是……的"句(一),而被询问的一方回答时也必须用"是……的"句。

教学中,采用以"了"引入"是……的"句并进行对比的方式,也许可以使外国人能顺利理解。

10.8.3 "是……的"句中宾语的位置

"是……的"句中,动词后出现宾语时,"是……的"句(二)中宾语位置是固定的,即在"的"之前出现。例如:

① 你是会同意大家的意见的,对吗?
② 他是很不愿意离开家乡的。

"是……的"句(一)中的宾语有两个位置,即出现在"的"之前,或"的"之后。例如:

③ 他是什么时候离开的学校?
④ 我是在电视上看到这条广告的。

但问题是有些"是……的"句(一)的宾语位置是灵活的,即既可出现在"的"之前,也可出现在"的"之后。例如:

⑤ 我是昨天给你打的电话。 我是昨天给你打电话的。
⑥ 他是在国内学的汉语。 他是在国内学汉语的。
⑦ 我们是骑自行车去的长城。 我们是骑自行车去长城的。

而有些情况下,宾语的位置是固定的,必须放在"的"之前。这里大致有两种情况。

其一,当宾语是人称代词时。例如:

⑧ 他是跟小王一起来看我的。
＊他是跟小王一起来看的我。

其二,当动词带趋向补语,而宾语又是处所词时,补语和宾语都必须在"的"之前。例如:

⑨ 他们是半夜才赶回学校来的。
＊他们是半夜才赶回的学校来。
＊他们是半夜才赶回来的学校。

对于"是……的"句(一)中宾语位置的复杂现象,在教学中应如何处理呢?以《基础汉语课本》为例,在"是……的"句(一)的解释中是这样说明宾语位置的:

如果动词有宾语,宾语是名词时,常常放在"的"后。宾语也可以放在"的"前,尤其宾语是代词时,更是如此。如果动宾结构后面带趋向补语,"的"要放在句尾。

由于"是……的"句(一)的教学是安排在基础汉语教学阶段,作为入门阶段的教学,要尽量放低门槛,降低教学难度,简化教学内容。上述宾语位置的描述尽管符合汉语的语言事实,但却不适合语言教学的规律。

在实际语言中,"是……的"句中的宾语,以放在"的"后为常,而且这种形式的"是……的"句常用于口语中,因此我们认为对"是……的"句(一)宾语位置的描述应该简化、单一,初教"是……的"句时只要求学生记住:如果动词有宾语,宾语是名词时,常常放在"的"后,这样的描述也很严密,因为说宾语是名词时,就排除了人称代词和处所词语做宾语,而且说宾语放在的后是"常常",不是"必须",隐含着有例外。在初学"是……的"句时,尽量简化教学内容,选择常用的基本形式,无疑会化解学习的困难,提高学生学习的积极性。

第11讲

关于动作的态的教学

汉语动作的态本身具有独特性和复杂性，是教学的难点。本讲针对外国人学习的特点和需要，在既有的研究成果基础上，从句法、语义、语用三个层面去描写"了""着""过"等出现的条件和情境；就如何科学、合理地选择教学内容和编排教学次序等问题，进行讨论或思考。

11.0 概述

动作的态指在动作进程中的不同阶段,如进行、持续、完成、经历等。

和动作密切相关的,一是动作发生的时间,二是动作所处的态。英语中时和态是相互融合在一起的,称作时态,主要用改变动词的形态或添加助动词来表示。汉语是缺乏严格意义的形态标志的语言,动词没有严格意义的形态变化,时和态是分离的。时间概念是通过词汇手段表示的,动作的态与时间没有关系,既可以发生在过去、现在,也可以发生在将来,是由表示时间的词语来标示的。英语的时态是强制的,具有普遍性,例如凡是动作处在现在进行的阶段,动词后的形态必须发生变化,要加上-ing。汉语中动作的态既不是强制的,也不具有普遍性,需要表达某种态时,如动作的完成,则有时必须在动词后用动态助词"了",有时不能用"了",甚至某些非动作动词,却也要用"了",例如"他姓了母亲的姓"。因此,汉语中动作的态既有独特性又有复杂性,是外国人学习的难点。

对于动作的态,学术界的提法不同。王力称之为"情貌",有七种。吕叔湘称之为"动相",有十种。不少语法著作还称之为"体",分类或多或少不一。

对外汉语教学中,对动作的态的确定和分类主要突出虚词手段,如动词后用助词或动词前用副词等。在《语法等级大纲》出版之前,对外汉语教材中出现的动作的态有五种:

◎ 动作完成用动态助词"了"表示;
◎ 动作的进行用"正""正在""在……呢"或"正在……呢"表示;
◎ 动作或状态的持续用"着"表示;
◎ 动作的即将发生用"快要……了""就要……了"表示;
◎ 过去的经历用"过"表示。①

《语法等级大纲》及其后的《教学大纲》中,关于动作的态有一处名称的变动,即变化态或情况的变化,用语气助词"了"表示,将动作的即将发生纳入变化态中。受这两部大纲的影响,目前对外汉语教材中

---

① 参见《汉语教科书》(邓懿主编,1958)和《基础汉语课本》(李培元主编,1980)中的语法大纲。

关于动作的态都按此处理。

动作的态是教学的难点，不仅出现的偏误率高，而且偏误类型也较为复杂。外国学生学习动作的态最主要的问题是，受母语干扰，把态和时间对应起来。如，凡是过去时都用上动态助词"了"或"过"，把"着"等同于现在进行时，互相混淆，"了"和"过"不分，"着"与"在""正在"混用。

在动态助词的使用条件上，出现的问题也不胜枚举，造成学生产生偏误的类型主要表现有以下几种：有些非动作动词、没有完成意义的动词用了"了"；不是持续动词带了"着"；动词前的修饰成分中，表示经常的、多次的修饰成分与"了""着"同现。

此外，带动态助词的动词，哪些能带补语、宾语，哪些不能带？带动态助词的动词的否定形式，为什么有的用了否定词后要去掉动态助词，有的则保留动态助词？在复杂的动词谓语句，如连动句、兼语句中，动词不止一个，动态助词用在哪个动词后？面对如此纷繁复杂的条件，学生常常感到困惑，因而在以上情况下出现的偏误很多。

汉语动作的态本身的确具有独特性和复杂性，而汉语界对动作的态的研究又存在着许多盲点，造成我们的研究成果远远不能满足教学的需要。这促使我们要加大研究力度，开展针对外国人学习特点的汉语动作的态及其教学的研究，为对外汉语教学跨越这一障碍作出努力和贡献。

我们应针对外国人学习的特点和需要，在既有的研究成果基础上，从句法、语义、语用三个层面去描写"了""着""过"等出现的条件和情境。科学、合理地选择教学内容和编排教学次序，以简化教学内容，降低教和学的难度，有效地提高动态助词教学的效果。本讲以此为出发点，对纳入教学的五种动作的态进行讨论或思考。

需要说明的是，"了"既可作动态助词，表完成态，又可作语气助词，表变化态。为了区分和后文论述方便，我们把它们分别称之为"了$_1$"（动态助词）和"了$_2$"（语气助词）。

11.1 表示完成态的"了$_1$"的教学设想

动态助词"了$_1$"是动作态的教学中最难的一个项目。"在我们搜集到的大量偏误实例中，'了'的偏误不仅数量最多，占首位，而且偏误类型也相当多。"（李大忠，1996）究其原因，除了学生母语的干扰外，主要是我们没有讲清楚"了"的使用条件,没有在教学中有效地区别开"了$_1$"和"了$_2$"、"了"和"过"等。

虽然语法学界对"了"的特点、用法等目前尚不能给出满意的说法,但我们也不能因此而无所作为,我们完全可以从既有的研究成果中,吸收有益于优化教学内容的观点,不断地改进、调整教学,使之朝着我们的目标跨出一步,哪怕是一小步,也是可喜的。以下我们对表示完成态"了$_1$"的教学设想,就是本着这一理念所做的初步尝试。

11.1.1 两项研究成果

表示完成态的"了$_1$"究竟出现在什么句式中,也就是什么情况下必须或可以用"了$_1$"?这是我们多年来孜孜以求、一直想要解决的问题。以下我们介绍两项研究,或许对我们解决这一难题有所启发。

(1) 句子情状类型与表示完成态"了$_1$"的使用研究

近年来,国内外一些学者在研究中发现,句子的情状类型明显地影响着英语时体的习得,而对汉语的"了"和"着"的习得也有着明显的影响。

"情状类型指动态/非动态、持续/瞬间、有结果/无结果等,是由动词特性与句子中其他成分相互作用而产生的。"研究表明,"完成体'了'表达一个完整事件,只能出现在有终结点的情状中。"终结动词和强调结果动词是终结性动词,所以可以自由地和"了"同现一句。状态动词和活动动词是非终结性动词,一般不能带"了",有了外加限时/限量成分(如时量、动量、效率宾语),才有可能与"了"同用。很大部分的状态动词,如"是""等于""属于""像""显得""允许"等,完全不能在句子中带"了"。(黄月圆等,2000)

这项研究的结果给我们提供了表示完成态的"了$_1$"出现的句子类型和对此现象的合理解释。

(2) 完成态"了$_1$"用于详细说明情状的研究

郭继懋(2002)根据认知语法学家兰盖克(R. W. Langacker)的"详细程度"理论,结合语料考察,对"了$_1$"的使用环境做了统计分析,得出的结论是:"了$_1$"用于详细说明一个情状。他还列举了与"了$_1$"必须同现的成分,表现为:

动词后有时量补语或动量补语时,句子里常常有"了$_1$",因为一个已然过程持续时间的长度、发生的次数、量大还是量小，这些方面都属于情状的细节。

当宾语有数量或其他比较复杂的修饰语时句子里往往有"了$_1$"，也就是说"了$_1$"与对宾语的详细说明有密切关系。

突出行为主体是有意这样做的，……这是因为"是否有意"这种意义也属于情状的细节。例如"司机呼地关上了门，气呼呼地把车开走了"。

以上两项研究依据不同的理论，用不同的方法，从不同的视角来分析"了$_1$"出现的句式，而结论基本一致，可谓殊途同归。下面我们归纳一下两项研究中提及"了$_1$"出现的句式：

◎ S＋V＋时量补语/动量补语
① 他走了一个小时。
② 我看了三遍。

◎ S＋V＋数量词语/修饰语＋宾语
③ 他写了三十个汉字。
④ 他买了鲁迅写的小说。

◎ S＋V＋宾语，(S)＋VP
⑤ 到了北京，我马上给你打电话。

我们发现，以上句式如果不用"了"，句子的意义就会发生变化。例如：

⑥ 他走一个小时。
⑦ 我看三遍。
⑧ 他写三十个汉字。
⑨ 他买鲁迅写的小说。
⑩ 到北京，我马上给你打电话。

这些句子都不表示动作的完成或实现。

以上结论为我们对表示完成态的"了$_1$"在什么句式中出现提供了理论依据，为我们教学中的选择提供了可靠的参考。

11.1.2 表示完成态的"了$_1$"的教学选择

尽管表示完成态的"了$_1$"是教学中的一个很突出的难点，但由于出现频率高，在对外汉语教材中，这个语法项目的安排比较靠前。《教学大纲》中有一个"教学语法项目序列",在 102 个语法项目中,"了$_1$"排在第 47 位,不仅在"把"字句、"被"字句等之前,还在时量补语、动量补语之前。这与历代教材的安排基本一致。

对外汉语教学在初级阶段入门学习"了$_1$"时有哪些教学内容呢?我们以《汉语教程》(杨寄洲主编,1999)为例,该教程在第二册(上)第 32 课出现"动作的完成:动词+了"这个语法点。语法解释中,列举的句式有以下几种:

句式Ⅰ:动词后边加上动态助词"了"表示动作完成。例如:

① A:你喝了吗?
　B:喝了。

句式Ⅱ:"V+了"要带宾语时,宾语前要有数量词或其他词语做定语。例如:

② 我买了一本书。
③ 我喝了一瓶啤酒。
④ 我吃了一些鱼和牛肉。

句式Ⅲ:如果宾语前没有数量词或其他定语时,句子要有语气助词"了"才能成句。例如:

⑤ 我买了书了。
⑥ 我们吃了晚饭了。
⑦ 我喝了药了。

句式Ⅳ:如果宾语前既没有数量词或其他定语,句末也没有语气助词"了",必须再带一个动词或分句,表示第二个动作紧跟第一个动作发生。例如:

⑧ 昨天我买了书就回学校。
⑨ 晚上我们吃了饭就去跳舞。

《汉语教程》中关于表示完成态的"了$_1$"的教学内容基本上与此前北京语言大学使用的历代教材中的大体一致。针对以上教学内容,我们对句式Ⅰ和Ⅱ提出质疑:

句式Ⅰ在《汉语教程》第二册(上)第 32 课中出现的句子有:

⑩ A:你喝了吗?　B:喝了。(语法解释例句)
⑪ 玛丽哭了。(该课题目)

⑫ 他病了。(替换练习。替换词：感冒、发烧等)

例⑩－⑫中的"了"是不是动态助词？因为其中的"了"，既在动词后，也在句末，这个"了"究竟是"了₁"，还是"了₂"？还是一些学者所谓的"了₁＋了₂"或"了₃"？刘勋宁（1990）认为，如果动词带"了"恰好处于句末，即停顿之前是"V了"的形式的话，我们就不知道，这个"了"该看作词尾"了"还是句尾"了"。这是个学术上纠缠不清的问题。作为教学语法是应该回避的，怎么能在刚刚入门学习"了"，就引导学生陷入这一泥潭呢？把原本就很难教难学的动态助词"了₁"，又与另一个语气助词"了₂"纠缠在一起，岂不作茧自缚？

句式Ⅲ表达的意思比较复杂，动词后的"了"表示动作已经完成或实现，而句末的"了"则主要传递了一个新信息，在话语中有某种言外之意。该书在举例时也提到了这一点：

⑬ 我买了书了。(我不买了/你不要给我买了)
⑭ 我喝了药了。(不喝了/你放心吧)

两个音同、字同、表达的意义又有同有异的"了"，是很容易给初学者造成混淆和困惑的。展示这个句式，究竟是为了教动态助词"了₁"还是教语气助词"了₂"？这里显然违背由浅入深、简明易学的教学原则。

编者之所以在初次接触动态助词"了₁"时就教这样表意复杂的句式，显然是在语法项目的选择上以形式结构为核心的表现。因为动词带"了"后，常常会有宾语。若是简单宾语，则句子不完整，不能成句，于是从形式出发，列举了"V了＋简单宾语"时能够成句的各种形式，并全都列入教学内容，而没有顾及这个词的语义语用功能。

此外，郭继懋（2002）在对"了₁"使用环境的统计分析中指出，"了₁""了₂"同时使用的时候是比较少的，只占1％。因此他认为初级甚至中级对外汉语教学中似乎不必专门讲解"了₁""了₂"一起使用的现象。

综上所述，我们认为在动态助词"了₁"的入门教学阶段，前文列的句式Ⅰ和Ⅱ不宜纳入教学内容。

11.1.3 表示完成态的"了₁"教什么

表示完成态的"了₁"应该教什么？怎么教？我们认为对表示完成态的"了₁"，可以采取先集中后分散的办法进行教学。

(1) 集中教学

初级阶段,"了₁"出现时宜尽量展示其基本形式,并简化教学内容。因此,只需出现以下两种句式:

句式Ⅰ:叙述动作完成所及的特定对象或所及对象的数量。例如:

① 我喝了一瓶矿泉水。
② 我要一本鲁迅的小说。

句式Ⅱ:叙述动作完成后出现或将出现另一个动作。例如:

③ 我下了课就去图书馆。
④ 听了新闻我就做练习。

同时要展示完成态的否定式和疑问式。在初次教"了₁"时,还应该交代几点注意事项,如"了₁"和时间的关系,强调"了₁"不仅可以用于过去完成的动作,也可以用于说话时和将来完成的动作;表示经常性、多次性的动作不能用"了₁"等。

(2) 分散教学

主要围绕表示完成态的"了₁"必须、经常或可以出现的句式,讲清其意义和出现的位置。由于"了₁"在教材中一般都出现得比较早,因此在集中教学之后,会陆续出现其他带"了₁"的句式,应是"了₁"教学的延续。例如:

句式Ⅲ:动词补语句和"了₁"

⑤ 前面跑来了一群小学生。(趋向补语句)
⑥ 晚霞染红了天空。(结果补语句)
⑦ 汽车开到了宿舍门口。(介宾补语句)
⑧ 儿子长高了两厘米。(数量补语句)

在复合趋向补语中,"了₁"的位置有变化。例如:

⑨ 他买回了一包茶叶来。
⑩ 他买回来了一包茶叶。
⑪ 他买了一包茶叶回来。

句式Ⅳ:"把"字句、"被"字句和"了₁"

⑫ 我把孩子交给了老师。

⑬ 他把作业做了才看电视。
⑭ 她的手被划了一个口子。
⑮ 他被公司撤了职。

句式Ⅴ：连动句、兼语句和"了₁"

在连动句和兼语句中，"了₁"一般不出现在第一个动词的后边。例如：

⑯ 我去北大听了一个讲座。
⑰ 他请大家吃了一顿午餐。

连动句只有前后动词表示连续动作或动作有先有后时，"了₁"才能出现在第一个动词之后。例如：

⑱ 我听了录音去找你。
⑲ 他听了这个消息跳了起来。

句式Ⅵ：动词重叠和"了₁"

单音节动词重叠时，中间可用"了₁"。例如：

⑳ 想了想　试了试

双音节动词重叠时，中间不能用"了₁"。例如：

㉑ ＊讨论了讨论　讨论了一下

句式Ⅶ：离合词和"了₁"

"了₁"出现在离合词中间。例如：

㉒ 理了发　跳了舞　洗了澡

以上都是表示完成态的"了₁"出现的句式或结构，教学时涉及用"了₁"和不用"了₁"时意义上的差异，以及用"了₁"时"了₁"出现的位置。"了₁"出现在动词后，也可出现在动趋式、动结式等结合紧密的动补词组后。分散教学既是对动态助词"了₁"的重复和巩固，也分散了难点。分散教学时，"了₁"不一定作为新语法点出现，但教学中要对"了₁"在以上句式和结构中的表达功能给予强调，尤其要提示"了₁"出现的位置。

11.2 表示变化态"了₂"的教学思考

与"了₁"的语法意义只表示动作的完成相比，"了₂"的语法意义则复杂得多。《汉语口语语法》（赵元任，1978）中列举了"了₂"的用法达7项之多。《现代汉语八百词》（吕叔湘主编，1980）中"了₂"的用法则有12个小类。因此在对外汉语教学的教材中，相对于一般语法项目在解释上变化甚微，"了₂"在语法意义的表述上则变更较大。"了₂"究竟表达了什么意义？是我们必须关注的首要问题。

此外，"了₁"和"了₂"是从合，还是从分？从合的观点，如刘月华等（2001）认为动态助词"了"和语气助词"了"具有共同的语法意义；从分的观点，如刘勋宁（1990）说："现在我们知道了，两个'了'的各自来源，就可以明白它们之间实际上是同中有异，异中有同，所以，我们仍主张'了'字从分。"选择哪个观点，这关系到在对外汉语教学语法中，对两个"了"是基本求同，还是基本求异，以及怎样处理更有利于学生的理解和运用的问题。此外语气助词"了₂"的语用功能，在教学中尚未得到体现，这些是本节需要思考的问题。

11.2.1 "了₂"的语法意义及其表述

北京语言大学历年来使用的对外汉语教材中，对"了₂"的意义，自1958年的《汉语教科书》（邓懿主编）开始，一直采取并沿用这两种表述：其一，"表示完成"；其二，"表示出现了新情况"或"变化"。前者指"了₂"用在动词谓语句末尾，后者指"了₂"用在形容词谓语句、名词谓语句、主谓谓语句以及动词谓语句的末尾。多年来，各教材中"表示出现新情况"或"变化"的表述没有变更，而"了₂"用在动词谓语句末尾表示"完成"的表述则屡有变动。如："表示完成"（《汉语教科书》；李德津主编《汉语课本》，1977），"表示发生在过去的某个事件"（赵淑华，王还主编《基础汉语》，1972），"表示某件事或情况肯定发生了"（李培元主编《基础汉语课本》，1980），"表示某段时间出现的情况或发生的事情"（鲁健骥主编《初级汉语课本》，1986），"说明在一定时间内某一动作已发生或某种情况已出现"（《汉语教程》）。各教材中对"了₂"的两种表述一般都分两次进行教学，分别为语气助词"了"（1）和语气助词"了"（2），而且用于动词谓语句末尾的"了₂"是出现在语气助词"了"（1）的教学中。

"了₂"表示什么语法意义？它的基本语义是什么？这些年来国内外关于"了₂"的研究形成的基本认识是："了₂"也是一种体或态的标志，它表示变化。在对外汉语教学大纲中也已明确。《语法等级大纲》中，动作的态之（二）变化态，指出"已经发生变化，用句尾语气助词

'了'",《教学大纲》中动作的态之（二）情况的变化，指出"用语气助词'了'表示情况发生了变化，出现了新的情况或状态"。

实际上，"了$_2$"用在动词谓语句末尾，也表示"出现了新情况"或"变化"。试看下列例句：

① 他走了。（单个动词做谓语）
② 他喝酒了。（动宾结构做谓语）
③ 他回来了？（动补结构做谓语）
③ 姐姐离婚了。（离合词做谓语）
⑤ 她怀孕三个月了。（动词带时间词语）
⑥ 汉字我写完一半了。（动词带数量词语）
⑦ 老张是科长了。（关系动词做谓语）
⑧ 孩子会走路了。（能愿动词做谓语）

这些例句在具体的语境中无一不是表达出现了新情况，或发生了变化，或传达一个新的信息。这些例句中，"了$_2$"前可以使用的动词、动词结构非常广泛。这说明，动词谓语句的末尾用"了$_2$"时，表达的语法意义也可以表述为"出现了新情况或变化"。

对此，《汉语教科书》也不否认，书中谈到，在动词谓语句（尾）用"了"虽然常常是表示完成的，但是也可以表示情况的转变。

《实用现代汉语语法》（刘月华等，2001）虽然认为动态助词"了"和语气助词"了"具有共同的语法意义，即表示动作状态的实现，但又在进一步的解释中说明，所谓"实现"，意思就是"成为现实"，也就是"发生""出现"，"实现"的意义更广泛一些。过去一般汉语教材中说"表示出现了新情况"，"表示变化"，也是这个意思。

既然"了$_2$"出现在各种谓语句（包括动词谓语句）的末尾都表示"出现了新情况"或"变化"，为什么我们在教材和教学中要有两个表述呢？这不仅使"了$_2$"的教学复杂化，也会引起"了$_1$"和"了$_2$"在表达意义上的混淆，因此我们主张在初级阶段只教"了$_2$"的典型句式，只出现一个，而不是两个"了$_2$"的语法项目。以下是"了$_2$"的典型句式（见下页表）。

典型句式	例句
句式Ⅰ：形容词＋了	蔬菜便宜了。
句式Ⅱ：时间词/数量词＋了	十二点了。
	儿子三岁了。
	行李二十公斤了。
句式Ⅲ：关系动词/心理、状态动词＋了	老张是教授了。
	我喜欢玩游戏机了。
	大家都饿了。
句式Ⅳ：能愿动词＋宾语＋了	孩子会走路了。
句式Ⅴ：可能补语＋宾语＋了	他买得起汽车了。
句式Ⅵ：已经＋动词＋了	他已经回美国了。
句式Ⅶ：不＋动词＋了	他不学英语了。

11.2.2 "快/就要……了"表示情况就要改变

语气助词"了₂"除了表示已经发生变化外，还用在"要……了""快要……了""就要……了"等格式中表示即将发生变化。例如：

① 要刮风了！
② 她快要当妈妈了。
③ 报告就要开始了，快进去吧。

用副词"快""就"表示时间紧迫。当需要使用时间状语时，只能用在"就要……了"中，不能用在"快要……了"中。例如：

④ 我们下星期就要比赛了。
　＊我们下星期快要比赛了。

11.2.3 "了₂"的语用功能

前面的小节我们讨论了"了₂"的语法意义，即"了₂"表示出现了新情况或表示变化。教材中是这样解释"了₂"句的：

① 我累了。（从"不累"到"累了"）
② 他是大学生了。（从"不是大学生"到"是大学生"）

仅仅如此，并不能指导学生在交际中运用"了₂"句，因为当我们说"累了"时，并不是为了表达从"不累"到"累了"的变化或新情况。我们应进一步揭示作为言语句子的"了₂"句在交际中具有哪些功能。

"了₂"在话语环境中具有信息提示的语用功能。说话人用"了₂"句向对方传递了新信息，有提请听话人注意的功能，并进而表达说话人

的某种意向。(吕文华,1992)例如:

③ 你们累不累?我累了。(需要休息了)(提醒)
④ 刮风了,关上窗户吧。(建议)
⑤ 两个孩子都考上大学了,她教子有方!(评论)
⑥ 小姚当工程师了,老张肯定不服这口气。(判断)
⑦ 我们要搬走了,想腾空房子清扫一下。(愿望)
⑧ 我听天气预报了,今天北京的风比上海大得多。(引出观点)
⑨ 我本来不想管闲事了,是你们欺人太甚。(解释)
⑩ 老刘头发全白了,年龄不饶人呐!(感叹)

由此可见,"了$_2$"句表达了新情况或传递的新信息是用来实现说话人的某种意向。例③—⑩中,说话人的意向是由说话人自己道破的。

我们发现"了$_2$"还常常蕴含着某种言外之意。例如:

⑪ 方奶奶又一次去说亲,但郭奶奶只说了一句:"都六十岁的人了……"

郭奶奶的言外之意是认为自己已经老了,无意再谈婚论嫁了。"六十岁的人了"虽然也是表示变化,但这种变化已经发生,是谈话双方都已经意识到的。作为新情况和变化提出来,是与郭奶奶和方奶奶的那时的交际情境有关,提出这一变化在当时的语境中具有特殊的交际价值,能表达出说话人的交际意图。这是一种间接言语行为。对于蕴含言外之意的"了$_2$"句,在教学中尤其要结合语境进行解释和练习。

结合"了$_2$"句的语用功能,我们在教学中可设置以下练习:

练习1 请用说话人可能表达的意向完成下列句子。

示例:不下雨了,<u>把伞收起来吧</u>。
菜涨价了,_____。
他不是我们的老师了,_____。
妈妈病了,_____。
我能买汽车了,_____。
星期五了,_____。
我做完作业了,_____。

练习2 请写出说话人可能表达的三个意向。

示例:你不小了!
　　A. <u>该懂事了</u>。　B. <u>找个工作吧</u>。　C. <u>有没有对象啊?</u>

已经十二点了！
A. _____ B. _____ C. _____
小王辞职了。
A. _____ B. _____ C. _____
我查过词典了。
A. _____ B. _____ C. _____
天气暖和了。
A. _____ B. _____ C. _____

由于教学中缺乏对语法项目的语用功能的介绍，学生即使掌握了结构形式的特点，理解了表达的意义，也很难在交际中去运用，所以加强对"了$_2$"这样的语法难点语用功能的探讨和教学中运用十分迫切和需要。

11.2.4 区分"了$_1$"和"了$_2$"

教材中两个"了"常常相继出现，如《汉语教程》第31课出语气助词"了"（1）（即动词谓语句末尾用"了"），在第32课就出"动词＋了"。很多教材中两个"了"的解释、编排，很容易造成"了$_1$"和"了$_2$"纠缠不清。都是用在动词谓语句中，一个在动词后，一个在动词谓语句句末，但描述的意义却很相似，"了$_1$"表示动作完成或实现，"了$_2$"或也表示"完成"，或表示动作、事件的发生、出现等。动作、事件发生、出现就是实现的意思。外国学生学习汉语刚刚入门，就一下子碰到两个"了"，且表达的意义也基本一致，怎么能分得清、理得明？加上受其母语时态的干扰，两个"了"混用的偏误经常发生。

由于教材中的语法项目语气助词"了"（1）和动态助词"了$_2$"在语法意义的描写上很接近，所以这两个语法点的例句和替换练习，竟也有雷同的现象。以《汉语教程》为例：

第31课，教"了$_2$" 　　　　第32课，教"了$_1$"
语法解释中的例句： 　　　语法解释中的例句：

　　A：你去医院了没有？ 　　A：你喝了吗？
　　B：去了。（我去医院了） 　　B：喝了。

课文中的句子： 　　　　　　课文中的句子：

　　田芳：报名了没有？ 　　大夫：拉肚子了吗？
　　张东：报了。 　　　　　病人：拉了。

田芳：通过考试了？　　　　　玛丽哭了。
张东：通过了。

替换练习：　　　　　　　　　替换练习：

3. A：你报名了没有？　　　　3. A：你吃饭了没有？
　　B：报了。　　　　　　　　　　B：吃了。

买晚报	买磁带
看球赛	听音乐
预习生词	复习语法

吃药	写信
换钱	喝酒
买晚报	去长城

虽然两个"了"同中有异，异中有同（刘勋宁，1990），但毕竟是在词性、功能、语法意义上都不同的两个词，从教学出发，应尽量展示它们不同的特点，从分不从合，才不致引起混淆，才有利于学生的理解、掌握和运用。

为了避免人为造成的"了$_1$"和"了$_2$"的纠缠不清，我们认为，在初级阶段，学生刚刚接触到"了$_1$"或"了$_2$"时，要尽量将两个"了"区别开来。"了$_2$"的语法意义，在初级阶段只给一种表述，即在句子末尾表示出现了新情况或表示变化。"了$_1$"和"了$_2$"的语法注释例句、课文中出现的句子以及练习中的句子，也要选择典型的句式，不要混淆。

此外，我们还发现提问方式选择的不当，也会引起"了$_1$"和"了$_2$"的混淆。《汉语教程》在教"了$_1$"和"了$_2$"时，都在语法解释中推出了正反疑问句。

第31课教"了$_2$"给的正反疑问句形式是"……了＋没有"：

A：你去医院了没有？
B：去了。

第32课教"了$_1$"，给的正反疑问句形式是"……了没有"：

A. 你给妈妈打电话了没有？
B. 打了。

疑问形式也是雷同。而且用正反疑问句提问的回答必然是"动词＋了"句。我们在上文中对初级阶段的教学内容中出现"动词＋了"提出过疑问，因为"动词＋了"中的"了"我们没法说清楚它是"了$_1$"还是"了$_2$"抑或"了$_1$＋了$_2$"。教材中出现的"动词＋了"，既可能是"了$_1$"中的句子，又可能是"了$_2$"中的句子，使两个"了"纠缠不清。尽管"动词＋了"是汉语中客观存在的句子，也是口语中经常出现的句子，但在刚入门教"了"时，为了避免混淆，造成误解，采取先回避这个句式的教学策略，是很必要的。

而教材的例句、对话、替换练习中，"动词＋了"常常是由疑问句带出来的。除了上面提到的用"……了没有？"的正反疑问句外，还有：

第31课　　　　　　　　　　　　第32课
张东：下午呼我了吧？　　　　　大夫：拉肚子了吗？
田芳：呼了。　　　　　　　　　病人：拉了。

田芳：通过考试了？　　　　　　你怎么了？
张东：通过了。　　　　　　　　我感冒了。

可见在教"了$_1$"或"了$_2$"时，要在教材中慎重选用疑问句。为了回避出现"动词＋了"句式造成混淆，我们认为最好引导学生用疑问代词和"几""多少"等提问，这样可以把"了$_1$"和"了$_2$"区别开来。

以"了$_1$"句"我昨天买了一本词典。"为例，可以设置以下的疑问句：

　　问：你昨天买了什么？　　　答：买了本词典。
　　问：你昨天买了几本词典？　答：买了两本词典。

若以其他形式提问：

　　问：你昨天买词典了没有？　　答：买了。
　　问：你昨天买词典了？　　　　答：买了。
　　问：你昨天买词典了吗？/吧？　答：买了。

以上问句都是用"了$_2$"句提问，而学的则是"了$_1$"句。因为，若说"你昨天买了词典？""你昨天买了词典吗？"，都因语气不完整而不能成立。可见在教学中需要精心地选择适合的疑问形式。

再以"了$_2$"句"我昨天买词典了。"为例设置以下的疑问句：

　　问：你昨天做什么了？　　　答：我去书店了。
　　问：你昨天买什么书了？　　答：没买书，我买词典了。

若以其他形式提问：

　　问：你昨天买词典了没有？　　答：买了。
　　问：你昨天买词典了？　　　　答：买了。
　　问：你昨天买词典了吧？/吗？　答：买了。

可见，历来教材中在教"了$_1$"或"了$_2$"时推出正反疑问句"……了没有？"以及不经意间用疑问语气词"吗""吧"或疑问语气等提问，其结果只能以"动词+了"作肯定的回答,造成了"了₁"和"了₂"纠缠不清,也增加了"动词+了"这个语义比较复杂的句式在教材中高频率出现,而以疑问代词、"几"和"多少"等提问,则可避免以上问题。

综上所述,"了"的教学之所以成为"老大难",不仅是汉语中的"了"比较复杂,也不仅是因为学生受其母语的干扰,还有我们教学、教材中对"了"的处理不当,以致加大了教学难度,甚至造成误导,这是我们需要引以为戒的。

11.3 表示动作进行态的"正""在""正在""呢"的教学

副词"正""在""正在"用在动词及动词词组前,助词"呢"用在句尾,表示动作正在进行。

外国学生对进行态不难接受和理解,但对汉语中表达动作进行的"在""正在"等出现的条件,常常把握不住,容易出现偏误。

汉语中表示动作进行的方式比较丰富,用在动词前的副词有三个,用在句尾的助词一个,而助词"呢"既可以单用,又可以与三个副词分别同时出现。如何区别它们的用法,如何选择和编排进行态的教学内容,以利于教学,值得研究。

此外,汉语的动作的态中,还有一个用"着"表示的持续态。由于"着"在动词后有时表示状态的持续,有时表示动作的持续,当表示动作的持续时,如何与动作的进行相区别?而且在实际教学中,"正""在""正在""呢"等有时可以和"着"同时出现,教学中如何使外国学生区别开"在"和"着",区别开动作的进行和动作的持续,是教学中必须解决的问题。

在这一节里,我们着重讨论前两个问题,关于"在"和"着"的区别,将在下一节 10.4 中讨论。

11.3.1 副词"正""在""正在"出现的条件

学生学习进行态时,主要的偏误发生在副词"正""在""正在"等出现的条件上。现结合学生的偏误,指出以上副词在表示进行态时出现的条件。

进行态中**动词的限制**。例如:

① *我走进奶奶的房间时,她在躺。
② *我有困难,我在需要朋友的帮助。

③ *我正在喜欢打太极拳。

出现在进行态中的动词，必须是表示行为动作的动词，表示心理、感知、判断、趋向、能愿、使令，以及存在、出现、消失等的动词，在单独使用时，或带其他成分时，前后不能出现"正""在""正在"等。

进行态中**动词词组的限制**。例如：

④ *他在买两双鞋。
⑤ *请等一会儿，他们在休息半个小时。
⑥ *他点了点头，他已经在听懂我的话。

进行态中动词后不能出现数量词组和动补词组。

进行态出现**句式的限制**。例如：

⑦ *墙上在挂着爷爷奶奶的像。
⑧ *他在打开车门下来。
⑨ *老师在笑着对我们说。

进行态不出现在存现句、表示动作前后发生及表示伴随动作的连动句中。

进行态**与其他动态助词同现的限制**。例如：

⑩ *他在听了新闻广播。
⑪ *我们已经在复习过课文。

进行态可以与动态助词"着"同现，但不能与动态助词"了"和"过"同现。

11.3.2 进行态的教学选择和编排

汉语中表示进行态的方式比较丰富，《汉语教程》第20课在解释"动作的进行"时指出，动词前边加上副词"在""正在""正"或句尾加"呢"表示动作的进行。"在""正在""正"可以与"呢"同时使用。这与《语法等级大纲》以及历来使用的教材处理的方式是一致的。

这样，汉语中表示动作的进行态，共有七种形式。我们用例句表示如下：

① 他在听录音。
② 他正在听录音。
③ 他正听录音，我进去了。
④ 他听录音呢。

⑤ 他在听录音呢。
⑥ 他正在听录音呢。
⑦ 他正听录音呢。

仅从形式上观察，这七种形式都表示动作的进行，但从语义上看，它们在表达上是有差异的。

"在"主要表示动作进行的过程；"正"强调动作进行的时刻；"正在"相当于"正＋在"，兼表示动作进行的过程和动作进行的时刻；"呢"则表示提醒或确认某动作进行的语气。（吕文华，1994）

《教学大纲》第 32 页在解释以上几个表示进行态的形式的差异时，与上述观点基本一致。

根据对语料的调查，用"在""正"的句子占 85％左右，应该看作是常用形式。动作进行态的句子在功能上主要用于叙述，而"在"和"正"在表示动作进行时，侧重点不同，存在着明显的差异，很多情况下互相不能替换。

"在"表示动作的进行过程，表现为动作进行的过程较长，或动作的进行是经常性的，或动作长期、反复地进行，或动作的进行是永恒的。例如：

⑧ 女儿在读大学。
⑨ 孩子们每天都在进步、在成长。
⑩ 我们一直在研究这个课题。
⑪ 父亲经常在考虑我的专业方向问题。
⑫ 地球在不停地运转。

当动词前有"每天""经常""一直"等副词时，不能换用"正"。

"正"表示动作进行的时刻。常常有表示动作进行的时间参照点或相关事件的句子伴随，否则句子不能独立。例如：

⑬ 我进宿舍时，正熄灯。
⑭ 到她家门口时，她正从家里出来。
⑮ 我正进屋，电话铃响了。

以上句子中的"正"，都不能用"在"替换。

用"正"的句子的句尾用助词"呢"，也能成句。例如：

⑯ 爸爸正发脾气呢。
⑰ 二班正考试呢。

有些句子的动词前,"在"和"正"都可以用,但表达的侧重点有所不同。例如:

⑱ 学生在听录音。(叙述动作进行有一段时间的过程)

⑲ 学生正听录音(,停电了)。(叙述动作进行与某个时刻的对应)

《汉语教程》在动作进行的语法解释中,谈及"在""正""正在"的区别时,指出"在"重在表示动作进行的状态。由于"持续"是状态的一个特征,"状态"与"持续"十分相似,有时难以区分(陈月明,2000)。教学中应区别开动作的进行和动作的持续,把动作的进行表述为动作进行的状态,容易引起两者混淆。所以教材中对"在"重在表示动作进行的状态这一表述是否恰当,需要斟酌。

与"正"和"在"相比,"正在"和"呢"的使用频率相对较低,与"正在"搭配的动词需既适合于"在"又要适合于"正",限制较大;而"呢"主要用于口语和对话之中,在叙述中并不常用,"呢"与"正""在""正在"同现时,能表达某种语气,但在表示动作进行上,则可用可不用。

因此我们认为表示进行态的七种形式中,副词"在"和"正"用在动词前,应看作是基本形式。

在教学编排上,我们建议,学习进行态的入门阶段,先出现副词"在"和"正",并通过设置情境和对比,把两个副词的用法区别开来。由于"正"对语境的依赖性更大,"正"的讲解、举例、练习都应主要靠给语境的办法使学生理解和掌握。在基础阶段以后的课程中,再分别出现"呢"和"正在",以语法点或注释的形式出现皆可。

教材中一贯采取的把七种形式于初学之时、一课之中全盘托出的做法,不利于学生区别不同形式在表达上的差异,容易造成各种形式可以互相替代、随意采用的错觉。

11.4 表示动作持续态的"着"的教学

动态助词"着"在动词后表示动作完成后状态的持续。这是静态的持续。例如:

① 我在桌子上摆了一只闹钟。("摆——闹钟"的动作)

② 闹钟在桌子上摆着。("闹钟"保持"摆"的状态)

"着"在动词后,还表示动作处于连续的、反复不断的持续中。这是动

态的持续,是动作的持续。例如:

③ 雪不停地下着。

④ 火车向前飞奔着。

动态助词"着"在动词后,表示状态的持续是最常见、最基本的用法,而且不难理解。"着"在动词后表示动作的持续,常常与动作的进行有纠葛,难以区别。陈月明(2000)曾归纳学术界对"在"和"着"的三种认识:(1)"在"表示动作进行,"着$_1$"表示动作进行或持续,"着$_2$"表示状态持续;(2)"在"和"着"都表示进行或持续;(3)"着"不表示进行,表示持续,包括动态持续和静态持续。可见学术界存在着"在"和"着"有无区别的分歧,以及动作的进行与持续是一个概念还是两个概念的分歧。

在汉语教学中,国外有的教材也存在着把"着"理解为动作进行的认识,如美国 DeFrancis 主编的《初级汉语课本》(1963)第 19 课中的第二个语法模式。

动作进行:

(a) 主语　　动词—着　　(宾语)　　(呢)
　　S　　　V—zhe　　　(O)　　　(ne)
　　我　　　吃着　　　　饭　　　　呢。

(b) 主语　　动词$_1$—着　　(宾语$_1$)　　动词$_2$（宾语$_2$)
　　S　　　V$_1$—zhe　　　(O$_1$)　　　V$_2$（O$_2$)
　　我　　　吃着　　　　　饭　　　　看　书。

注:"着"所组成的词语跟英语中带-ing 词语相对应。①

国内的对外汉语教材中,虽然把动作进行和动作持续作为动词的两种态分别进行教学,但在语法解释中没有鲜明地把两种态区别开,而且在教学内容的安排上,处理得不够细致,容易引起两种态的混淆。如何区别开"在"和"着",以及如何有效地安排"着"的教学,是我们关注的两个问题。

11.4.1 区别"在"和"着"

这里需要区别的是表示动作进行的"在"和表示动作持续的"着",因为表示状态持续的"着"与动作进行有着明显的区别,两者不能互相替代。

---

① 引自盛炎(1990),《语言教学原理》,重庆:重庆出版社,第 228 页。

由于"在"和"着"既有联系又有区别,既存在互相替代的情况,也存在差异,就对外汉语教学来说,可以互相替换的情况可以忽略不计,需要的是找出差异之所在。我们认为,应该把"在"和"着"区别开来:"在"表示动作的进行,"着"表示动作持续。我们不认同"着"表示"动作进行或持续"的观点。

其一,"在"表示动作进行的过程,"着"表示动作处于连续的反复不断的持续中。

陈月明(2000)曾从动词的选择、动词前出现的词语选择、句式的选择、语用的差别等多个角度列举了"在"和"着"的诸多差异。在以下句子中,表示动作进行的"在"不能替换为表示动作持续的"着":

① 他在关窗户。→*他关着窗户。
② 校长在会见客人。→*校长会见着客人。
③ 天气在好转。→*天气好转着。
④ 你在干什么?→*你干着什么?
⑤ 谁在说话?→*谁说着话?

同样,以下句子中表示动作持续的"着"也不能替换为表示动作进行的"在":

⑥ 窗外飘着大雪。→*窗外在飘大雪。
⑦ 微风吹着她的头发。→*微风在吹她的头发。
⑧ 父亲来回踱着。→*父亲在来回踱。
⑨ 听着,别出声音!→*在听,别出声音!

其二,"在"用于叙述,"着"用于描写。

"在"叙述某个行为、动作的进行,既可以用在口语中,也可以用在书面语中。例如:

⑩ 女孩子在跳舞,男孩子在打球。
⑪ 全校都在考试。
⑫ 有人在看书,有人在聊天。

刘月华等(2001)指出,表示动作持续的"着"通常出现在文学作品展开前的背景描写中,即不是在叙述动作的进行的。一般口语中,很少这样用"着"。例如:

⑬ 她的眼里闪着泪花。
⑭ 河水在阳光下反射着强烈的光。

⑮ 赵永进静静地听着，一声也不响。

⑯ 交通艇嗖嗖地向前驾驶着。

11.4.2 表示持续态的"着"的教学选择和编排

(1) "着"出现的句式

"着"表示状态的持续时，出现在以下句式中：

句式Ⅰ：N＋在＋处所词＋V着（＋呢）

① 眼镜在书桌上放着。

② 妈妈在窗前坐着呢。

句式Ⅱ：处所词＋V着＋N（＋呢）

③ 房间里放着两张床、一张桌子。

④ 墙上挂着一幅世界地图呢。

"着"表示动作的持续时，出现在以下句式中：

句式Ⅲ：N＋（状语）＋V着

⑤ 雨不停地下着。

⑥ 孩子们快乐地笑着、跳着。

句式Ⅳ：N＋V着＋V＋N

⑦ 他听着音乐喝咖啡。

⑧ 我笑着跟他握了握手。

句式Ⅴ：N＋（正）在＋V着＋N（＋呢）

⑨ 他在洗着衣服，有人进来了。

⑩ 我正跑着步，下雨了。

⑪ 他们开着会呢。

这五个句式中，句式Ⅱ是存现句，即某处存在着某人或某物。"V着"是存现句的主要形式特征之一。句式Ⅳ是"V着"作为伴随动作与另一动作同时发生，是"V着"表示动作持续态时的主要用法。

表示动作进行的副词"正""正在""在"等不能与表示状态持续的"V着"同现；与表示动作持续的"V着"同现时，表示动作的进行在持续中，去掉"着"，句子仍然成立，如句式Ⅴ中的前两个例子：

⑫ 他在洗着衣服，有人进来了。→他在洗衣服，有人进来了。

⑬ 我正跑着步，下雨了。→我正跑步，下雨了。

但若去掉"正""在"等则不行：

⑭ *他洗着衣服，有人进来了。
⑮ *我跑着步，下雨了。

"着"表示状态持续和动作持续时，都可以在句尾用时助词"呢"。

表示状态持续的"V 着"与"呢"同现，"呢"主要表示提醒或确认的语气。例如：

⑯ 门开着呢，进来吧。
⑰ 别找了，钥匙在门上挂着呢。

以上句子中，"呢"可不出现，句子仍然成立。例如：

⑱ 门开着，进来吧。
⑲ 别找了，钥匙在门上挂着。

"V 着"表示动作持续时，句尾用"呢"表示动作的进行在持续中，"呢"有提醒动作进行的功能。例如：

⑳ 他们开着会呢。

若不用"呢"，句子不能成立：

㉑ *他们开着会。

相反，不用"着"，句子仍然成立：

㉒ 他们开会呢。

以下我们从教学需要出发，对以上句式进行选择，确定教学的内容。

(2)"着$_1$"和"着$_2$"

我们认为，表示持续态的"着"可以进一步切分为"着$_1$"和"着$_2$"，分别出现在初级阶段的不同课中。

"着$_1$"是基本用法，表示状态的持续。体现这一用法的主要是存现句。

"着$_2$"表示动作的持续，口语中用得很少，在书面语中，其主要功能是描写。因此，如果不是写文学作品，很少能用得到"着$_2$"。（刘月华等，2001）体现动作持续的"V 着"主要用于有伴随性动作的句式中。

"着$_1$"在语法解释中,应指出是表示动作完成后状态的持续,是静态的,用于描写场景,在文学作品和口语中都常用。为了体现"着$_1$"的用法,在同一课中,应该出现另一个语法点"存现句"。主要练习"处所词+V 着+名词",表示某处存在着某人或某物的方式,为"V 着"提供充分的情景练习。

"着$_2$"应指出是表示动作处于连续的反复不断的持续中,是动态的,主要用于文学作品的背景或场景的描写。体现动作持续的句式是"V 着"表示伴随动作。因此"着$_2$"出现的同时应出现"V$_1$ 着+V$_2$"表示伴随动作的句式,以加深对"着$_2$"的理解,并提供练习的情景。

对于"V 着"与"在""正(在)""呢"的同现,我们不主张作为"V 着"的一个句式纳入教学。理由是,这个句式表示动作的进行和持续,比较复杂,容易引起混淆,教学语法应趋利避害,力求简明易懂、易教、易学。从教学策略出发,这一句式不应出现在"着"的教学内容中,也不宜出现在初级阶段;到中高级阶段若课文中出现这个句式,可随文附注,不必讲练。

11.5 表示动作经历态的"过"的教学

动态助词"过"用在动词、形容词后表示曾经发生过某一动作或状态,即经历或经验,该动作或状态不再继续。

与动态助词"了""着"相比,"过"不算复杂,在教学中值得关注的有如下两点:

其一,"过"表示曾经发生过的动作或状态;"了"表示动作已经实现或完成,常常发生在过去,但也可能即将发生或发生在将来。应该注意对"过"和"了"加以区别。

用"了""着""在"的句子,动作既可以发生在过去,也可以发生在将来,而用"过"的句子只发生在过去。那么,是不是表示过去的时间词语都能在用"过"的句子中出现呢?用什么时间词语做状语,是学生使用"V 过"时容易发生偏误之处。

其二,"过"在话语中传递一种信息,即以曾经发生的经历为依据,表达自己的观点或说明一个道理。这是"过"的语用功能,也是"过"出现的情境。但教材中并没有反映"过"的这一交际功能,影响了学生对"过"的理解和使用。

11.5.1 "过"和"了"

在教学中,可以从两个方面区别开"过"和"了"的用法。

一是"了"表示的动作或状态的实现或完成,动作常常还继续、状态还存在;"过"表示曾经发生的动作或状态,动作已不再继续,状态也不复存在。试比较:

① 他去了长城。(他现在在长城)
   他去过长城。(他现在不在长城)
② 她瘦了两公斤。(她现在瘦了)
   她瘦过两公斤。(她现在不瘦)

二是"了"主要用于叙述某个动作的完成,常常用于连续事件的叙述中;"过"主要用于说明、阐明道理和观点。试比较:

③ 他去了法国,下星期回来。(叙述情况)
   他去过法国,了解法国的情况。(说明理由)
④ 她离了婚,跟父母住在一起。(叙述情况)
   她离过婚,对婚姻失去信心。(说明观点)

11.5.2 "过"和时间词语

"过"用在动词后边,表示过去的动作或事件,那么,是不是表示过去的词语都可以用在带"过"的句子中呢?《现代汉语八百词》指出,这类"动+过"都表示过去的事,句子里可以不提时间;如果提时间,必须用指确定时间的词语。"前年我去过长城"可以说,但"有一年我去过长城"却是病句。

但《实用现代汉语语法》却说,用动态助词"过"时,前面常常出现表示不确定时间的词语,如"以前""过去""从前"等。如果句子中不出现时间词语就表示说话之前的某一不确定的时间,有时在包含动态助词"过"的句子中出现了表示确定时间的时间词语。

以上两种说法不大一致,而后者的提法,本身也不够明确。在教学中,我们对包含"过"的句子中出现的时间词语,可做以下的介绍:

其一,表示经常性、多次性、反复性的时间词语,如"常常""经常""每天""每星期"等,不能与带"过"的句子同现。

其二,表示不确定的时点词语,如"有一天""有时候"等,不能与"过"同现。

其三，可以与带"过"的句子同现的时间词语有两类：一类是表示确定的时点词语，如"前天""昨天""三天前""刚""刚才"等；一类是表示过去的时段词语，如"以前""从前""过去""上大学的时候""改革前""结婚后"等。

不带时间词语的带"过"的句子居多，但表示的是过去时间发生的动作。

11.5.3 "过"的语用功能

刘月华（1988）通过语料调查指出，通过过去曾发生过的动作或曾存在过的状态来说明当前的人、事物、事理，这就是包含"过"的句子的表达功能。也就是说，"过"总是出现在说明解释性的句子中。

这一研究成果，使我们对动态助词"过"有了更深一层的认识："过"表示"过去的经历"，在话语中是以此为依据进一步说明某个道理，解释某个观点。例如：

① 他读过书，懂的比我们多。
② 父亲流过血、出过汗，值得尊重。
③ 这本小说没意思，我看过。

多年来，我们的教材、教学中，对动态助词"过"的教学仅停留在句子的范围，没有涉及"过"的话语功能。因此在句型操练中，主要以课文句子引出带"过"的句子，例如：

④ 来中国以后，你去过什么地方？
⑤ 你吃过哪些中国菜？
⑥ 你去过几次长城？

答案自然都是带"过"的句子。这种练习只是机械地操练了带"过"的句子的句式，最多学生也只能体会到"过"表示曾经的经历的意义。但基本上脱离语境，没有上下文的烘托。在"过"的语法点编写的课文，基本上是对话式的谈经历，仍然是一问一答，由问句引出答句。

我们希望把动态助词"过"的话语功能纳入教学中，使学生知道什么情况下用"过"，这才是交际中迫切需要解决的问题。

第12讲

关于语段（句群）的教学

语段（句群）和篇章，应怎样明确教学的范围？篇章和语段是一个概念还是有区别？语段教学的主要内容是句与句的衔接和连贯，而衔接的手段、连贯的方式，有多个方面、多个角度。究竟应该教什么？语段教学如何安排和分布？这些是本讲重点讨论的问题。

第 12 讲　关于语段（句群）的教学

12.0 概述

　　语段是在意义上有密切联系、按照一定规则组成的、含有一个明晰的中心意思的一组句子。它是语法中最高一级单位。语段也称句群，由于对外汉语教学中习惯用语段教学、成段表达等表述，所以我们仍然采用语段这一概念。

　　语段不同于段落。前者是语法中的最高一级单位，而后者是文章的基本单位。语段也区别于篇章。篇章可以是一个语段，或一个段落，但更多的则是一篇文章甚至是一部长篇的作品。

　　上世纪 80 年代前国内的语法研究与教学，只到句子为止，直到中学语法教学体系把句群（语段）作为一级语法单位后，语法学界曾有过一段"句群热"，对句群展开了热烈的讨论。一些大学教材中也增添了句群教学的内容。但对外汉语教学对此却反应冷淡，迟迟未把语段作为一级语法单位纳入教学内容。直到上世纪 90 年代，语段教学还是一片空白。

　　因此，外国学生常常能说对一个一个单句，但把一个个句子连接成段时就话不连贯，语无伦次，啰嗦重复，错误百出。这是教学中只重视单句训练、忽视成段表达的结果吗？并非如此。课堂教学中，无论是中高级阶段，还是初级阶段，教师们都在交际性原则的指导下，重视组织学生进行大量的实践语言活动，通过各种方式调动学生的积极性，进行成段表达的训练，如复述、讲故事、看图说话、课堂讨论、辩论等，丰富多彩，形式多样。

　　但学生们围绕以上活动所进行的成段表达，只停留在说话训练上，即围绕一个话题，以练习某个句式、某些重点词语为目的，或复述一段话，或背诵一篇课文，或用提示的词语、句式串成话，或自由表达，但自由表达时因无组句规则的指导，学生只能针对话题的需要搜索句式和词语，然后把一个个完整的句子叠加在一起生硬地串起来。因为不懂得省略和替代，所以重复而啰嗦；因为不知如何连贯，所以前言不搭后语。年复一年，成段表达问题已成为对外汉语教学前进路上的绊脚石。

　　语段教学直到上世纪 90 年代才呼声渐起，日益引起重视。1996 年出版的《语法等级大纲》在丁级语法项目中继复句之后出现了句群，并且把带复指代词、带关联词语、带省略成分、带时间词语作为句群的四种形式标志列入语法项目中，同时从意义上对句群划分出 12 个类别。

2002年由国家汉办主持出版的《教学大纲》在二年级语法项目表中出现了语段,并按句间结构关系把语段分为11个类别。在三、四年级的语法项目中语段的教学内容,一是分类,按结构层次分出一重到五重语段,按表达功能分出6个类别;二是连接手段有词语连接、句式连接、位置连接、话题连接等。

大纲既具有规定性、约束性,又具有权威性、指导性,它是对外汉语教学的依据。大纲中出现了语段,标志着语段从此进入教学,给对外汉语教材的编写和课堂教学输入了新的元素,对对外汉语教学产生了不可低估的影响。

大纲颁布后,语段教学开展的情况,我们仍以北京语言大学自1999年至今出版的几部国内使用的教材为对象考察如下:

《汉语教程》(杨寄洲主编,1999)没有把语段纳入教学内容中。

《现代汉语高级教程》(马树德主编,2003)在四年级教材中安排了"篇章结构法释要"的教学内容。编者在"编写说明"中指出,这项内容是"展示汉语篇章的内部结构,为学生提供把词、短语、句子、复句、句群等各级语义单位组合成篇章过程中的基本思路"。可见,这项教学内容是以篇章为中心组织教学的。

该书四年级教材共10课,关于篇章结构的内容有:(1)先概说后举例的叙述方式;(2)语段中的代词连接法,语段中的时间连接法;(3)设过渡句、过渡段连接语段语篇;(4)叙述方式在篇章结构中的作用;(5)自然段的划分;(6)重复语句以连接语段语篇;(7)文章的题目;(8)论点、论据与论证过程;(9)总提分述之法;(10)用关系词连接语段。这些内容有些是说明语段和语篇的连接方法,有的则是说明篇章的结构法,有的则属于文章学方面的。

每课围绕释要的内容设计了相应的练习,如"填出关系词""填出过渡句""填出过渡段""排序""判断""分析""组段成章"等。

《成功之路》(邱军主编,2008)在四年级用的"成功篇"安排了篇章教学。"成功篇"有两册,共12课,每课在课后的教学内容中设有篇章结构一项,主要讲解了:篇章的连贯——表述的角度、词语的运用、过渡、意合、管领词语、开头和结尾等内容;篇章的衔接——省略;篇章的修辞——替代、摹声、白描;篇章的主题推进——分总式;篇章的主题与段落等。

在每课的讲解后都配有相应的练习,如"重新排序""按要求缩写""选择""找出省略成分""分析段落"以及"判断主题句应如何展开"等。

《初级汉语精读课本》（鲁健骥主编，2008）是用于基础阶段后期的精读课本。该书编者在使用说明中指出"语法项目中还包括一些语素和语篇功能的项目。……语篇主要介绍叙述顺序和句子、句群、段落之间的衔接与连贯等"。具体安排有：指称与句子之间的连贯；省略；"这时""这样"表示指示、照应；举例的连接成分；列举成分的衔接；有衔接、连接功能的词语"此外""那么""这""那""确切地说""实际上""结果""总而言之"等；重复词语的衔接功能；按事物的重要性排列的叙述顺序；介绍人物时的顺序等。

围绕以上项目，在练习的设计上比较丰富，如"把句子组成句群""省去不必要的成分"用"'这''那''此外'等把句子衔接起来""用所给词语完成句子""完成对话""按顺序介绍一个人物""给情景用指定连接词写一段话"等等。

从以上考察不难看出，进入 21 世纪以来，北京语言大学编写出版的国内使用的教材都遵循大纲要求，把篇章或语段纳入教学中。不仅如此，我们还发现：

语段、篇章教学比语素教学开展得好。语素教学主要以练习形式体现，教学内容零散，目标不明确，缺乏系统。而语段、篇章教学都是以语言项目出现，在教材中阐释详细、举例丰富，有的教材练习形式丰富、数量充分。

语段、篇章教学都以句与句、段与段的衔接、连贯手段作为主要内容，突出了语段教学的目标，抓住了教学的本质内容。

以篇章为主的教学内容，如"叙述的方式""论述的方式""叙述的顺序"等，包括文章学的内容，如"文章的题目""段落的划分"等，占有一定的比例。

但是关于语段教学，我们认为还有几个问题需要澄清和明确。

其一，大纲里的提法是"句群"或"语段"，而教材中多用"篇章"。应怎样明确教学的范围？"篇章"和"语段"是一个概念还是有区别？《成功之路》对篇章的解释是："篇章也称语篇、语段、话语，即成篇的话语。"很明显，这是把篇章和语段等同起来。《初级汉语精读课本》在篇章项目的解释中，有时用语篇，有时用篇章，有时用句群，例句中不少还是复句。这都反映概念不够清晰。

其二，语段教学的主要内容是句与句的衔接和连贯，而衔接的手段、连贯的方式，有多个方面、多个角度。对此，两个大纲的列举各不相同，几部教材的内容也各有侧重，究竟应该教什么？

其三，语段教学是安排在高级阶段还是中高级阶段？还是贯穿在整个教学的始终？语段教学除了在综合课教材中出现外，在口语课、写作课、阅读课等课型中如何体现？

以上三点是本讲重点讨论的问题。

12.1 语段和篇章

语段和篇章有联系，都是超句结构，都是通过一定的手段，使各个句子成为一个连贯的整体。语段和篇章的衔接手段、方法、技巧基本一致，而且语段和篇章的结构及功能类别也是相同的。

但是语段和篇章又有一定区别。虽然篇章可以是一个语段，但最常见的还是一篇文章。语段主要研究句子与句子的组合规律，但篇章还研究语段与语段之间、段落与段落之间的组合规律。两个概念不可混为一谈。因为跟篇章相比，"语段更具有规范性，……语段的功能和结构类别更单纯、明确、更规范"。（郑贵友，2002）

此外，语段是语法中最高一级的单位，属语言教学不可或缺的部分。语段便于界定与识别，有明晰的中心意思，利于组织教学。语段的衔接、连贯手段与篇章是一致的。语段的结构类别和功能类别与篇章也是相同的，因此学习语段可以为过渡到篇章打下基础。

语段训练比起篇章具有可操作性。一般来讲，教材中的课文篇幅都不长，尤其是初中级阶段，以语段作为训练的对象，由于其规范、单纯、短小，操作起来比较具体、简易，利于分析和训练。张宝林（2006）也有同样的观点："从对外汉语教学实际情况和以往的经验来看，不真正解决语段及语段教学的问题，篇章及篇章教学的研究就成了无源之水、无本之木，因为语段是从单句到篇章的中间环节和过渡阶段。跳过这个中间环节直接去搞篇章研究，其结果只能是事倍功半。"

我们主张在初级阶段和中级阶段，最好开展语段教学，到高级阶段可适当从语段过渡到篇章教学。

12.2 语段教学的内容

12.2.1 衔接和连贯

语段的核心问题是衔接和连贯，衔接是形式问题，一般体现在表层结构上，而连贯是语义问题，处在深层语义结构中，常常是无形的。从语法教学的角度出发，我们可以从形式入手，再逐步深入到深层的语义结构中。

关于衔接、连贯的手段，自上世纪 80 年代句群进入中学和大学的语法教学后，有过一段热烈的讨论，相继出现了不少研究成果。上世纪 80 年代末到 90 年代以来，篇章语言学的研究也深入地开展起来。《汉语篇章中的连接成分》（廖秋忠，1986）和《语篇的衔接与连贯》（胡壮麟，1994）等影响较大的论著相继问世，受到了学界广泛的关注。

上世纪 90 年代末以来，对外汉语教学界围绕语段、篇章如何开展教学，以及外国学生篇章层次的偏误分析发表了不少文章。下面我们在先贤研究的基础上，对衔接和连贯做一梳理。

(1) 衔接手段

语法手段 省略、指称（照应）、句序、替代、句式选择等；

词汇手段 同一词语的复现，同义词、近义词、反义词同现，上下位词语同现，整体、局部关系词语同现等；

连接成分 体现句与句之间语义关系的关联词语，如"否则""无论如何"（条件）、"固然""退一步说"（让步）、"难怪""由此看来"（因果）、"随后""曾几何时"（时间）、"其一……其二"（序列）、"一则……二则"（列举）等。

(2) 语义连贯

连贯是指句与句之间语义的关联，主要是无形的，而语言表述上的句子排列顺序是制约连贯实现的重要因素。因为语言表述顺序必须符合事物逻辑发展、变化的实际顺序以及目的语表达的习惯。

时间顺序 叙述人或事物随时间顺序而推移，如"一日的经历"从早晨说到中午，再到晚上；"一个人的介绍"从某年出生，到某年大学毕业，改革开放前做什么，改革开放后做什么，某年发生过什么重要事件等。在语段表达时，须遵循的汉语时间顺序表达法。

空间顺序 叙述或描写处所、环境、人物时，必须遵循的目的语的认知规律。中国人在观察空间时，顺序一般是从里到外，从左到右，由表及里，由外到内，由前到后，由四周到中心，由中间到左右等。比如"描写人物"从头上戴的开始，到身上穿的，再到脚上穿的（从上到下）；从长相到表情，再到内心活动（由表及里）。

发展过程顺序 叙述一个事件的发展顺序，有时按时间顺序，有时是循着事件本身发展的过程由始到终的顺序。如"去医院看病的过程"通常是：挂号——候诊——看病——取药。

社交顺序 在说明和叙述中，涉及人与人的关系时，中国人很讲究长幼尊卑的顺序。如果在句子组合时违背了这一习惯的顺序，就会造成交际失误。例如"介绍一个家庭"，通常先长后幼，从爷爷开始，最后到孙辈；先男后女，祖父到祖母、父亲到母亲、儿子到女儿等。又如"介绍一个学校的人员"通常的顺序是"校长——副校长——学院院长——副院长——系主任——副系主任——一般教师和工作人员"，体现职位从高到低。

从以上的归纳中，我们不难看出语段在衔接、连贯的方式上有涉及面广、内容多、数量大的特点。表现为既涉及形式，又涉及语义；既有语法手段，又有词汇手段，还可以使用连接成分。每种手段内容丰富，包含多种项目。某些项目包含的数量较大，如连接成分。廖秋忠(1986)在《汉语篇章中的连接成分》一文中，列举的连接成分就有16类151个之多。

除此之外，语段的研究和教学还有其他的角度，如语段功能的角度、找中心句的角度等等。这样多角度、多层面、多类别、含量大的语段教学内容，应如何选择；哪些项目具有针对性、操作性，可以进入对外汉语教学中，这是建立语段教学必须面对和解决的问题。

以下我们将在分析外国学生语段偏误的基础上，有针对性地选择语段教学内容。

12.2.2 留学生语段偏误的分析

外国留学生在进行口头或书面的成段表达时，属于语段层面上的偏误很多，主要也是衔接和连贯方面的问题。表现出来的语病有：

连接不顺畅 主要是关联词语的缺失、误用、多余，使句子与句子之间的关系模糊、别扭，影响了句间衔接。例如：

① 最后，我还想对那位警察说一句话："为了您的帮助，我们平安地回到苏州。非常感谢！祝您工作顺利！"

② 达尼尔，因为上个月我们有春假，所以我去北京旅行了，在北京的几天中因为一直下雨，所以我一直在饭店里睡觉，只去了故宫一个地方，所以这次旅行不愉快。现在因为我刚从旅行回来，

所以情绪不稳定，因此不能专心地读书。①

例①是误将表示原因的连词用成表示目的的连词，前后连接不上。例②则连续用了几组"因为……所以……"，显得多余累赘。其他连接成分，如时间词语、处所词语的使用不当，或句式选择时，前后不一致等都会造成连接的不顺畅。

语句重复松散 汉语的语段中，句际之间一个重要的连接纽带，是主语或宾语的省略。但外国学生，尤其是使用英语的学生常常因英语中的省略现象不常见，所以在表达中该省略处却不知道省略，造成语句重复啰嗦，句与句之间显得松散、不连贯。例如：

③ 我要坐两班飞机才能到我的男朋友居住的城市。坐飞机的时候，我特别紧张，我吃不下饭，我睡不着觉，我看不了书，我只能跟别的旅客谈话。②

不会使用替代的方法，也是留学生在成段表达中造成句与句之间不紧密，表达生硬、重复的原因。例如：

④ 医生说："你为什么现在才来？"医生责备我。医生说："你晚上睡觉时开着空调，对不对？你这样很容易得感冒。"③

例③，应该省去4个"我"（画线处）；例④，后两个"医生"可以用第三人称代词来代替。这样可以避免句与句联系不紧密，表达生硬，语句啰嗦等现象。

语义不连贯 汉语的语段不是一组句子随意的排列，必须围绕一个语义中心，上下语义连贯。留学生在成段表达时，有时出现语义前后不一致，指代关系不明，句序排列凌乱，造成句与句之间语义不连贯、逻辑关系紊乱。例如：

⑤ 我在回北京的火车上偶然遇到一个韩国女人。她说她已经去过中国很多地方了。她今年才十八岁。她的名字叫圣爱。她的年龄不如我的年龄大，她说她最喜欢的中国城市是上海，她经常去上海旅游、买东西。④

---

① 例①②引自何立荣（1999），浅析留学生写作中的篇章失误，《中国对外汉语教学学会第六次学术讨论会论文选》，北京：华语教学出版社。
② 例③引自陈晨（2002），英语国家中高级汉语水平学生篇章偏误考察，《中国对外教学学会第七次学术讨论会论文选》，北京：人民教育出版社。
③ 例④引自张宝林（2006），《汉语教学参考语法》，北京：北京大学出版社。
④ 例⑤引自郑贵友（2002），《汉语篇章语言学》，北京：外文出版社。

这段话就是由于句序排列不当，造成有的句子之间前言不搭后语，语义不连贯，显得很零散。

外国学生在成段表达中，出现的偏误母语干扰是一方面，更重要的是因为我们对语段教学在理论上、方法上缺乏深入的探讨、研究，没有形成规范的、可操作性的、有效的教学内容、方法和训练手段。语段教学还处于摸索阶段。因此，学生的语段知识极其匮乏，组句成段的能力相当薄弱。这是造成语段偏误层出不穷的原因。

在众多语段、篇章层面的中介语研究与偏误分析的论文中，陈晨(2002)对英语国家中高级水平学生篇章偏误的考察中，进行了量化统计分析，为我们确定教学内容提供了很宝贵的参考。

该文对25万字作文中的1793个篇章偏误进行了分析和量化统计，分别考察了省略、句序、句式、替代、词汇复现、词汇同现、关联词语及语义连贯等各类偏误。其中因省略不当发生的偏误占33%，因关联词语应用发生的偏误占30%，句序不当的偏误占37%。这三类偏误共占偏误总数的90%。虽然考察的仅是英语国家的学生，但也有一定的代表性。马燕华（2004）在考察日本学生的449个衔接失败的例子中，省略不当的有382例，比例高达85%。此结果与陈晨（2002）的统计基本一致。可见，省略不当是造成语段偏误的主要原因。

12.2.3 语段教学中应选择的语法项目

如上所述，语段教学的核心是句与句的衔接和连贯，而关于衔接的方式和连贯的手段有多种角度、多个方面。究竟应该教多少，教什么，目前两种大纲列举的项目各不相同，而教材中的教学内容也各有侧重。这说明语段教学还处于起步阶段。我们从教学的实用性、针对性出发，以留学生偏误率最高的省略、关联词语、句序等三种衔接手段作为语法项目，建议纳入初、中级的语法教学，而高级阶段则可过渡到篇章教学，教学内容可安排段与段的衔接手段、篇章结构、语义连贯等。由于篇章不属于语法范围，本节对高级阶段的教学内容不加讨论。

(1) 主语的省略

省略是汉语中运用广泛而比较典型的语段连接手段，它能使句子流畅简洁，而且由于省略使信息突出，句子之间的联系紧密起来，使得整个语段显得顺畅、自然。省略的成分不仅有主语，也有定语、宾语、谓语等。不仅名词可以省略，动词、小句等也可省略。但作为初级阶段的语段学习，我们建议，入门时先只讲主语的省略，因为学生在省略手段中产生偏误主要与主语省略有关。（陈晨，2002）在主语省略上，汉语与英语等差异较大，学生容易出现问题。在稍后的教学安排中，可以讲一些定语的省略。

教学中可以选择范例示范，使学生领会省略在语段中的作用，帮助他们留下较深的印象。通过范例揭示主语省略的主要规律，即当一组句子的主语相同时，除句首外，其余句子的主语一般可省略。

练习方式　可以给一组完整的单句，让学生组句成段，要求省去不必要的主语；可以给几个语段，让学生指出哪些地方省略了主语；可以改错，包括未省略的句子，让学生找出可以省略而未省略的地方。

(2) 语段中的关联词语

语段中的关联词语是指用来体现语段的句与句之间语义关系的具有连接功能的词语，也可以叫连接成分。通常有连词、副词、时间词、处所词、顺序词以及其关联作用的短语等。

语段和篇章中的关联词语数量大，类别多，对外汉语教学中如何确定关联词语的教学内容呢？

我们认为可以参照《语法等级大纲》和《教学大纲》。两个大纲都对语段进行了分类。分别为 11 类和 12 类。其中有 10 类相同，即：并列语段、承接语段、解说语段、因果语段、转折语段、递进语段、选择语段、条件语段、让步语段、总括语段。不同的类别有：目的语段、假设语段和总分语段。教学上是以关联词语体现句子之间的语义关系，以下举例性列举各类关联词语：

▲ 相同的类别是：

◎ 并列语段：同时　还有　也　一方面……另一方面……
　　　　　　　无独有偶　除此之外
◎ 承接语段：那么　于是　然后　又
　　　　　　　首先……其次……最后……
◎ 解说语段：具体地说　换句话说　意思是说　也就是说
◎ 因果语段：因为　所以　因此　其结果　正因为如此
　　　　　　　果不其然
◎ 转折语段：但是　然而　不过　可惜　不料　只是
◎ 递进语段：况且　何况　而且　更　甚至于　再说　更有甚者
◎ 选择语段：或者　要么　要不　其中　特别是

◎ 条件语段：只有这样　才　不管怎样　无论　除非如此
◎ 让步语段：即使　固然　就是　尽管如此　退一步说
◎ 总括语段：总之　总而言之　归根结底　一句话　一言以蔽之

▲ 不同的类别是：

◎ 目的语段：免得　省得　为的是　是为了　为的是什么
◎ 假设语段：假如　否则　不然　如果这样
◎ 总分法段：有三种……一种……另一种……第三种……
　　　　　　一件事……另一件事……这两桩事

　　实际语言中，连接语段的关联词语数量很多，也绝非 11 个或 12 个小类所能概括。从教学需要出发，大纲划分的小类基本上能显示出汉语语段中句与句之间的结构关系和语义关联。此外，语段中句与句之间的关系和结构类型，与复句的分句间的结构类型基本一致，学生在学习复句关联词语标示分句之间的结构关系的基础上，可以顺利地理解语段中句句之间的因果、条件、转折、并列等关系。教学中的分类，粗线条的做法固然不可取，但过于琐细也不利于教学。依 11－12 个语段类别选择相应的常用的关联词语进行教学是可行的。

　　语段中关联词语的教学应注意突出其特点，以与复句中的关联词语相区别。

　　两者的区别性特征为：（1）语段中的关联词语是连接句与句、段与段的，而复句的关联词语是连接分句的；（2）语段中的关联词语不仅有连词、副词，而且有时间词、处所词等实词以及短语，而复句中的关联词语主要是连词和副词；（3）语段中的关联词语一般都是单用，而且很少出现在始发句中，而复句中的关联词语一般是成对使用，以便分句之间语义更加紧密；（4）语段中的关联词语常常出现在句与句之间，因此作为句外成分，常常有停顿，用逗号分隔，而复句中的关联词语主要在句内出现。

　　关联词语的教学既可以分布在综合课的语法教学中，也可以分布在写作课、口语课、听力课、阅读课的语言点的训练中。教学安排上，应分级进行。对已学过的复句关联词语，虽不再作为生词处理，但要指出它们在语段中的连接功能。

　　初级阶段以教连词、副词为主，但应选择常用的、外语中有对应词的、表意不太复杂的进行教学。语段类别可以有所选择，解说语段、总分语段、总括语段在初级阶段可以不教。

中级阶段应安排一些常用的、有一定难度的副词和连词，同时逐渐增加时间词、处所词、短语等作为连接成分的教学内容。11 或 12 类语段在中级阶段应学完。

高级阶段应选择段与段之间的连接成分，逐步过渡到在篇章层面上学习关联词语，学习常用的、做连接成分的短语。

关联词语的教学必须在讲解之后，通过练习达到理解和掌握，练习一定要在语段中进行。

练习方式 可以让学生在语段中选择合适的关联词语填空；可以给几组句子，让学生组合成语段并用上合适的关联词语；可以规定话题，并提示关联词语让学生组织成一个语段；可以让学生改错，把语段中用错的关联词语改正过来，并加以分析，以加深印象；可以用所给的关联词语说一段话，或完成对话等。

(3) 句子排列的顺序

语段中句子与句子的衔接连贯除了用关联词语外，句子排列的前后顺序也可以体现句子之间的语义关系。句子排列顺序因文化因素的影响，不同语言有不同的表达习惯，因此在第二语言学习中，常常会受母语干扰，发生成段表达中因句序不当而产生不合逻辑、语义混乱的现象。

陈晨（2002）在考察英语国家中级汉语水平的学生篇章偏误时发现，"汉语中表偏正关系的复句、句子间的逻辑顺序趋向于先偏后正。如习惯于先说原因，后交代结果；先说假设，后做出推论等。此外，汉语句子间的逻辑排列顺序还常按时间的先后顺序排列，先发生的先说，后发生的后说。这和英语中相应的句子间的逻辑排列顺序的规律刚好相反或不同。"所以句序排列不当，也是外国学生语段、篇章偏误中的主要方面。

句序排列内容包括：时间顺序、空间顺序、发展过程顺序、社交顺序。此外结合关联词语的教学，要特别指出在因果条件、假设、转折、目的、让步等语段中，汉语表达时先说原因，后讲结果；先假设后作推论；先讲条件再讲会产生的后果；先讲做了什么，再说明做的目的；等等。这样可以避免受母语干扰而发生句序的混乱。

句子排列顺序的教学，在初级阶段可以结合关联词语的教学指出语段在因果、条件、假设等语义关系中，先因后果之类的逻辑顺序，使学生掌握汉语的思维和表达习惯。中高级阶段安排时间、空间、发展过程、社交顺序等语义连贯的教学内容。综合课和技能课都可以安排句序这项教学内容。

练习方式 可以给出表示时间、空间等各种顺序的示范语段，要求学生模仿说出一段话；可以要求按时间（或空间等）顺序将几个句组组织成一个故事，并划出表示时间（或空间等）词语；可以给几个句子，让学生重新排列句序；可以提示某种表达的顺序，如人物（作家、科学家、艺术家等）介绍的顺序，a. 姓名、籍贯、民族，b. 身份，c. 受教育情况，d. 经历，e. 主要成就和贡献，f. 代表作，要求学生按此顺序组织一段话介绍著名的作家鲁迅或老舍或所学课文的作者等。

12.3 语段教学的分布

语段教学关系到培养外国学生的成段表达能力和交际能力，是实现语言教学目标的一个重要方面。而语段教学才刚刚起步，处于探索阶段，缺乏足够的研究成果支撑，没有形成语段教学的意识，没有规范化的教学方法和卓有成效的训练手段，需要对外汉语教学界在研究领域、教材编写、课堂教学等各个方面有所发现、有所突破，使语段教学逐步走向成熟和完善。

语段教学是一个长期的系统的教学过程，应贯穿初级、中级和高级教学的各个阶段。语段教学是一种全方位的、综合型的教学，它不仅应出现在综合课的精读课中，也应出现在技能课的听力、阅读、口语、写作等各种课型中，还可以安排专题讲练课等，各课型相互协调，共同承担起语段教学的任务。

12.3.1 语段教学在各教学阶段的分布

大纲把语段（句群）教学安排到中高级阶段，不少教材也如此安排。其实从初级阶段开始，课堂的语言训练已不仅仅局限在单句范围。随着交际性练习日益受到重视，成段表达的训练日益增多，对语法、词汇项目结合语境和语用进行学习和练习的加强，以及初级阶段的后期课文以短文形式的展现，都给语段教学提供了很大的空间。因此，初级阶段完全可以把语法、词汇的教学放在语段的层面进行，并安排一些易于掌握的衔接手段，如省略、替代，以及常见的连接成分等进行学习和训练。

到中级阶段学生应基本掌握语段的衔接手段和一些语义连贯的方

式。高级阶段为语段、篇章教学提供了最佳时机。一方面学生具备了一定的程度表达能力,渴望语言表达能力达到一个新的高度;另一方面,初中级阶段基本完成了汉语语法教学内容,学生在词汇学习中已经具备了很好的基础,这给语段、语篇教学提供了余地。高级阶段的课文内容完整,为篇章教学提供了很好的素材和语料。

高级阶段的教学,一方面应全部完成语段教学中句与句衔接的方式、连贯的手段等教学内容,另一方面逐步由语段教学过渡到篇章教学。例如学习由句与句的衔接到学习段与段的衔接,学习由形式的衔接深入到语义的贯通,学习由句与句和段与段的连接到学习语段和篇章的功能,具体为叙述的方式、描写的技巧、如何说明、如何论述,以及开头、结尾、过渡等等。

12.3.2 语段教学在技能课中承担的任务

目前汉语课堂教学的主流形式,仍以综合课为核心,并设置技能课进行听说读写的技能训练。各技能课的课程目标和训练手段与语段、篇章密切相关。例如口语课要练习会话、讲演、讨论、辩论等成段的口头表达能力;写作课要学习组句成段、组段成章以及文体结构、格式等成段的书面表达能力;阅读课和听力课都是通过输入大量的成篇语料培养学生理解语段的主要内容、篇章的大意,以及作者的思路和表达意图等,以培养学生听力和阅读理解能力。

各技能课可结合语段、语篇学习采取的教学手段都很丰富,以下做粗略的介绍。

(1) 写作课

罗青松(2002)通过对写作课的研究,指出"写作课以培养学生目的语的语篇能力为核心任务","课程规划应以语段为写作教学的起点形式,而把提高语篇表述能力作为教学的目标"。这一观点,在写作课中已经或正在得到贯彻。

写作课从初级阶段开始,就练习如何组句成段、组段成章、看图写故事、写经历的事、写印象深刻的人,写家乡或校园等。中级阶段练习整理段落、划分段落、找主题句等;练习改写、缩写;命题作文范围包括记叙文、说明文、议论文、写人、记事、写景、抒发观点、发表议论。高级阶段练习扩写、续写;按主题句形成语段,写求职信、公文、合同;写调查报告、书评、议论热门话题;练习写论文,为写毕业论文打好基础。

在写作指导的过程中,教师围绕培养语段、篇章能力的目标,进行语言项目训练,可以提示相关的连接成分和示范衔接手段,进行文体模式的训练。例如:

> 提示时间顺序式、空间位置式、逻辑联系式,训练记叙文
> 提示内容顺序式、方位次序式、观察顺序式,训练说明文
> 提示演绎式、归纳式、推导式、比较式,训练议论文

在作文的讲评中,结合学生普遍存在的重复、累赘、上下文不连贯、层次不清、逻辑混乱等进行分析、纠错的同时,加强学生对语段、篇章等衔接、连贯手段的学习和运用。

由此可见,写作课为语段、篇章进行提供了最好的平台,是最适合集中开展语段、篇章教学的课型。

(2) 口语课

《教学大纲》在口头表达能力方面的教学要求:一年级——"经过准备,能够比较完整地叙述一件事情";二年级——"经过准备,能够比较完整、流利地叙述一件事情";三年级——"经过准备,能够就有关话题完整地陈述自己的观点或与人进行交际";四年级——"在讨论、洽谈、驳辩过程中,能够随机应变,完整而有条理地陈述自己的观点与人进行磋商"。

可见在口头表达上,着重要求学生具有成段表达和与人交际的能力。口语课就是培养学生口语表达的技能,使学生具有交际能力和组织语言成段表达的能力。长期以来,口语课中组织了丰富多样的语言活动,以培养学生的口头表达能力。从初级阶段开始,就设置话题和情景组织会话,到中级阶段进行专题讨论、辩论、表演等,以培养学生面对面的交际能力,通过从转述、复述、看图说话、口头表达,到演讲、主持新闻发布、做调查报告等方式,培养学生独白式的成段表达能力。

自20世纪90年代以来,不少口语教材尝试把语段教学纳入口语教学中。郭颖雯(2003)调查的13本口语教材中,涉及中高级语段、语篇教学的口语教材大都采用了这种思路,"这种思路(是)力图通过框架的形式反映出汉民族思维的特点及汉语语段、语篇的表达常式,把学生思维纳入一个有限的、形式化的范围,使他们的思维及表达模式符合汉语表达的习惯","这种思路与方法的提出使语段、语篇教学向前迈进了一大步"。

因此，口语课在尝试和实施语段、篇章教学方面已经迈出了可喜的一步，但由于口语课的篇章教学还缺乏有效的规则，话语分析模式尚未体现，因此在构建科学、系统的语段、篇章教学模式上，还须继续探索，勇于实践。

(3) 阅读理解和听力理解课

说和写是语言输出，听和读是语言输入，因此听力理解课和阅读理解课都是通过听或读大量的语言材料训练学生的听力理解和阅读理解能力，逐步积累，以形成语感。在听力和阅读理解中，要培养学生的概括能力，即抓住主要信息的能力。在听或读完一个语段或一篇短文后，要能找出关键词，抓住中心句，要能概括出语段的大意。因此在训练中，听力课常常有听后复述、听后写出大意、听后讨论，在阅读课上常常训练概括文章的主要内容，找关键词、关键句，总结语段的主题，分析语段或篇章中作者的思路和意图等。

在听力、阅读课上，应建立起语段教学的意识。例如结合找关键词的练习，引导学生理解和掌握句与句之间、段与段之间的连接成分的结构和语义功能；通过概括主题和中心意思的练习，引导学生把握汉语语义连贯的思维习惯，逐渐培养和增强语段衔接和连贯的语感，为口头表达和书面表达打好基础。

综上所述，语段教学的核心是句与句的衔接和连贯，无论是形式上的或语义上的，都应该作为语言项目纳入教学。从教学特点出发，语言项目的选择必须有针对性，着重于汉外对比中差异较为明显、学生发生偏误较为集中的方面。教学安排上要由浅入深，先形式后语义，教学内容要突出难点，精要而简约。高级阶段的篇章教学要处理好语言学教学与文章学教学的关系。第二语言教学重点是培养学生的语言表达能力，因此成段表达中的句子之间衔接连贯应贯穿初级、中级和高级阶段语段教学的重点。文体结构、篇章布局等文章学范畴的教学可以放在写作课中，不必作为教学的重点。语段、篇章的教学已经起步，正在日益受到研究领域和教学领域的关注，但由于缺乏足够的教学经验的积累和理论、方法的引导，语段教学的现状不容乐观，有待加强。希望不久的将来，对外汉语教学体系中的语段教学作为新元素，能有一个新的突破，从而使对外汉语教学水平迈向一个更高的层次。

主要参考文献

John DeFrancis（主编 1963），《初级汉语课本》，纽黑文：耶鲁大学出版社。
北京语言学院语言教学研究所（1992），《现代汉语补语研究资料》，北京语言学院出版社。
曹秀玲等（2006），汉语作为第二语言话题句习得研究，《世界汉语教学》第 3 期。
陈　晨（2002），英语国家中高级汉语水平学生篇章偏误考察，《中国对外汉语教学学会第七次学术讨论会论文选》，北京：人民教育出版社。
陈光磊（主编 2002），《语法研究与对外汉语语法教学》，太原：山西人民出版社。
陈田顺等（主编 1987），《中级汉语教程》，北京：北京语言学院出版社。
陈月明（2000），时间副词"在"与"着$_1$"，《面临新世纪挑战的现代汉语语法研究》，济南：山东教育出版社。
陈　灼（主编 2000），《桥梁：实用汉语中级教程》，北京语言大学出版社。
崔希亮（1995），"把"字句的若干句法语义问题，《世界汉语教学》第 3 期。
戴耀晶（1997）《现代汉语时体系统研究》，杭州：浙江教育出版社。
戴耀晶（2000），现代汉语否定标志"没"的语义分析，《语法研究与探索》（10），北京：商务印书馆。
邓　懿（主编 1958），《汉语教科书》，北京：时代出版社。
范　晓（1998），《汉语的句子类型》，上海：书海出版社。
房玉清（1992），《实用汉语语法》，北京：北京语言学院出版社。
傅　力（1984），某些动补格式句"后重前轻"的限制，《中国语文通讯》第 1 期。
高顺全（2001），试论"被"字句的教学，《暨南大学华文学院学报》第 1 期。
郭继懋等（2001），黏合补语和组合补语表达差异的认知研究，《世界汉语教学》第 3 期。
郭继懋（2002），"了$_1$"和"了$_2$"的差异，《似同实异》，北京：中国社会科学出版社。
郭颖雯（2003），篇章语言学与语段、语篇口语教学，《语言教学与研究》第 5 期。
国家对外汉语教学领导小组办公室（2002），《高等学校外国留学生汉语言专业教学大纲》，北京：北京语言文化大学出版社。
国家对外汉语教学领导小组办公室汉语水平考试部（1996），《汉语水平等级标准与语法等级大纲》，北京：高等教育出版社。
国家对外汉语教学领导小组办公室汉语水平考试部（1992），《汉语水平词汇与汉字等级大纲》，北京：北京语言学院出版社。

国家汉语水平考试委员会办公室考试中心（2001），《汉语水平词汇与汉字等级大纲》（修订本），北京：经济科学出版社。
何立荣（1999），浅析留学生写作中的篇章失误，《中国对外汉语教学学会第六次学术讨论会论文选》，北京：华语教学出版社。
何　杰（2001），《现代汉语量词研究》，北京：民族出版社。
洪　波（2005），成语结构与句法功能的关系及其入句条件的考察，北京语言大学硕士研究生论文（未刊）。
胡明扬（主编1996），《汉语词类问题考察》，北京：北京语言文化大学出版社。
胡裕树，范　晓（1993），试论语法研究的三个平面，《语言教学与研究》第2期。
胡裕树，范　晓（主编1993），《动词研究综述》，太原：山西高校联合出版社。
胡裕树（2000），对外汉语教学语法体系的构建，《对外汉语教学回眸与思考》，北京：外语教学与研究出版社。
胡壮麟（1994），《语篇的衔接与连贯》，上海：上海教育出版社。
黄伯荣（1987），《陈述句、疑问句、祈使句、感叹句》，《汉语知识讲话》（6），上海：上海教育出版社。
黄南松（1992），对外汉语基础阶段的语法教学，中国对外汉语教学学会第四届年会论文（未刊）。
黄月圆等（2000），情状体在外国学生汉语体标记习得中的作用，《面临新世纪的现代汉语语法研究》，济南：山东教育出版社。
［日］吉田泰谦（2000），《汉语肯定句与否定句不对称现象考察》，北京语言大学硕士论文（未刊）。
蒋同林（1982），试论动介复合词，《安徽师范大学学报》第1期。
［英］杰弗里·利奇等（1983），《英语交际语法》（戴炜栋等译），上海：上海译文出版社。
［韩］金善熙（2005），《韩国留学生使用汉语"被"字句的情况考察》，北京语言大学硕士论文（未刊）。
［德］柯彼德（1990），汉语作为外语教学的语法体系急需修改的要点，《第三届国际汉语教学讨论会论文选》，北京：北京语言学院出版社。
［德］柯彼德（2004），以话题为纲——提高汉语语法教学效率的新尝试，《第七届国际汉语教学讨论会论文选》，北京：北京大学出版社。
姜德梧等（主编1987），《高级汉语教程》，北京：北京语言学院出版社。
赖先刚（1994），副词连用问题，《汉语学习》第2期。
李大忠（1996），《外国人学汉语语法偏误分析》，北京：北京语言大学出版社。
李德津（主编1977），《汉语课本》，北京：商务印书馆。
李德津，程美珍（1988），《外国人实用汉语语法》，北京：华语出版社。
李临定（1980），"被"字句，《中国语文》第6期。
李临定（1998），语义的隐含性和制约性，《语法研究和探索》（4），北京：北京大学出版社。

［美］李　讷（Charles N. Li）等（1994），已然体的话语理据：汉语助词"了"，《功能主义与汉语语法》（中文版，戴浩一、薛凤生主编），北京：北京语言大学出版社。

李培元（主编1980），《基础汉语课本》，北京：外文出版社。

李绍林（2002），对外汉语教学中的同义词问题，《第七届国际汉语教学讨论会论文选》，北京：北京大学出版社。

李晓琪（1991），现代汉语复句中关联词语的位置，《语言教学与研究》第2期。

李晓琪（2005），《现代汉语虚词讲义》，北京：北京大学出版社。

［美］李英哲等（1990），《实用汉语参考语法》（中文版，熊文华译），北京：北京语言学院出版社。

李子云（1991），《汉语句法规则》，合肥：安徽教育出版社。

廖秋忠（1986），汉语篇章中的连接成分，《中国语文》第6期。

刘丹青（2005），小句内句法结构，《世界汉语教学》第3期。

刘颂浩（2003），论"把"字句运用的回避现象及"把"字句的难点，《语言教学与研究》第2期。

刘珣等（主编1981），《实用汉语课本》，北京：商务印书馆。

刘勋宁（1990），现代汉语句尾"了"的语法意义及其与词尾"了"的联系，《世界汉语教学》第2期。

刘月华（1983），状语的分类和多项状语的顺序，《语法研究和探索》（1），北京：北京大学出版社。

刘月华（1988），动态助词"过$_2$""过$_1$""了$_1$"用法比较，《语文研究》第1期。

刘月华（1989），《汉语语法论集》，北京：现代出版社。

刘月华等（2001），《实用现代汉语语法》（增订本），北京：商务印书馆。

卢福波（1996），《对外汉语教学实用语法》，北京：北京语言学院出版社。

鲁健骥（主编1986），《初级汉语课本》，北京：北京语言学院出版社/华语出版社。

鲁健骥，吕文华（主编2006），《商务馆学汉语词典》，北京：商务印书馆。

鲁健骥（主编2008），《初级汉语精读课本》，北京：北京语言大学出版社。

陆俭明（1992），《现代汉语补语研究资料》序言，《现代汉语补语研究资料》（北京语言学院语言教学研究所编），北京：北京语言学院出版社。

陆俭明（1993），汉语句子的特点，《汉语学习》第1期。

陆俭明（2003），《现代汉语语法研究教程》，北京：北京大学出版社。

陆俭明（2009），一种新的汉语语法教学法——"构式－语块"教学法，50年汉语教学与研究国际研讨会（越南河内）宣读论文。

吕必松（1990），《对外汉语教学发展概要》，北京：北京语言学院出版社。

吕必松（1994），《对外汉语教学语法探索》序言，《对外汉语教学语法探索》（吕文华著），北京：语文出版社。

吕叔湘（1979），《汉语语法分析问题》，北京：商务印书馆。

吕叔湘（主编1980），《现代汉语八百词》，北京：商务印书馆。

吕叔湘(1985),疑问、否定、肯定,《中国语文》第1期。
吕叔湘(1992),《吕叔湘文集·第3卷》,北京:商务印书馆。
吕文华(1992),语气助词"了$_2$"的语用功能初探,《语法研究和探索》(6),北京:语文出版社。
吕文华(1994),《对外汉语教学语法探索》,北京:语文出版社。
吕文华(1999),短语词的划分在对外汉语教学中的意义,《语言教学与研究》第2期。
吕文华(2000),建立语素教学的构想,《第三届国际汉语讨论会论文选》,北京:北京大学出版社。
吕文华(2001),关于述补结构的思考,《世界汉语教学》第3期。
吕文华(2002),对外汉语教材语法项目排序的原则和策略,《世界汉语教学》第4期。
吕文华(2008),《对外汉语教学语法探索》(增订本),北京:北京语言大学出版社。
罗青松(2002),《对外汉语写作教学研究》,北京:中国社会科学出版社。
马庆株,王红旗(1998),关于若干语法理论问题的思考,首届汉语言学国际研讨会论文。
马树德(主编2003),《现代汉语高级教程》,北京:北京语言大学出版社。
马燕华(2004),初级汉语水平日本留学生汉语衔接手段分析,《第七届国际汉语教学讨论会论文选》,北京:北京大学出版社。
马　真(1991),《简明汉语语法》,北京:北京大学出版社。
马　真(2004),《现代汉语虚词研究方法论》,北京:商务印书馆。
孟琮等(1987),《动词用法词典》,上海:上海辞书出版社。
倪祥和等(1993),《新语法体系详解》,合肥:中国科学技术大学出版社。
潘海华(2002),优选法和汉语主语的确认,《中国语文》第1期。
彭小川(2004),关于对外汉语语篇教学的新思考,《汉语学习》第2期。
邱　军(主编 2008),《成功之路》,北京:北京语言大学出版社。
[日]杉村博文(1998),论现代汉语表"难事实现"的被动句,《世界汉语教学》第4期。
邵敬敏(1993),量词的语义分析及其与名词的双向选择,《中国语文》第3期。
邵敬敏(1996),《现代汉语疑问句研究》,上海:华东师范大学出版社。
邵敬敏(2000),《汉语语法的立体研究》,北京:商务印书馆。
沈家煊(2002),如何处置"处置式"?——论把字句的主观性,《中国语文》第5期。
盛　炎(1990),《语言教学原理》,重庆:重庆出版社。
石毓智(2003),语法的规律与例外,《语言科学》第3期。
史有为(1992),《呼唤柔性》,海口:海南出版社。
苏　岗(1995),《现代汉语多项定语研究》,北京语言学院硕士研究生论文(未刊)。

汤廷池 (1977),《国语变形语法研究》,台北:学生书局。
佟慧君 (1986),《外国人学汉语病句分析》,北京:北京语言学院出版社。
王洪君 (1994),从字和词组看词和短语,《中国语文》第 2 期。
王　还 (1984),《"把"字句和"被"字句》,上海:上海教育出版社。
王　还 (1995),《对外汉语教学语法大纲》,北京:北京语言学院出版社。
王　力 (1985),《中国现代语法》(重印本),北京:商务印书馆。
魏庭新 (2004) 现代汉语介词结构位置的考察及形成因素分析,北京语言大学硕士论文 (未刊)。
吴门吉,周小兵 (2005),意义被动句与"被"字句习得难度比较,《汉语学习》第 1 期。
吴清香 (2006),形式量词及量词式短语的语法和语义分析,北京语言大学硕士论文 (未刊)。
邢福义 (1991),汉语宾语代入现象之观察,《世界汉语教学》第 2 期。
邢福义 (1997),《汉语语法学》,长春:东北师范大学出版社。
邢福义 (2009),《语法问题献疑集》,北京:商务印书馆。
邢公畹 (主编 1992),《现代汉语教程》,天津:南开大学出版社。
邢红兵 (2003),留学生偏误合成词的统计分析,《世界汉语教学》第 4 期。
[美] 薛凤生 (1994),把字句和被字句的结构意义,《功能主义与汉语语法》,北京:北京语言学院出版社。
杨寄洲 (主编 1999),《汉语教程》,北京:北京语言大学出版社。
杨寄洲 (主编 1999),《对外汉语教学初级阶段教学大纲》,北京:北京语言大学出版社。
苑春法,黄昌宁 (1998),基于语素数据库的汉语语素及构词研究,《世界汉语教学》第 2 期。
张宝林 (2006),《汉语教学参考语法》,北京:北京大学出版社。
张　斌 (主编 2001),《现代汉语虚词词典》,北京:商务印书馆。
张伯江等 (1996),《汉语功能语法研究》,南昌:江西教育出版社。
张伯江 (2000),论"把"字句的句式语义,《语言研究》第 1 期。
张纯鉴 (1980),关于"介词结构作补语"的几个问题,《甘肃师范大学学报》第 3 期。
张旺熹 (1991),"把"字结构的语义及其语用分析,《语言教学与研究》第 3 期。
张旺熹 (1999),《汉语特殊句法的语义研究》,北京:北京语言大学出版社。
张先亮 (1998),《理论语法的研究和比较》,杭州:浙江教育出版社。
张谊生 (2000),汉语副词的性质、范围与分类,《语言研究》第 1 期。
张志公 (主编 1982),《现代汉语》(中册),北京:人民教育出版社。
赵淑华,王　还 (主编 1972),《基础汉语》,北京:商务印书馆。
赵淑华 (1985),否定句的两个问题,《第三届科学报告会论文选》,北京语言学院教务处印行。

赵淑华等（1995），关于北京语言学院现代汉语精读教材主课文句型统计结果的报告，《语言教学与研究》第2期。

［美］赵元任（1978），《汉语口语语法》（中文版，吕叔湘译），北京：商务印书馆。

郑　飞（1980），从词要连写谈介词结构是否还要作补语的问题，《语文学习》第1期。

中国社会科学院语言研究所词典编辑室（2005），《现代汉语词典》（第5版），北京：商务印书馆。

郑贵友（2002），《汉语篇章语言学》，北京：外文出版社。

郑懿德等（1992），《汉语语法难点释疑》，北京：华语教学出版社。

周　荐（1991），复合词词素间的意义结构关系，《语法研究论丛》第6辑，天津：天津教育出版社。

周小兵（1995），谈汉语时间词，《语言教学与研究》第3期。

周小兵（2002），《对外汉语教学中的副词研究》，北京：中国社会科学出版社。

朱德熙（1982），《语法讲义》，北京：商务印书馆。

朱德熙（1985），《语法答问》，北京：商务印书馆。

朱一之（主编1987），《现代汉语语法研究的现状和回顾》，北京：语文出版社。